중학 국어

기초 완성

중학 국어

기초 완성

교재 개발에 도움을 주신 모든 선생님들께 깊이 감사드립니다.

가유림 경기 안산	고진희 서울 양천	김옥경 원주	김재필 일산	김 흙 분당
백승재 김해	송경님 분당, 이천	신영수 서울	신혜영 부산 수정	안정광 순천
엄은나 서울	이경원 청주	이홍진 서울 반포	장연희 대구	정지용 대전
조용아 목동	진달래 전남 순천	채송화 서울, 제주	천지은 인천	최홍민 평택
한광희 세종				

중학 국어

기초 완성

구성과 특징

꼭 알아야 할 중학 국어 지식 총정리!

필수적 국어 개념 학습하기 → 국어 시험 출제 유형 익히기 → 단원별 일일 테스트로 마무리

- 중학생이 꼭 알아야 할 필수 개념만 모아 한 권으로 정리하였습니다.
- 학습한 내용을 확인하고 문제 풀이 능력을 기를 수 있는 다양한 문제들을 수록하였습니다.
- 테스트 형식으로 해당 단원의 주요 내용을 복습하고 한 단원을 마무리하도록 구성하였습니다.
- 문학, 비문학, 문법, 어휘 영역을 두루 다루어 전반적인 국어 실력 향상에 도움이 되게 하였습니다.

1 기초 튼튼 핵심 이론

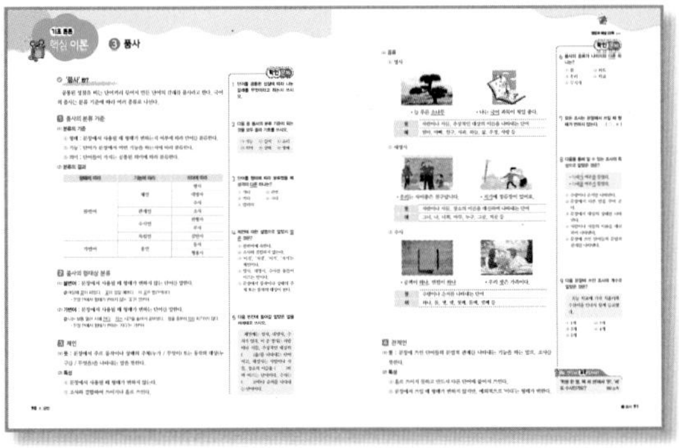

❶ 핵심 이론
자세한 설명을 통해 중학 국어 수업을 이해하는 데 바탕이 되는 필수 개념들을 배웁니다.

❷ 풍부한 예시
재미있고 다양한 예시를 통해 필수 개념이 실제로 글 속에 어떻게 적용되는지 확인합니다.

❸ 확인 문제
필수 개념과 관련된 간단한 문제들을 풀어 보면서 내용을 정확히 이해했는지 바로 확인합니다.

❹ 선생님, 질문 있어요!
더 생각할 점과 주의할 점을 짚어 주는 '선생님, 질문 있어요!'에 대답하면서 개념을 깊이 있게 학습합니다.

2 실력 쑥쑥 확인 학습

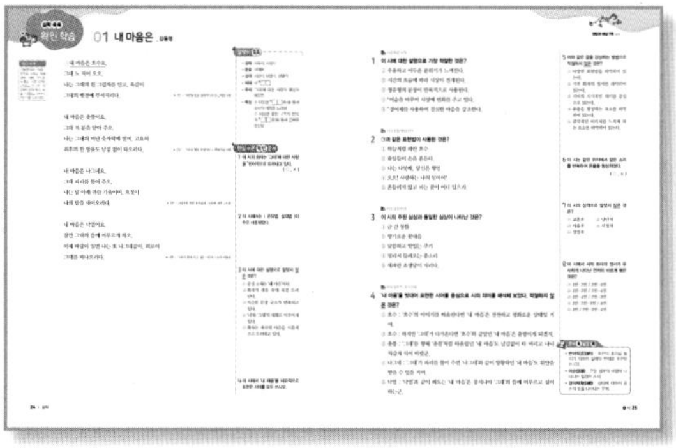

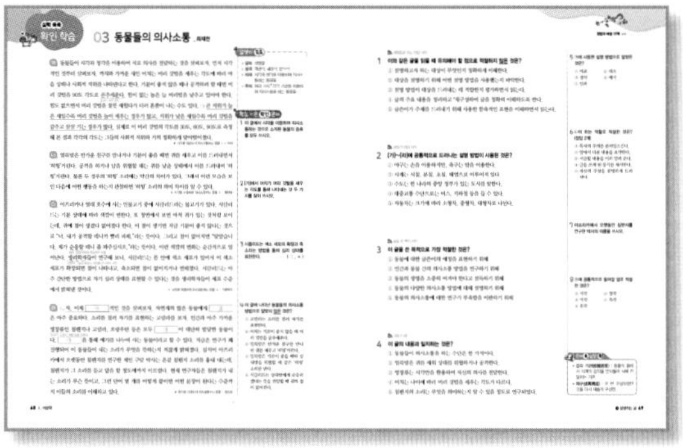

❶ 작품 및 지문 읽기
앞서 배운 필수 개념을 적용하여 문학 작품이나 비문학 지문을 꼼꼼하게 읽어 봅니다.

❷ 알맹이 콕콕
한눈에 알기 쉽게 정리된 표를 통해 글의 갈래와 성격, 제재, 주제 등 주요 내용을 확인합니다.

❸ 핵심 이론 확인 문제
간단한 문제를 풀면서 지문의 성격과 내용을 정확하게 이해했는지 점검합니다.

❹ 문제 풀이
중학교 국어 시험의 출제 유형을 반영한 문제를 풀어 보면서 문제 푸는 능력을 키웁니다.

3 단원별 일일 테스트

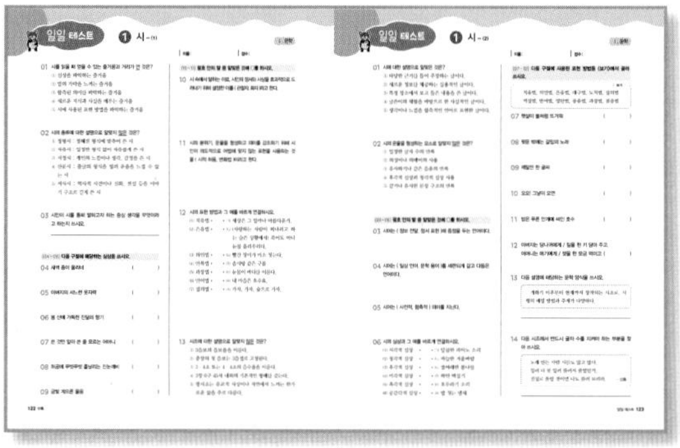

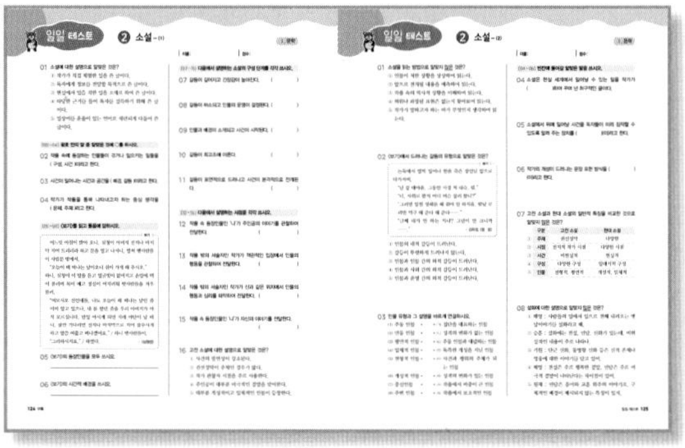

❶ 단원 마무리
시, 소설, 설명하는 글, 품사 등 본문의 각 단원을 끝낸 뒤 일일 테스트를 풀면서 해당 단원을 마무리합니다.

❷ 복습하기
문제를 풀며 해당 단원에서 배운 내용을 머릿속에 떠올려 보고, 완전히 익혀 내 것으로 만듭니다.

❸ 약점 파악하고 극복하기
잘 안 풀린 문제가 있다면 그와 관련한 필수 개념을 여러 번 다시 읽어 부족한 부분을 보완합니다.

❹ 실전 대비
다양한 객관식, 주관식 문제를 반복해서 풀면서 중학교 국어 시험에 대비합니다.

이 책의 차례

바탕 학습
- 국어 시간, 국어 시험에 자주 쓰이는 중요 용어 006
- 글의 전개 방법 및 표현 방법 010

I 문학

❶ 시
기초 튼튼 핵심 이론 018
실력 쑥쑥 확인 학습
01 내 마음은_김동명 024
02 엄마야 누나야_김소월 | 돌담에 속삭이는 햇발_김영랑 026
03 비_황인숙 | 담쟁이_도종환 028
04 묏버들 가려 꺾어_홍랑 | 봉선화_김상옥 030

❷ 소설
기초 튼튼 핵심 이론 032
실력 쑥쑥 확인 학습
01 동백꽃_김유정 038
02 자전거 도둑_박완서 040
03 수난이대_하근찬 042
04 홍길동전 | 아기 장수 우투리 044

❸ 수필
기초 튼튼 핵심 이론 046
실력 쑥쑥 확인 학습
01 꼴찌에게 보내는 갈채_박완서 048
02 이옥설_이규보 | 사서를 백여 번 읽었더라면_유성룡 050
03 안네의 일기_안네 프랑크 | 별빛과 이야기를 나누는 곳_선용훈 052

❹ 희곡 · 시나리오
기초 튼튼 핵심 이론 054
실력 쑥쑥 확인 학습
01 들판에서_이강백 056
02 반올림 – 유리 구두를 찾아서_홍진아 · 홍자람 058

II 비문학

❶ 설명하는 글
기초 튼튼 핵심 이론 062
실력 쑥쑥 확인 학습
01 명절의 유래 064
02 음식의 팔방미인, 소금_김정훈 066
03 동물들의 의사소통_최재천 068
04 천 년을 가는 한지의 비밀_김형자 070

❷ 설득하는 글
기초 튼튼 핵심 이론 072
실력 쑥쑥 확인 학습
01 도시에서 농사를 짓자_하성규 074
02 누가 별들을 훔쳐 갔나_박연호 076
03 신문과 진실_송건호 078
04 능력에 따라 인재를 뽑아 주시옵소서_정약용 080

Ⅲ 문법

❶ 언어의 본질
기초 튼튼 핵심 이론 084
실력 쑥쑥 확인 학습 085

❷ 국어의 음운
기초 튼튼 핵심 이론 086
실력 쑥쑥 확인 학습 088

❸ 품사
기초 튼튼 핵심 이론 090
실력 쑥쑥 확인 학습 094

❹ 단어의 짜임
기초 튼튼 핵심 이론 096
실력 쑥쑥 확인 학습 100

❺ 어휘의 체계와 양상
기초 튼튼 핵심 이론 102
실력 쑥쑥 확인 학습 104

Ⅳ 어휘

❶ 관용어 108
❷ 속담 112
❸ 한자 성어 116

부록 일일 테스트 120

국어 시간, 국어 시험에 자주 쓰이는 중요 용어

중학교 국어, 어떻게 준비해야 할까요?

국어 시간에 자주 쓰이는 학습 용어를 먼저 알아야 합니다.

◆ 초등학생 시절에 사용하던 용어와 중학생이 되어 사용하는 용어에는 큰 차이가 있습니다. 달라지는 용어를 모른다면 국어 수업을 이해하기 어렵고, 학교 시험에서도 제 실력을 발휘하기 힘듭니다. 그래서 수업 시간에 사용되는 용어들, 시험에 꼭 필요한 용어들을 모아 정리했습니다.

1 문법과 관련된 용어

중등	풀이	초등
음운	말의 뜻을 구별해 주는 가장 작은 소리 단위. 자음과 모음	낱자
음절	한 번에 소리 낼 수 있는 가장 작은 발음의 단위. 소리의 마디	소리마디
단어	뜻을 지니고 홀로 쓰일 수 있는 말의 단위(단, 조사는 홀로 쓰일 수 없지만 단어로 인정함)	낱말
어간	용언이 활용할 때 변하지 않는 부분	변하지 않는 부분
어미	용언이 활용할 때 변하는 부분	변하는 부분
의성어	사람이나 사물의 소리를 흉내 낸 말	소리를 흉내 낸 말
의태어	사람이나 사물의 모양이나 움직임을 흉내 낸 말	모양을 흉내 낸 말
접속어	단어와 단어, 구절과 구절, 문장과 문장을 이어 주는 구실을 하는 말	이어 주는 말
지시어	앞서 말한 내용을 다시 말할 때, 불필요한 반복을 피하기 위해서 대신 사용하는 말	지시하는 말
호응	어떤 말과 거기에 응하는 말이 서로 짝을 이루는 것	어울림

2 글의 종류나 구성과 관련된 용어

▶▶ 글의 종류

중등	풀이	초등
운문	시의 형식에 따라, 운율이 드러나도록 쓴 글	노래글
산문	율격과 같은 규칙에 얽매이지 않고 자유롭게 쓴 글	줄글
수필	일상생활에서 겪은 일이나 느낀 것을 형식에 얽매이지 않고 쓴 글	생활문
희곡	공연을 목적으로 쓴 연극의 대본	극본
설명문	지식이나 정보 등을 객관적으로 설명하여 독자를 이해시키는 글	설명하는 글
논설문	자기의 생각이나 주장을 논리적으로 나타낸 글	주장하는 글

▶▶ 글의 구성

중등	풀이	초등
주제	글쓴이가 글을 통해 나타내고자 하는 중심적인 생각	중심 생각
소재	글쓴이가 주제를 드러내기 위해 사용하는 글의 재료	글감
제재	가장 중심이 되는 소재	중심 글감
핵심어	글의 중심 내용을 압축적으로 담고 있어 글의 내용을 파악할 수 있는 단어	중심 낱말

3 문장 및 문체와 관련된 용어

▶▶ 문장의 종류

중등	풀이	초등
평서문	말하는 이가 자신의 생각이나 사건의 내용을 객관적으로 진술하는 문장	풀이하는 문장
의문문	말하는 이가 듣는 이에게 질문을 하여 그 대답을 요구하는 문장	묻는 문장
명령문	말하는 이가 듣는 이에게 무엇을 시키거나 행동을 요구하는 문장	시키는 문장
청유문	말하는 이가 듣는 이에게 같이 행동할 것을 부탁하는 문장	권유하는 문장
감탄문	기쁨, 슬픔, 놀람, 감동과 같은 느낌을 표현하는 문장	감탄을 나타내는 문장

▶▶ 문체의 종류

용어	풀이
운문체	운율이 겉으로 드러나는 문체
산문체	운율이 드러나지 않는 문체

간결체	짧고 간결한 표현으로 내용을 분명하게 드러내는 문체
만연체	많은 어구를 이용하여 반복, 수식, 설명함으로써 문장을 길게 표현하는 문체
강건체	굳세고 힘찬 문체
우유체	부드럽고 우아하고 순한 문체
건조체	꾸미는 표현이 없거나 적고, 내용을 충실하게 전달하는 것을 목적으로 하는 문체
화려체	여러 가지 표현 방법을 사용하여 화려하고 아름다운 느낌을 주는 문체
문어체	일상적인 대화에서 쓰는 말이 아닌, 문장에서만 쓰는 말을 이용하여 쓴 문체
구어체	문장에서만 쓰는 말이 아닌, 일상적인 대화에서 사용하는 말을 이용하여 쓴 문체

4 자주 쓰이는 표현 및 기타 용어

▶▶ 자주 쓰이는 표현

용어	풀이
허구적	현실에 없는 일을 있음 직하게 꾸며 만드는 성질을 띤 (것)
함축적	말이나 글 속에 어떤 뜻이 감추어져 있거나, 글쓴이가 만들어 낸 새로운 의미를 담고 있는 (것)
서정적	글쓴이의 정서나 감정이 잘 드러나는 (것)
감각적	감각을 자극하는 (것)
회화적	마치 그림을 보는 듯한 느낌을 주는 (것)
상징적	눈에 보이지 않는 추상적인 개념이나 사물을 구체적인 사물로 나타내는 (것)
묘사적	있는 그대로의 모습을 그림으로 그린 듯이 자세하게 보여 주는 (것)
우의적	직접 말하지 않고 다른 사물에 빗대어 표현하는 (것)
낭만적	현실적이지 않으며 환상적이거나 공상적인 (것)
예찬적	어떤 아름다운 대상을 존경하거나 찬양하는 (것)
신변잡기적	자신의 주변에서 일어나는 여러 가지 일을 적은 (것)
객관적	자신만의 생각에서 벗어나 사실이나 사물을 있는 그대로 보거나 생각하는 (것)
주관적	자신의 견해나 관점을 토대로 사실이나 사물을 보거나 생각하는 (것)
논리적	생각이나 추론이 이치에 맞는 (것)
논증적	대상을 파악할 때 직감이 아닌 개념, 판단, 추리 등을 들어 밝히는 (것)
체계적	일정한 규칙에 따라 낱낱의 부분이 짜임새 있게 조직되어 통일된 전체를 이루는 (것)
설득적	말로 하여 다른 사람을 납득시키는 (것)
의지적	어떤 일을 이루려는 적극적인 마음가짐이나 태도가 강하게 나타나는 (것)

▶▶ 기타 용어

용어	풀이
갈래	글의 종류
문체	글쓴이의 개성이 드러나 있는 문장의 특성
구성	글을 쓸 때, 주제를 잘 드러낼 수 있게 내용을 선택하여 배치하는 일
갈등	문학 작품, 특히 소설이나 희곡에서 등장인물의 내면 혹은 등장인물과 외부 환경 사이에 일어나는 대립
시어	시에서 사용되는, 운율과 함축적인 의미를 지닌 언어
일상어	일상에서 사용되는 설명적이고 지시적인 언어

5 시험 관련 용어

용어	풀이
음절	글자 하나하나, 즉 글자 수를 의미한다. 꼭 주어진 음절 수에 맞게 답을 작성해야 한다. 예 ㉠이 의미하는 것을 2음절로 쓰시오.
어절	띄어쓰기의 단위를 가리킨다. 꼭 주어진 어절 수에 맞게 답을 작성해야 한다. 예 [가]의 주제를 3어절로 쓰시오.
궁극적	'더할 나위 없는 지경에 도달하는 것'이라는 뜻으로, 주제를 찾으라는 의미이다. 예 글쓴이가 궁극적으로 말하고자 하는 것은?
이질적	'성질이 서로 다른 것'이라는 뜻으로, 나머지 선택지들과 다른 것을 찾으라는 의미이다. 예 다음 중 성격이 이질적인 것은?
이 글	주어진 글만으로 풀어야 한다. 글 전체의 내용을 미리 알고 있다 하더라도, 그것으로 답을 추측하지 말고 꼭 제시된 글의 내용과 관련된 부분만을 파악하여 문제의 답을 찾아야 한다. 예 이 글에 나타나는 갈등의 양상으로 옳은 것은?
이와 같은 글	주어진 글과 같은 글의 종류를 의미한다. 예 이와 같은 글의 특징으로 볼 수 없는 것은?
일치하는 것	제시된 글과 선택지의 내용이 정확히 일치하는 것을 찾으라는 뜻이다. 추측하거나 상상한 내용이 사실일지라도 제시된 글에 없는 내용은 제외해야 한다. 예 이 글의 내용과 일치하는 것은?
찾아 쓰시오	제시된 글에서 답(내용)을 찾아 그대로 적으라는 의미이다. 예 음성 언어와 문자 언어가 차이를 보이는 가장 근본적인 이유를 찾아 쓰시오.
참고하여 쓰시오	제시된 글의 내용을 참고하여 자신의 생각을 표현하라는 의미이다. 예 〈보기〉에 나타난 '기도'의 핵심 내용이 무엇인지 이 글을 참고하여 쓰시오.
간략하게 쓰시오	간단하고 짤막하게 쓰라는 뜻으로, 한두 문장 정도로 짧게 쓰라는 의미이다. 예 ⓐ의 의미를 간략하게 쓰시오.
~자 내외로 쓰시오	제시된 글자 수를 크게 넘거나 제시된 글자 수에서 많이 부족하지 않게 답을 쓰라는 의미이다. 예 이 글을 통해서 알 수 있는 '유비'의 성격을 15자 내외로 쓰시오.
모두 찾아 쓰시오	문제에서 묻고 있는 내용과 관련된 항목들을 빠짐없이 쓰라는 의미이다. 예 [가]에서 글쓴이의 가난한 처지를 나타내는 소재를 모두 찾아 쓰시오.

글의 전개 방법 및 표현 방법

글의 전개 방법이란?

글의 ❶중심 내용을 뒷받침하기 위해 ❷세부 내용을 체계적으로 전개해 나가는 것을 말한다. 글의 전개 방법을 파악하면 글쓴이의 생각의 흐름을 파악할 수 있으며, 글의 내용을 좀 더 쉽게 이해할 수 있게 된다.

- 시간의 흐름을 중시하는 내용 전개 방법
  - 서사
  - 과정
  - 인과
- 시간의 흐름을 고려하지 않는 내용 전개 방법
  - 묘사
  - 정의
  - 분류
  - 구분
  - 분석
  - 비교
  - 대조
  - 예시
  - 논증

❶ 중심 내용
글쓴이가 글을 통해 말하고자 하는 궁극적인 내용

❷ 세부 내용
중심 내용을 뒷받침해 주는 내용

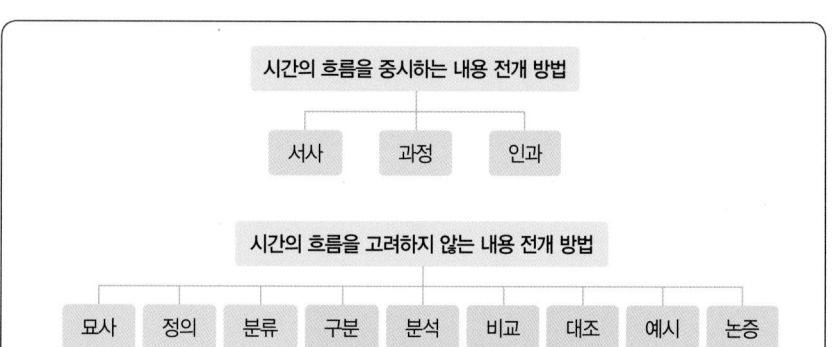

1 시간의 흐름을 중시하는 내용 전개 방법

• ❸서사 : 사건이나 행동의 변화를 일정한 시간의 흐름에 따라 나타내는 방법

늦잠을 잔 지훈이는 눈을 뜨자마자 세수를 하고, 허겁지겁 아침 식사를 한 뒤에 책가방을 낚아채듯 들고 학교로 뛰어갔다. 지훈이는 겨우 지각을 면하였지만 형의 책가방을 들고 왔다는 사실을 깨닫고 눈앞이 깜깜해졌다.

• ❸과정 : 어떤 결과를 발생시키는 변화나 작용을 중심으로 내용을 전개하는 방법

시금치 무침을 만들 때에는 우선 끓는 물에 소금을 약간 넣고, 다음은 시금치를 데친다. 데친 시금치는 찬물에 헹구고 물기를 뺀 뒤 먹기 좋은 크기로 자른다. 다진 파, 마늘, 소금을 넣고 무친 뒤 참기름을 넣는다.

• ❹인과 : 어떤 결과의 원인을 밝히거나 어떤 원인 때문에 일어난 결과를 설명하는 방법

말이나 노루는 빨리 달리려고 발끝만 사용하다 보니 결국 발뒤꿈치가 사라지고 발굽만 남게 되었다. 가운뎃발가락의 발톱이 단단해져 발굽이 된 것이다.

❸ 서사와 과정

서사	과정
사건이 일어난 차례에 주목함	일을 진행하는 순서에 주목함

❹ 인과
원인과 결과의 관계가 필연적이어야 하는 것은 물론, 원인과 결과가 분명히 구분되도록 서술해야 함

2 시간의 흐름을 고려하지 않는 내용 전개 방법

• 묘사 : 어떤 대상이나 사물, 현상 등을 구체적으로 그림 그리듯이 표현하여 독자가 그 모습을 상상하게 만드는 방법

귀뚜라미의 오른쪽 날개는 왼쪽 날개 위에 포개져 거의 몸 전체를 뒤덮고 있다. 이 두 날개는 그 모양이 똑같이 생겼다. 오른쪽 날개는 등 위에서 거의 똑바르게 나 있으며, 옆구리 위에서 거의 직각으로 꺾이고, 얇게 되어 몸통을 덮고 있다. 등 부분에는 새까맣고 억센 줄기가 뻗어서 복잡한 무늬를 이루고 있다.

정답과 해설 6쪽 ▶▶

확인 문제

1 내용 전개 방법을 파악하면서 글을 읽을 때의 장점으로 알맞은 것은?

내용 전개 방법 파악의 필요성

① 글쓴이의 생각의 흐름을 파악할 수 있다.
② 글이 속한 갈래를 정확히 이해할 수 있다.
③ 글쓴이의 가치관과 인생관을 파악할 수 있다.
④ 글에 드러난 글쓴이의 개성을 파악할 수 있다.
⑤ 글의 분위기와 글쓴이의 정서를 이해할 수 있다.

2 다음 중 '묘사'의 방법으로 내용을 전개하기에 가장 적절한 것은?

'묘사'의 방법 이해

① 나의 하루 일과　② 지리산 봄 풍경
③ 환경 오염의 원인　④ 이순신 장군의 일생
⑤ 떡볶이를 만드는 방법

3 〈보기〉에서 '인과'의 방법으로 내용이 전개된 것을 고르시오.

'인과'의 방법 이해

보기

㉠ 준후는 평소에 이를 잘 닦지 않아 충치가 생기고 말았다.
㉡ 냄비에 물을 넣고 끓인다. 물이 끓으면 라면과 스프를 넣는다.
㉢ 소녀가 물속에서 무엇을 하나 집어낸다. 하얀 조약돌이었다. 그러고는 벌떡 일어나 팔짝팔짝 징검다리를 뛰어 건너간다.
㉣ 내가 예닐곱 살 되었을 때, 우리 집은 동부로 이사를 갔다. 거기서 나는 성장하여 결혼도 하고, 가정도 이루게 되었다. 아내와 나는 외국산 열대어를 길러 파는 장사를 시작했다.

4 다음 글에 쓰인 내용 전개 방법으로 알맞은 것은? (정답 2개)

내용 전개 방법의 파악

아침에 학교에 가려고 집을 나서다가 잊은 것이 있어서 도로 집에 들어갔다. 그런데 내가 무엇을 가지러 왔는지 도무지 생각이 나지 않았다. 한참을 고민하다가 그냥 집을 나섰다. 결국 그날 나는 학교에서 교과서도 없이 공부를 해야만 했다.

① 서사　② 과정　③ 인과
④ 묘사　⑤ 구분

5 다음 글에 쓰인 내용 전개 방법을 쓰시오.

내용 전개 방법의 파악

가열되는 비커의 밑면에 접해 있는 물은 온도가 올라가면 부피가 팽창하고, 따라서 밀도가 낮아진다. 이렇게 더워져서 밀도가 낮아진 물은 위로 올라가고, 위에 있던 찬물이 밑으로 흘러든다.

글의 전개 방법 및 표현 방법

• ❺정의 : 어떤 말이나 대상의 뜻을 '무엇은 무엇이다.'의 형식으로 풀이하여 설명하는 방법

> 정자(亭子)란, 경치나 전망이 좋은 곳에 아담하게 지은 집이다.

• 분류 : 어떤 대상을 일정한 기준에 따라 더 큰 대상으로 묶어 설명하는 방법

> 잣나무, 전나무, 소나무 등은 잎이 뾰족한 침엽수이다.

• 구분 : 어떤 대상을 일정한 기준에 따라 더 작은 대상으로 나누어 설명하는 방법

> 개미는 특성에 따라 집개미, 불개미, 가시개미 등으로 나눌 수 있다.

• 분석 : 하나의 사물이나 사실을 그 구성 요소나 역할에 따라 나누어 자세히 풀이하는 설명 방법

> 컴퓨터의 중앙 처리 장치는 두 부분으로 구성되는데, 하나는 계산을 실행하는 연산 장치이고 다른 하나는 모든 연산을 제어하는 제어 장치이다.

• 비교 : 둘 이상의 각기 다른 대상을 견주어 공통점이나 유사점을 밝혀내는 설명 방법

> 관용어와 속담은 모두 비유적인 표현이며, 그 나라의 문화적 특성을 반영한다.

• 대조 : 둘 이상의 각기 다른 대상을 견주어 차이점을 밝혀내는 설명 방법

> 설명문은 정보를 전달하거나 어떤 사실에 대해 독자를 이해시키는 것을 목적으로 하는 반면, 논설문은 독자를 설득하는 것을 목적으로 한다.

• 예시 : 어떤 일이나 현상에 대하여 독자에게 구체적이고 친근한 예를 들어 설명하는 방법

> 남북의 언어 차이는 어휘에서도 나타난다. 예를 들면, 우리말로 '충치'인 것을 북한에서는 '삭은 이'라고 하고, 우리가 '탈모증'이라고 부르는 것을 북한에서는 '털빠짐병'이라고 한다.

• 논증 : 타당한 이유와 자료를 근거로 들어 어떤 사실이나 문제의 옳고 그름을 밝히고 나아가 독자로 하여금 글쓴이가 증명한 바를 옳다고 여기도록 하는 방법

① 연역적 논증 : 일반적 사실이나 원리를 전제로 하여 다른 특수한 사실이나 원리를 이끌어 내는 논증 방법

> 모든 꽃은 열매를 맺는다. → 봉숭아는 꽃이다. → 그러므로 봉숭아는 열매를 맺는다.

② 귀납적 논증 : 개별적이고 특수한 사실이나 원리를 전제로 하여 일반적이고 보편적인 사실이나 원리를 이끌어 내는 논증 방법

> 소크라테스는 죽었다. 공자도 죽었다. 석가모니도 죽었다. → 소크라테스와 공자, 석가모니는 사람이다. → 그러므로 모든 사람은 죽는다.

❺ 정의의 방법을 사용할 때 주의할 점

• 단순한 묘사나 해석이어서는 안 됨
 예 통소는 대나무에 여러 개의 구멍을 뚫어 그것을 손가락으로 막은 뒤에 입으로 불어 소리를 낸다.(×)

• 의미를 중복하여 사용하면 안 됨
 예 사회학자는 사회를 연구하는 학자이다.(×)
 → '사회'를 다시 정의해야 한다.

• 모호한 어구나 비유를 사용하면 안 됨
 예 교사는 인류 영혼의 계시자이다.(×)

6 다음 중 내용 전개 방법이 나머지와 다른 하나는? — 내용 전개 방법의 구분

① 선인장과 해바라기는 모두 식물이다.
② 오징어와 문어의 공통점은 연체동물이라는 것이다.
③ 곤충은 다리가 세 쌍이지만 거미는 다리가 네 쌍이다.
④ 축구와 농구, 야구는 모두 공을 가지고 하는 운동이다.
⑤ 바이올린과 비올라는 둘 다 현악기이고 네 줄로 되어 있다.

7 다음 글에 쓰인 내용 전개 방법을 쓰시오. — 내용 전개 방법의 파악

클레이 애니메니션이란 찰흙 등 점성이 있는 소재로 인형을 만들어 촬영하는 형식의 애니메이션을 말한다.

8 ㉠~㉢ 중 '분류'의 방법이 사용된 것을 고르시오. — '분류'의 방법 이해

㉠ 우리 조상들은 단옷날 많은 놀이를 즐겨 왔다. 씨름, 그네뛰기, 풀싸움 등이 그것이다.
㉡ 악기를 만드는 재료에 따라 플루트, 클라리넷, 오보에 등은 목관 악기로 묶이고, 트럼펫, 트럼본, 호른 등은 금관 악기로 묶인다.
㉢ 물고기는 머리, 몸통, 지느러미, 꼬리로 이루어진다.

9 다음 중 '분석'의 방법이 사용된 것은? — '분석'의 방법 이해

① 국어란 한 나라의 국민이 쓰는 말이다.
② 자전거는 안장, 핸들, 페달, 체인, 바퀴로 이루어져 있다.
③ 소나무와 대나무는 둘 다 상록수이며, 쓰임새가 다양하다.
④ 사람보다 오래 사는 나무들이 있다. 은행나무, 느티나무 등은 수명이 천 년 이상이다.
⑤ 지붕은 어떤 자재를 쓰느냐에 따라 너와지붕, 굴피지붕, 초가지붕, 기와지붕 등으로 나뉜다.

10 〈보기〉에 쓰인 내용 전개 방법으로 알맞은 것은? (정답 2개) — 내용 전개 방법의 파악

보기

인간의 후각 이용은 어디까지나 보조적이다. 이에 비하여 절대 다수의 동물들은 후각을 의사소통의 주된 수단으로 활용한다. 예를 들어, 동네 개들은 길에서 마주치면 서로 냄새를 맡으며 상대의 신분을 확인한다. 말로 자기소개를 하거나 명함을 주고받으며 서로를 확인하는 우리들과는 매우 다르다.

① 서사　② 묘사　③ 대조　④ 인과　⑤ 예시

글의 표현 방법이란?

글쓴이가 자신의 생각이나 느낌을 효과적으로 표현하기 위해 사용하는 방법이다.

1 ❻비유법

직유법	보조 관념에 연결어('~같이, ~처럼, ~인 양, ~인 듯' 등)를 붙여 표현하는 방법 예 새악시 볼에 떠오는 부끄럼같이
은유법	원관념을 보조 관념에 연결어 없이 빗대어 표현하는 방법(A는 B이다.) 예 내 마음은 호수요.
의인법	사람이 아닌 대상에 감정과 인격을 부여하여 사람처럼 표현하는 방법 예 허수아비가 바람에 춤을 춘다.
활유법	무생물을 생물인 것처럼 표현하는 방법 예 힘차게 달리는 산맥
풍유법	속담이나 격언을 인용하여 뜻을 비유적으로 암시하는 방법 예 호랑이도 제 말 하면 온다더니.

❻ 비유법
표현하고자 하는 대상(원관념)을 그와 유사한 다른 대상(보조 관념)에 빗대어 표현하는 방법

※ 그 밖의 비유법
- 의성법 : 사물의 소리를 흉내 내어 나타내는 표현 방법 예 바람이 윙윙 분다.
- 의태법 : 사물의 동작이나 모양을 흉내 내어 나타내는 표현 방법 예 아기가 아장아장 걷는다.

2 ❼강조법

반복법	같거나 비슷한 단어, 어구, 문장 등을 되풀이하여 나타내는 방법 예 해야 솟아라, 해야 솟아라.
점층법	작은 것, 약한 것, 좁은 것에서 큰 것, 강한 것, 넓은 것으로 확대하여 나타내는 방법 예 학교와 나라와 전 세계의 주인이 되자.
영탄법	감탄하는 말을 사용하여 놀라움, 슬픔, 기쁨, 감동 등과 같은 감정을 강하게 나타내는 방법 예 아름다운 꽃이여!
과장법	사물을 실제보다 지나치게 크게 혹은 작게 표현하는 방법 예 얼굴이 달덩이만 하다. 간이 콩알만 해졌다.
열거법	내용적으로 연결되거나 비슷한 어구를 여러 개 늘어놓아 의미를 강조하는 표현 방법 예 그 마을엔 밤나무, 소나무, 느티나무가 서 있었다.
대조법	서로 반대되는 대상이나 내용을 대립시켜 주제를 강조하거나 인상을 선명하게 드러내는 방법 예 인생은 짧고, 예술은 길다.

❼ 강조법
자신의 의도를 강하게 드러내는 표현 방법

※ 그 밖의 강조법
- 비교법 : 둘 이상의 사물이나 내용을 비교하여 표현하고자 하는 바를 인상 깊게 드러내는 방법 예 거룩한 분노는 종교보다도 깊고
- 연쇄법 : 앞 구절의 끝말을 다음 구절의 첫말로 삼아 내용을 전개하는 방법 예 사과는 맛있어, 맛있으면 바나나, 바나나는 길어, 길면 기차

3 ❽변화법

반어법	말하고자 하는 의도를 정반대로 나타내는 방법 예 (장난을 치다가 화분을 넘어뜨린 아들에게 어머니가) 참 잘했다, 잘했어.
역설법	논리적으로 이치에 맞지 않지만, 그 속에 진실이 담기도록 표현하는 방법 예 이것은 소리 없는 아우성
도치법	정상적인 문장 배열의 순서를 바꾸어 표현하는 방법 예 그 길을 만들 줄도 몰랐었네, 나는
설의법	당연한 사실이나 결론이 분명한 내용을 의문의 형식으로 표현하는 방법 예 가난하다고 해서 사랑을 모르겠는가.
대구법	비슷한 형식의 문구를 짝 지어 문장에 변화를 주는 방법 예 눈길 비었거든 바람 담을지네. / 바람 비었거든 눈길 담을지네.

❽ 변화법
문장이 단조롭고 평범하게 흐르지 않도록 변화를 주어 독자의 관심을 불러일으키는 표현 방법

※ 그 밖의 변화법
- 생략법 : 표현하고자 하는 내용의 일부를 줄여서 여운이나 암시를 주는 표현 방법 예 더 열심히 그 순간을 사랑할 것을…….

정답과 해설 6쪽 ▸▸

11 다음 중 〈보기〉의 설명과 관련이 없는 것은? (정답 2개) 표현 방법의 파악

보기

자신의 의도를 강하게 드러내는 표현 방법

① 예술은 길고 인생은 짧다.
② 돌담에 속삭이는 햇발같이
③ 거룩한 분노는 종교보다도 깊고
④ 정우는 사과, 배, 바나나, 감을 좋아한다.
⑤ 감나무 잎새를 흔드는 게 어찌 바람뿐이랴.

12 다음 중 변화법이 쓰인 것은? 변화법의 이해

① 쥐꼬리만 한 월급
② 주룩주룩 내리는 비
③ 나의 마음은 고요한 물결
④ 정작으로 고와서 서러워라.
⑤ 어머니의 마른 손 같은 조팝꽃

13 다음 중 비유법이 사용되지 않은 것은? 비유법의 이해

① 으르렁거리는 파도
② 내 누님같이 생긴 꽃
③ 나는 나룻배, 당신은 행인
④ 어물전 망신은 꼴뚜기가 시킨다더니.
⑤ 아아, 참으로 맑은 세상 저기 있으니.

14 다음 중 표현 방법이 바르게 연결된 것은? 표현 방법의 파악

① 반어법 : 찬란한 슬픔의 봄을.
② 은유법 : 하룻강아지 범 무서운 줄 모른다더니.
③ 설의법 : 가난하다고 해서 그리움을 버렸겠는가.
④ 과장법 : 나의 가족을 위해, 사회를 위해, 국가를 위해
⑤ 점층법 : 산에는 꽃 피네 꽃이 피네. 갈 봄 여름 없이 꽃이 피네.

15 다음에 쓰인 표현 방법을 각각 쓰시오. 표현 방법의 파악

(1) 오라, 이 강변으로
(2) 눈물이 바다를 이루고
(3) 지는 것이 이기는 것이다.
(4) 별이 반짝 보석처럼 빛난다.
(5) 나무들이 반갑게 손을 흔든다.

I

문학

문학은 사람의 생각이나 감정을 언어로 표현한 예술입니다.
문학 작품은 내용과 형식에 따라 시, 소설, 수필 등의 다양한 갈래로 구분됩니다.
이 단원에서는 문학의 대표적인 갈래를 살펴보고,
각 갈래별 작품을 보다 깊이 이해하는 데 필요한 핵심 이론을 익힙니다.

❶ 시

기초 튼튼 핵심 이론

실력 쑥쑥 확인 학습 01 내 마음은 02 엄마야 누나야 | 돌담에 속삭이는 햇발
03 비 | 담쟁이 04 묏버들 가려 꺾어 | 봉선화

❷ 소설

기초 튼튼 핵심 이론

실력 쑥쑥 확인 학습 01 동백꽃 02 자전거 도둑
03 수난이대 04 홍길동전 | 아기 장수 우투리

❸ 수필

기초 튼튼 핵심 이론

실력 쑥쑥 확인 학습 01 꼴찌에게 보내는 갈채 02 이옥설 | 사서를 백여 번 읽었더라면
03 안네의 일기 | 별빛과 이야기를 나누는 곳

❹ 희곡 · 시나리오

기초 튼튼 핵심 이론

실력 쑥쑥 확인 학습 01 들판에서 02 반올림 – 유리 구두를 찾아서

기초 튼튼 핵심 이론

1 시

‘시’란?

마음이나 머릿속에 떠오르는 생각, 또는 느낌을 운율이 있는 언어로 압축하여 표현한 운문 문학을 말한다.

1 시의 특징

① 말의 가락과 리듬을 통해 음악적인 효과를 준다.
② 시어는 사전에 풀이된 뜻과는 다른 새로운 의미를 가진다.
③ 느낌이나 감정을 간접적으로 드러낸다.
④ 비유적 표현과 압축된 형식을 통해 깊은 의미를 전달한다.

2 시의 종류

(1) 형식에 따라 나눌 때
① 정형시 : 정해진 형식에 맞추어 쓴 시
② 자유시 : 정해진 형식 없이 자유롭게 쓴 시
③ 산문시 : 행의 구분 없이 줄글로 쓴 시

(2) 내용에 따라 나눌 때
① 서정시 : 개인의 감정과 생각, 느낌을 쓴 시
② 서사시 : 역사적 사건이나 신화, 전설, 영웅의 이야기를 쓴 시
③ 극시 : 연극의 형식으로 쓴 시

3 시의 3요소

(1) 운율(음악적 요소) : 시를 읽을 때 느껴지는 말의 가락, 리듬
(2) 심상(회화적 요소) : 시를 읽을 때 마음속에 떠오르는 느낌이나 모습
(3) 주제(의미적 요소) : 시인이 시를 통해 말하고자 하는 중심 생각

얼굴 하나야 / 손바닥 둘로
폭 가리지만, //
보고픈 마음 / 호수만 하니
눈 감을밖에

– 정지용, 〈호수 1〉

콕콕 집어줄게!
• 운율 : 한 행에 5글자씩 반복
• 심상 : 시각적 심상
• 주제 : 사랑하는 사람에 대한 그리움

확인 문제

1 시의 특징에 대한 설명으로 알맞은 것은? (정답 2개)
① 말의 리듬을 느낄 수 있다.
② 갈등을 통해 긴장감을 느낄 수 있다.
③ 새로운 지식과 정보를 얻을 수 있다.
④ 압축된 형식을 통해 깊은 의미를 느낄 수 있다.
⑤ 글쓴이의 체험을 통해 삶의 깨달음을 느낄 수 있다.

2 다음 빈칸에 들어갈 알맞은 말을 각각 쓰시오.
(1) 시는 형식상 (　　), (　　), (　　)(으)로, 내용상 (　　), (　　), (　　)(으)로 나눌 수 있다.
(2) 시를 형식에 따라 나누었을 때 정해진 형식 없이 자유롭게 쓴 시를 (　　)(이)라고 한다.
(3) 시를 내용에 따라 나누었을 때 개인의 감정과 생각, 느낌을 쓴 시를 (　　)(이)라고 한다.
(4) 시를 내용에 따라 나누었을 때 연극의 형식으로 쓴 시를 (　　)(이)라고 한다.

3 다음 시가 형식상, 내용상으로 어떤 갈래에 속하는 쓰시오.

자주 꽃 핀 건 자주 감자,
파 보나 마나 자주 감자

하얀 꽃 핀 건 하얀 감자,
파 보나 마나 하얀 감자

4 시의 3요소를 모두 쓰시오.

정답과 해설 6쪽 ▶▶

4 운율

(1) 운율의 종류

내재율	일정한 규칙이 겉으로 뚜렷하게 나타나지 않고 시 속에서 은근하게 느껴지는 운율
외형률	규칙적인 리듬이 겉으로 뚜렷하게 나타나는 운율

(2) 운율을 형성하는 요소

① 유사하거나 같은 음운의 반복

예 알락알락 얼룩진 산새알('ㄹ'의 반복)

② 일정한 글자 수의 반복

예 나 보기가 역겨워 / 가실 때에는 / 말없이 고이 보내 / 드리우리다.

③ 일정한 끊어 읽기의 반복

예 엄마야 ∨ 누나야 ∨ 강변 살자. / 뜰에는 ∨ 반짝이는 ∨ 금모래빛

④ 같은 위치에서 같은 음의 반복

예 돌담에 속삭이는 햇발같이 / 풀 아래 웃음 짓는 샘물같이

⑤ 같거나 유사한 문장 구조의 반복

예 풀잎에도 상처가 있다 / 꽃잎에도 상처가 있다

꿈에 가 본 엄마 계신
별나라 지돈가?
돈 벌러 간 아빠 계신
만주 땅 지돈가?

– 윤동주, 〈오줌싸개 지도〉

콕콕 집어줄게!

• 이 시에서는 '~ 계신 ~ 지돈가?'라는 유사한 문장 구조를 반복함으로써 운율을 형성하고 있다.

5 심상

(1) **시각적 심상** : 눈으로 모양이나 빛깔을 보는 듯한 느낌

예 하얀 손 가락 가락이 연붉은 그 손톱을

(2) **후각적 심상** : 코로 냄새를 맡는 듯한 느낌

예 향긋한 풀꽃 냄새

(3) **청각적 심상** : 귀로 소리를 듣는 듯한 느낌

예 귀뚜르르 뚜르르 보내는 타전 소리가

(4) **미각적 심상** : 혀로 맛을 보는 듯한 느낌

예 달콤한 초콜릿처럼

(5) **촉각적 심상** : 피부로 감촉을 느끼는 듯한 느낌

예 불현듯 아버지의 서느런 옷자락을 느끼는 것은

(6) **공감각적 심상** : 하나의 감각을 다른 감각으로 옮겨 표현하여 둘 이상의 감각이 동시에 떠오르게 하는 느낌

예 분수처럼 흩어지는 푸른 종소리

확인 문제

5 다음 시에서 운율을 형성하는 요소로 알맞지 않은 것은? (정답 2개)

벚꽃 지는 걸 보니
푸른 솔이 좋아.
푸른 솔 좋아하다 보니
벚꽃마저 좋아.

① 동일한 시어가 반복된다.
② 일정한 글자 수가 반복된다.
③ 비슷한 문장 구조가 반복된다.
④ 일정한 끊어 읽기가 반복된다.
⑤ 같은 위치에서 같은 음이 반복된다.

6 다음 구절에 사용된 심상을 각각 쓰시오.

(1) 빨간 우산
(2) 은빛 비린내
(3) 싸늘한 바람
(4) 고양이의 울음소리

7 밑줄 친 부분에 사용된 심상을 쓰시오.

유리에 차고 슬픈 것이 어린거린다.

8 다음 중 사용된 심상이 다른 것은?

① 호수처럼 푸른 하늘에
② 풀잎들이 손을 흔든다
③ 반짝반짝 빛나는 친구 목소리
④ 하얀 장화를 신은 까만 고양이
⑤ 데굴데굴 굴러가는 공들을 보아라

선생님, 질문 있어요!

'파랗고 시원한 바다'도 공감각적 심상인가요?

정답 26쪽

꽃가루와 같이 부드러운 고양이의 털에
고운 봄의 향기가 어리우도다. //
금방울과 같이 호동그란 고양이의 눈에
미친 봄의 불길이 흐르도다. //
고요히 다물은 고양이의 입술에
포근한 봄의 졸음이 떠돌아라. //
날카롭게 쭉 뻗은 고양이의 수염에
푸른 봄의 생기가 뛰놀아라.

– 이장희, 〈봄은 고양이로다〉

콕콕 집어줄게!

- 시각적 심상 : '금방울과 같이 호동그란', '미친 봄의 불길', '날카롭게 쭉 뻗은', '푸른 봄의 생기'
- 청각적 심상 : '고요히 다물은'
- 후각적 심상 : '고운 봄의 향기'
- 촉각적 심상 : '꽃가루와 같이 부드러운', '포근한 봄의 졸음'

6 시어의 특징

(1) **시어의 함축적 의미** : 시어는 지시적, 사전적 의미가 아닌 시인이 새롭게 만들어 낸 의미를 담고 있다.

(2) **시어와 일상어의 성격**

① 시어 : 함축적(간접적), 상징적, 다의적, 음악적(운율), 정서 전달 중심

② 일상어 : 사전적(직접적), 논리적, 객관적, 설명적, 지시적, 정보 전달 중심

즐거운 날 밤에는
한 개도 없더니 / 한 개도 없더니
마음 슬픈 밤에는 / 하늘 가득 / 별이다.
수만 개일까 / 수십만 개일까.
울고 싶은 밤에는 / 가슴에도 / 별이다.
온 세상이 별이다.

– 공재동, 〈별〉

콕콕 집어줄게!

- 별의 의미 : '슬픈 마음'

→ 시어 '별'은 시인이 새롭게 만들어 낸 함축적 의미를 담고 있다.

7 시의 화자(말하는 이)

① 시인의 생각과 느낌을 효과적으로 나타내기 위해 설정한 장치로, 서정적 자아, 혹은 시적 자아라고도 한다.

② 시적 화자는 시 속에 드러나기도 하고 드러나지 않기도 한다.

③ 시의 어조와 분위기를 형성하는 역할을 한다.

죽는 날까지 하늘을 우러러
한 점 부끄럼이 없기를,
잎새에 이는 바람에도
나는 괴로워했다.

– 윤동주, 〈서시(序詩)〉

콕콕 집어줄게!

- 시적 화자 : '나'

→ '나'는 나뭇잎 사이로 이는 바람 같은 작은 내적 갈등에도 괴로워했다고 이야기하고 있으므로 이 시에서 시적 화자는 직접 드러나 있다.

확인 문제

9 시어와 일상어에 대한 설명으로 알맞지 않은 것은?

① 시어는 운율을 지니고 있다.
② 시어는 상징성을 지니고 있다.
③ 일상어는 함축성을 지니고 있다.
④ 일상어는 지시적 의미를 가지고 있다.
⑤ 일상어는 정보 전달에, 시어는 정서 전달에 중점을 두고 있다.

10 ㉠과 ㉡ 중 시적 화자에 대한 설명으로 알맞은 것은?

㉠ 항상 시의 표면에 드러난다.
㉡ 시의 어조와 분위기를 형성한다.

11 현실의 모순이나 슬픔을 익살스럽게 드러내는 어조를 무엇이라고 하는지 쓰시오.

12 다음 시에 나타난 화자의 어조는?

산산이 부서진 이름이여!
허공 중에 헤어진 이름이여!
불러도 주인 없는 이름이여!
부르다가 내가 죽을 이름이여!

① 단정적 어조
② 기원적 어조
③ 영탄적 어조
④ 사색적 어조
⑤ 풍자적 어조

정답과 해설 6쪽 ▶▶

8 시의 어조

(1) 뜻 : 시적 화자에 의해 나타나는 목소리로, 화자 특유의 말하는 방식이나 억양, 말투, 말의 가락을 의미한다.

(2) 어조의 유형

독백적 어조	혼잣말하는 듯한 억양으로 자신의 내면을 고백하는 어조
영탄적 어조	느낌표, 감탄사 등으로 감정을 강하게 드러내는 어조
단정적 어조	단호하게 결심하는 태도를 보이는 어조
애상적 어조	슬픔에 젖은 모습이 드러나는 어조
예찬적 어조	대상의 장점을 기리고 칭찬하는 어조
기원적 어조	바라는 일이 이루어지기를 비는 어조
사색적 어조	대상과 일정한 거리를 두고 대상에 대해 깊이 생각하는 어조
풍자적 어조	대상의 모순이나 허위를 과장하여 비판적으로 나타내는 어조
해학적 어조	현실의 모순이나 슬픔을 익살스럽게 드러내는 어조

9 시상 전개 방식

시인이 시상을 잘 전달하기 위해 선택하는 다양한 시의 조직 방법을 말한다.

시간의 변화	• 시간, 계절, 시대의 변화 등에 따라 시상을 전개하는 방식 • 순행적인 흐름과 역순행적인 흐름이 있음
공간의 변화	• 공간(장소)이나 시선의 이동에 따라 시상을 전개하는 방식 • 시각적 이미지가 강조되는 효과를 거둘 수 있음
수미 상관	• 시의 처음과 끝에 동일하거나 유사한 시구를 배열하는 전개 방식 • 시의 처음과 끝이 균형을 이루어 형태상 안정감을 얻을 수 있음
선경 후정	• 앞에서 풍경을 그리듯이 보여 주고, 뒤에서 화자의 정서를 표현하는 전개 방식 • 한시의 전형적인 전개 방식임

10 시의 표현 방법

(1) 비유 : 표현하려는 대상(원관념)을 다른 대상(보조 관념)에 빗대어 표현하는 방법

직유법	'~처럼', '~같은', '~인 듯', '~인 양' 등의 연결어를 사용하여 원관념을 보조 관념에 직접 빗대어 표현하는 방법 예 사과 같은 내 얼굴
은유법	연결어 없이 원관념을 보조 관념에 빗대어 표현하는 방법 (A는 B이다.) 예 내 마음은 호수요
의인법	사람이 아닌 대상을 사람처럼 표현하는 방법 예 바다가 불러 주는 자장노래

확인 문제

13 시의 처음과 끝에 동일하거나 유사한 시구를 배열하는 시상 전개 방식을 무엇이라고 하는지 쓰시오.

14 다음 시에 어떤 시상 전개 방식이 사용되었는지 쓰시오.

> 훨훨 나는 저 꾀꼬리
> 암수 정답게 노니는데,
> 외로울사 이 내 몸은
> 뉘와 함께 돌아갈꼬.

15 '보석 같은 눈동자'와 표현 방법이 같은 것은?

① 내 마음은 호수요
② 풀잎들이 손을 흔든다
③ 햇살처럼 웃는 아이들
④ 나는 나룻배, 당신은 행인
⑤ 우쭐우쭐 춤을 추는 허수아비

16 다음 설명에 해당하는 시의 표현 방법을 각각 쓰시오.

(1) 추상적인 생각이나 의미를 구체적인 사물로 대신하여 나타내는 방법
(2) 자신의 의도를 강하게 드러내는 표현 방법

선생님, 질문 있어요!

김소월 시인은 남자라고 알고 있는데, 〈진달래꽃〉에서 여자처럼 이야기하는 이유는 뭐죠? 정답 26쪽

기초 튼튼
핵심 이론

(2) **상징** : 추상적인 생각이나 의미를 구체적인 사물로 대신하여 나타내는 방법

개인적 상징	시인에 의해 독창적인 의미로 사용되는 상징 예 아아, 사랑하는 나의 님은 갔습니다. → '조국, 부처, 연인' 등 상징
관습적 상징	오랜 세월 동안 되풀이하여 사용되어 그 내용이 관습적으로 보편화된 상징 예 대나무 → '지조, 절개' 상징
원형적 상징	인류의 체험이 쌓인 결과, 인간의 잠재의식에 공통적으로 인식되어 보편적 의미를 불러일으키는 상징 예 불 → '생명, 정열, 분노' 등 상징

(3) **강조** : 자신의 의도를 강하게 드러내는 표현 방법

반복법	같거나 유사한 단어, 어구, 문장 등을 반복하여 표현하는 방법 예 해야 솟아라, 해야 솟아라, 말갛게 씻은 얼굴 고운 해야 솟아라.
영탄법	놀람, 슬픔, 기쁨 등의 감정을 감탄사나 감탄 조사 등을 이용하여 강하게 표현하는 방법 예 오! 나의 친구여!, 달도 참 밝다!
과장법	대상을 실제보다 크거나 작게 표현하는 방법 예 배가 남산만 하다. 간이 콩알만 하다.
점층법	문장의 뜻을 점점 강조하거나, 작은 것에서 점차 큰 것, 넓은 것으로 확대하여 표현하는 방법 예 가정을 위해, 국가를 위해 더 나아가 세계를 위해 노력하자.

(4) **변화** : 문장이 단조롭고 평범하게 진행되지 않도록 변화를 주어 독자의 관심을 불러일으키는 표현 방법

반어법	말하고자 하는 의도나 감정을 정반대로 표현하는 방법 예 나 보기가 역겨워 / 가실 때에는 / 죽어도 아니 눈물 흘리우리다.
역설법	논리적으로 이치에 맞지 않는 말 속에 진리를 담아 표현하는 방법 예 괴로웠던 사나이 / 행복한 예수 그리스도에게
설의법	당연한 사실을 의문 형식으로 표현하여 상대방이 스스로 판단하도록 하는 방법 예 가난하다고 해서 사랑을 모르겠는가.
대구법	비슷한 문장 구조를 나란히 배열하여 변화를 주는 방법 예 눈이 오면 눈길을 걸어가고 / 비가 오면 빗길을 걸어가라.
도치법	문장의 어구 순서를 뒤바꾸어 변화감을 주는 방법 예 뭐라고 썼을까 / 노오란 은행잎에

11 시적 허용

시의 분위기나 운율을 형성하고 의미를 강조하기 위해 시인이 의도적으로 어법에 맞지 않는 표현을 사용하는 것을 말한다.

내 마음의 어딘 듯 한편에 끝없는
강물이 흐르네
돋쳐 오르는 아침 날빛이 빤질한
은결을 도도네

– 김영랑, 〈끝없는 강물이 흐르네〉

콕콕 집어줄게!
• 시적 허용 : 빤질한, 도도네
→ 이 시에서는 운율 형성과 정서 강조를 위해 '반질거리는, 돋우네'가 아니라 문법에 어긋나는 '빤질한, 도도네'를 사용하였다.

확인 문제

17 '소리 없는 아우성'과 표현 방법이 다른 것은?
① 작은 거인
② 침묵의 함성
③ 빛나는 어둠
④ 차가운 열정
⑤ 우리는 푸른 숲

18 다음 두 문장에 공통으로 사용된 표현 방법을 쓰시오.

• 산에는 꽃 피네, 꽃이 피네
• 가자 가자 숲으로 가자

19 다음은 상징에 대한 설명이다. 맞으면 ○, 틀리면 ×를 하시오.
(1) 추상적인 생각이나 의미를 구체적인 사물로 대신하여 나타내는 방법이다. ( )
(2) 시인에 의해 독창적인 의미로 사용되는 상징을 '원형적 상징'이라고 한다. ( )

20 다음 시에서 시적 허용이 나타난 부분을 찾아 쓰시오.

머언 해안선
다정한 형제 섬

'시조'란?

고려 중기에 생겨나 현재까지 창작되고 있는 우리 고유의 정형시를 말한다.

1 시조의 기본 형식

① 3장 6구 45자 내외(평시조)

② 3 · 4조 또는 4 · 4조의 음수율, 4음보의 음보율

③ 종장의 첫 음보는 3음절로 고정

태산이 ∨ 높다 하되 ∨ 하늘 아래 ∨ 뫼이로다.
오르고 ∨ 또 오르면 ∨ 못 오를 리 ∨ 없건마는
사람이 ∨ 제 아니 오르고 ∨ 뫼를 높다 ∨ 하더라.
– 양사언

콕콕 집어줄게!
- 3장 6구 45자 내외의 평시조
- 4음보의 음보율(외형률)
- 종장의 첫 음보 '사람이' → 3음절로 고정

2 평시조와 사설시조의 비교

구분	평시조	사설시조
성행 시기	조선 전기	조선 중기 이후
형식	3장 6구 45자 내외	평시조에서 종장의 첫 구를 제외하고 두 구 이상이 길어짐
작가층	양반 계층	평민 계층(대체로 작가 미상)
주제	• 유교적 사상(충 · 효 · 예 · 의 · 지) • 자연에서 느끼는 한가로운 삶	• 남녀 간의 애정 • 서민 생활에 대한 애환 • 현실에 대한 비판과 풍자

3 현대 시조

(1) 뜻 : 개화기 이후부터 현재까지 창작되는 시조를 현대 시조라고 한다.

(2) 현대 시조의 특징

① 대부분 제목이 있다.

② 다양한 사상과 감정을 다룬다.

③ 시행의 배열 방법이 다양하다.

④ 단시조보다 연시조가 많다.

⑤ 어려운 한자어보다는 고유어를 많이 사용하여 참신한 느낌을 준다.

다음 시조를 감상해 보자.

까마귀 검다 하고 백로야 웃지 마라
겉이 검은들 속조차 검을소냐
아마도 겉 희고 속 검은 손 너뿐인가 하노라.

확인 문제

21 시조에 대한 설명으로 알맞지 않은 것은?
① 산문의 형태를 취한다.
② 4음보의 음보율을 이룬다.
③ 초 · 중 · 종장의 3장으로 구성된다.
④ 우리나라 고유의 문학 양식에 속한다.
⑤ 고려 중기에 생겨나 현재까지 창작되고 있다.

22 다음 시조에서 반드시 글자 수를 지켜야 하는 부분을 찾아 쓰시오.

> 동기로 세 몸 되어 한 몸같이 지내다가
> 두 아운 어디 가서 돌아올 줄 모르는고.
> 날마다 석양 문외에 한숨 겨워하노라.

23 다음 설명이 평시조에 대한 것이면 '평', 사설시조에 대한 것이면 '사'라고 쓰시오.
(1) 3장 6구 45자 내외의 기본적인 형태를 갖는다. ( )
(2) 주로 삶의 애환과 현실에 대한 비판 및 풍자를 중심 내용으로 한다. ( )
(3) 기본 형식에서 두 구 이상이 제한 없이 길어져 산문 형태에 가까운 형식이다. ( )

24 현대 시조의 특징으로 알맞지 않은 것은?
① 주제가 다양하다.
② 제목이 거의 없다.
③ 고유어를 많이 사용한다.
④ 시행의 배열 방법이 다양하다.
⑤ 개화기 이후부터 현재까지 창작되는 시조이다.

선생님, 질문 있어요!
사설시조의 구체적인 내용은 어떠한가요? 정답 26쪽

실력 쑥쑥 확인 학습

01 내 마음은 _김동명

작가 소개
김동명(1900~1968) 전원을 소재로 하여 향수, 비애, 고독을 노래함. 시집 《진주만》으로 '아시아 자유문학상'을 받음. 주요 시집으로 《파초》, 《목격자》 등이 있음

㉠내 마음은 호수요,
그대 노 저어 오오.
나는 그대의 흰 그림자를 안고, 옥같이
그대의 뱃전에 부서지리다.

▶ 1연 – '그대'를 향한 열정적이고 헌신적인 사랑

내 마음은 촛불이요,
그대 저 문을 닫아 주오.
나는 그대의 비단 옷자락에 떨며, 고요히
최후의 한 방울도 남김 없이 타오리다.

▶ 2연 – '그대'를 향한 열정적이고 희생적인 사랑

내 마음은 나그네요,
그대 피리를 불어 주오.
나는 달 아래 귀를 기울이며, 호젓이
나의 밤을 새이오리다.

▶ 3연 – 사랑으로 인한 외로움과 '그대'에 대한 그리움

내 마음은 낙엽이요,
잠깐 그대의 뜰에 머무르게 하오.
이제 바람이 일면 나는 또 나그네같이, 외로이
그대를 떠나오리다.

▶ 4연 – '그대'와 함께 하고 싶은 마음과 사랑의 애달픔

알맹이 콕콕

- **갈래** 자유시, 서정시
- **운율** 내재율
- **성격** 서정적, 낭만적, 정열적
- **제재** 내 ❶□□
- **주제** '그대'에 대한 사랑의 열정과 애달픔
- **특징** ① 다양한 ❷□□을/를 통해 화자의 마음을 드러냄
  ② 비슷한 문장 구조의 반복과 ❸□□을/를 통해 운율을 형성함

핵심 이론 확인 문제

1 이 시의 화자는 '그대'에 대한 사랑을 반어적으로 드러내고 있다. (○ , ×)

2 이 시에서는 (은유법, 설의법)이 주로 사용되었다.

3 이 시에 대한 설명으로 알맞지 않은 것은?
① 중심 소재는 '내 마음'이다.
② 화자가 작품 속에 직접 드러난다.
③ 비슷한 문장 구조가 반복되고 있다.
④ '나'와 '그대'의 대화로 이루어져 있다.
⑤ 화자는 자신의 마음을 비유적으로 드러내고 있다.

4 이 시에서 '내 마음'을 비유적으로 표현한 시어를 모두 쓰시오.

정답과 해설 7쪽 ▶▶

시의 특징 파악

1 이 시에 대한 설명으로 가장 적절한 것은?

① 우울하고 어두운 분위기가 느껴진다.
② 시간의 흐름에 따라 시상이 전개된다.
③ 청유형의 문장이 반복적으로 사용된다.
④ •어순을 바꾸어 시상에 변화를 주고 있다.
⑤ •경어체를 사용하여 진실한 마음을 강조한다.

시의 표현 방법 파악

2 ㉠과 같은 표현법이 사용된 것은?

① 하늘처럼 파란 호수
② 풀잎들이 손을 흔든다.
③ 나는 나룻배, 당신은 행인
④ 오오! 사랑하는 나의 임이여!
⑤ 흔들리지 않고 피는 꽃이 어디 있으랴.

시의 심상 파악

3 이 시의 주된 심상과 동일한 심상이 나타난 것은?

① 금 간 창틈
② 향기로운 꽃내음
③ 달콤하고 맛있는 쿠키
④ 멀리서 들려오는 종소리
⑤ 새파란 초생달이 시리다.

시의 함축적 의미 이해

4 '내 마음'을 빗대어 표현한 시어를 중심으로 시의 의미를 해석해 보았다. 적절하지 않은 것은?

① 호수 : '호수'의 이미지를 떠올린다면 '내 마음'은 잔잔하고 평화로운 상태일 거야.
② 호수 : 하지만 '그대'가 다가온다면 '호수'와 같았던 '내 마음'은 출렁이게 되겠지.
③ 촛불 : '그대'를 향해 '촛불'처럼 타올랐던 '내 마음'도 남김없이 타 버리고 나니 차갑게 식어 버렸군.
④ 나그네 : '그대'가 피리를 불어 주면 '나그네'와 같이 방황하던 '내 마음'도 위안을 받을 수 있을 거야.
⑤ 낙엽 : '낙엽'과 같이 떠도는 '내 마음'은 잠시나마 '그대'의 뜰에 머무르고 싶어 하는군.

5 이와 같은 글을 감상하는 방법으로 적절하지 않은 것은?

① 다양한 표현법을 파악하며 읽는다.
② 시적 화자의 정서를 파악하며 읽는다.
③ 시어의 지시적인 의미를 중심으로 읽는다.
④ 운율을 형성하는 요소를 파악하며 읽는다.
⑤ 감각적인 이미지를 느끼게 하는 요소를 파악하며 읽는다.

6 이 시는 같은 위치에서 같은 소리를 반복하여 운율을 형성하였다. (○ , ×)

7 이 시의 성격으로 알맞지 않은 것은?

① 교훈적 ② 낭만적
③ 비유적 ④ 서정적
⑤ 정열적

8 이 시에서 시적 화자의 정서가 유사하게 나타난 연끼리 바르게 묶은 것은?

① 1연·2연 / 3연·4연
② 1연·3연 / 2연·4연
③ 1연·4연 / 2연·3연
④ 1연·2연·3연 / 4연
⑤ 1연 / 2연·3연·4연

문제 속 낱말 쏙!

- **반어적(反語的)** : 표현의 효과를 높이기 위하여 실제와 반대로 표현하는 (것).
- **어순(語順)** : 문장 성분의 배열에 나타나는 일정한 순서.
- **경어체(敬語體)** : 상대에 대하여 공손의 뜻을 나타내는 문체.

실력 쑥쑥 확인 학습

02 엄마야 누나야 _김소월 | 돌담에 속삭이는 햇발 _김영랑

작가 소개
김소월(1902~1934) 토속적이고 향토적인 시를 주로 썼으며, 한국의 전통적인 정서인 '한(恨)'을 노래한 시인으로 널리 알려져 있음. 주요 작품으로 〈산유화〉, 〈먼 후일〉, 〈초혼〉 등이 있음

가 엄마야 누나야 강변 살자. ▶ 1행 – 강변에 살고 싶은 소망
뜰에는 반짝이는 금모래빛.
뒷문 밖에는 갈잎의 노래. ▶ 2, 3행 – 평화로운 강변의 풍경
엄마야 누나야 강변 살자. ▶ 4행 – 강변에서 살고 싶은 소망 강조

작가 소개
김영랑(1903~1950) 잘 다듬어진 언어로 섬세하고 영롱한 서정을 노래하여 순수 서정시의 새로운 경지를 개척함. 주요 작품으로 〈거문고〉, 〈독을 차고〉, 〈모란이 피기까지는〉 등이 있음

나 ㉠돌담에 속삭이는 햇발같이
풀 아래 웃음 짓는 샘물같이
내 마음 고요히 고운 봄 길 위에
오늘 하루 하늘을 우러르고 싶다. ▶ 1연 – 봄 하늘을 우러르고 싶은 마음

새악시 볼에 떠오는 부끄럼같이
시(詩)의 가슴에 살포시 젖는 물결같이
보드레한 에메랄드 얇게 흐르는
실비단 하늘을 바라보고 싶다. ▶ 2연 – 봄 하늘을 바라보고 싶은 마음

알맹이 콕콕

가
- 갈래 자유시, 서정시
- 운율 내재율
- 성격 서정적, 민요적, 향토적
- 제재 강변
- 주제 아름답고 평화로운 곳에서 살고 싶은 ❶□□
- 특징 ① 3음보의 ❷□□적 율격을 통해 운율을 형성함
  ② •울림소리(ㄴ, ㄹ, ㅁ, ㅇ)를 사용하여 맑고 부드러운 느낌을 줌
  ③ 수미 상관의 기법을 활용하여 화자의 소망을 강조함

나
- 갈래 자유시, 서정시, 순수시
- 운율 내재율
- 성격 감각적, 서정적, 음악적
- 제재 봄 ❸□□
- 주제 봄 하늘에 대한 동경과 예찬
- 특징 ① 같은 위치에서 같은 소리를 반복하여 운율감을 줌
  ② 울림소리(ㄴ, ㄹ, ㅁ, ㅇ)를 사용하여 맑고 부드러운 느낌을 줌
  ③ 시어를 갈고 다듬어 ❹□□□의 아름다움을 잘 살림

핵심 이론 확인 문제

1 [가]의 중심 소재이자, 화자가 소망하는 평화로운 세계를 상징하는 시어는 (   )이다.

2 [가]의 화자가 누구인지 쓰시오.

3 [가]에서는 1행과 4행에서 동일한 내용을 반복하는 (   )을/를 통해 화자의 소망을 강조하고 있다.

정답과 해설 7쪽 ▶▶

시의 특징 파악

1 [가], [나]와 같은 글에 대한 설명으로 알맞지 않은 것은?

① 의미를 압축하여 표현한다.
② 주로 말하는 이의 정서를 전달한다.
③ 시인이 직접 겪은 일을 바탕으로 한다.
④ 운율을 느낄 수 있는 언어를 사용한다.
⑤ 비유와 상징 등의 표현 방법을 사용한다.

시의 종류와 특징 이해

2 [가]와 [나]가 공통으로 해당되는 갈래와 그 특징을 바르게 제시한 것은?

① 서정시 : 정해진 형식에 맞추어 표현하였다.
② 서정시 : 개인의 생각과 느낌을 표현하였다.
③ 서사시 : 행의 구분이 없이 줄글로 표현하였다.
④ 서사시 : 역사적 사건을 시간적 흐름에 따라 표현하였다.
⑤ 극시 : 연극의 형식을 통해 운문체의 대사로 표현하였다.

시의 운율 형성 방법 이해

3 〈보기〉를 바탕으로 [나]를 썼다고 할 때, 달라진 것으로 알맞지 않은 것은?

보기

나는 햇살같이 따뜻하고, 샘물같이 경쾌한 봄 하늘을 우러르고 싶다. 그리고 새색시의 볼처럼 부끄럽고, 시의 가슴처럼 시의 정서로 가득한 마음으로 봄 하늘을 바라보고 싶다.

① 우리말의 아름다움을 잘 살렸다.
② 대체로 일정한 끊어 읽기를 반복하였다.
③ 울림소리를 반복하여 운율을 형성하였다.
④ 일정한 위치에서 같은 소리나 말을 반복하였다.
⑤ '봄 하늘'을 화자가 동경하는 세계로 표현하였다.

시의 표현 방법 파악 및 적용

4 [나]의 ㉠과 표현 방법이 같은 것은?

① 간이 콩알만 하다.
② 소리 없는 아우성
③ 이슬 같은 눈물
④ 인생은 나그넷길이다.
⑤ 우정은 얼마나 아름다운가?

4 [나]에서 시의 계절적, 공간적 배경을 드러내는 시어는 (　　　)이다.

5 [나]에서 화자가 자신의 마음을 비유적으로 표현한 시어가 아닌 것은?

① 햇발 ② 샘물
③ 물결 ④ 돌담
⑤ 부끄럼

6 [나]의 주된 *정서로 가장 적절한 것은?

① 소망 ② 설렘
③ 슬픔 ④ 후회
⑤ 그리움

7 [나]에서 주제가 직접적으로 드러나는 시행은 1연의 (　　　)행과 2연의 (　　　)행으로, 평화롭고 아름다운 세계인 (　　　)에 대한 *동경을 노래하고 있다.

8 [나]에서 사용되지 않은 표현법은?

① 대구법 ② 은유법
③ 의인법 ④ 직유법
⑤ 영탄법

문제 속 낱말 쏙!

- **울림소리** : 발음할 때 목청이 떨려 울리는 소리. 국어의 모든 모음과 자음 가운데 'ㄴ, ㄹ, ㅁ, ㅇ'이 울림소리이다.
- **정서(情緖)** : 사람의 마음에 일어나는 여러 가지 감정.
- **동경(憧憬)** : 어떤 것을 간절히 그리워하여 그것만을 생각함.

실력 쑥쑥 확인 학습

03 비 _황인숙 | 담쟁이 _도종환

작가 소개
황인숙(1958~)
자유로운 상상력을 통해 일상으로부터 일탈하고자 했으며, 경쾌하고 가벼운 언어로 대상을 표현함. 주요 작품으로 〈슬픔이 나를 깨운다〉, 〈나의 침울한, 소중한 이여〉 등이 있음

가
아, 저, 하얀, 무수한, 맨종아리들,
찰박거리는 맨발들.
찰박 찰박 찰박 맨발들.
맨발들, 맨발들, 맨발들.
쉬지 않고 찰박 걷는
티눈 하나 없는
작은 발들. ▶ 1~7행 – 비 내리는 풍경
맨발로 끼어들고 싶게 하는. ▶ 8행 – 비와 동화되고 싶은 마음

작가 소개
도종환(1954~)
사랑과 자연에 대한 여린 감성을 드러내는 시를 주로 발표함. 주요 시집으로 《고두미 마을에서》, 《접시꽃 당신》, 《부드러운 직선》 등이 있음

나
저것은 벽
㉠ 어쩔 수 없는 벽이라고 우리가 느낄 때
그때
담쟁이는 말없이 그 벽을 오른다. ▶ 1~4행 – 우리가 좌절할 때 말없이 담을 오르는 담쟁이
물 한 방울 없고 ㉡ 씨앗 한 톨 살아남을 수 없는
저것은 ㉢ 절망의 벽이라고 말할 때
담쟁이는 서두르지 않고 앞으로 나아간다. ▶ 5~7행 – 우리가 절망할 때 서두르지 않고 나아가는 담쟁이
한 뼘이라도 꼭 여럿이 함께 손을 잡고 올라간다.
푸르게 절망을 다 덮을 때까지
바로 그 ㉣ 절망을 잡고 놓지 않는다. ▶ 8~10행 – 여럿이 손을 잡고 함께 벽을 오르는 담쟁이
저것은 ㉤ 넘을 수 없는 벽이라고 고개를 떨구고 있을 때
담쟁이 잎 하나는 담쟁이 잎 수천 개를 이끌고
결국 그 벽을 넘는다. ▶ 11~13행 – 포기하지 않고 수천 개의 잎을 이끌고 벽을 넘는 담쟁이

알맹이 콕콕

가
- 갈래 자유시, 서정시
- 운율 내재율
- 성격 감각적, 비유적, 묘사적
- 제재 비
- 주제 비 내리는 풍경의 ❶□□□ 있는 느낌
- 특징 ① 비가 내리는 풍경을 감각적으로 묘사함
  ② 특정한 시어를 ❷□□하여 운율을 형성함
  ③ 의성어 '찰박'을 반복하여 경쾌한 느낌과 생동감을 줌

나
- 갈래 자유시, 서정시
- 운율 내재율
- 성격 교훈적, 의지적, 상징적
- 제재 ❸□□□
- 주제 현실의 한계와 모순에 대한 ❹□□ 의지
- 특징 ① 자연물에 인격을 부여하여 표현함
  ② '우리'와 '담쟁이'의 태도를 ❺□□하여 주제를 드러냄
  ③ 단호한 느낌의 서술어를 사용하여 굳은 신념을 표출함

핵심 이론 확인 문제

1 [가]에서 '비'를 의미하는 시어를 찾아 쓰시오. (정답 3개)

2 [가]에서 느껴지는 분위기로 보기 어려운 것은?
① 경쾌함 ② 순수함
③ 우울함 ④ 천진함
⑤ 시원함

시의 표현 방법 파악

1 [가]와 [나]의 공통점으로 적절한 것은?

① 시어의 대조를 통해 주제를 부각하고 있다.
② 울림소리를 통해 밝고 부드러운 느낌을 주고 있다.
③ 사람이 아닌 대상에 사람의 특성을 •부여하여 비유하고 있다.
④ 촉각적 심상을 사용하여 시적 분위기를 생생하게 드러내고 있다.
⑤ 드러내고자 하는 생각을 반대로 표현하여 주제를 강조하고 있다.

시의 운율 형성 방법 이해

2 [가]에서 음악적 효과가 나타나게 하는 요소를 〈보기〉에서 모두 고른 것은?

보기

Ⓐ 동일한 시어의 반복
Ⓑ 동일한 시행의 반복
Ⓒ 일정한 끊어 읽기의 반복
Ⓓ 같은 위치에 나타난 같은 소리의 반복

① Ⓐ, Ⓑ　② Ⓐ, Ⓒ　③ Ⓐ, Ⓓ
④ Ⓑ, Ⓒ　⑤ Ⓑ, Ⓓ

내용 감상과 이해

3 [나]의 ㉠~㉤ 중 의미하는 바가 다른 하나는?

① ㉠　② ㉡　③ ㉢　④ ㉣　⑤ ㉤

시의 주제 파악 및 적용

4 [나]에 드러난 '담쟁이'의 상황과 태도를 근거로 하여 시를 감상한 내용으로 적절하지 않은 것은?

① 말없이 벽을 넘는 담쟁이의 모습을 보고 힘든 상황 속에서도 묵묵히 자신이 다짐한 일을 하는 사람들이 떠올랐어.
② 벽을 푸르게 덮을 때까지 포기하지 않는 담쟁이와는 달리 힘든 일이 있을 때마다 쉽게 포기하던 내 모습을 반성했어.
③ 서두르지 않고 벽을 넘는 담쟁이처럼 어려움에 처하더라도 당황하지 말고 침착하게 대처해야 한다는 사실을 깨달았어.
④ 여럿이 함께 손을 잡고 벽을 오르는 담쟁이처럼 힘든 일이 생기면 반드시 다른 사람들에게 의존해야겠다는 생각을 했어.
⑤ 담쟁이 잎 수천 개를 이끄는 담쟁이 잎 하나처럼 다른 사람들이 힘든 현실을 이겨 낼 수 있도록 앞에서 이끌며 도와주는 사람이 되어야겠다고 다짐했어.

3 [가]에서 8행의 의미로 가장 적절한 것은?

① 항상 맨발로 살고 싶다.
② 비가 내리는 날은 발이 저리다.
③ 우울한 현실에서 벗어나고 싶다.
④ 아이같이 순수하게 비를 즐기고 싶다.
⑤ 자신의 아름다운 발을 자랑하고 싶다.

4 [가]에서 지저분하고 더러운 것을 상징하는 시어를 찾아 쓰시오.

5 [나]에서 (　　　)은/는 극복하기 어려운 현실의 한계, 절망적 상황을 상징한다.

6 [나]에서 드러나는 '우리'의 태도로 가장 알맞은 것은?

① 능동적　② 부정적
③ 의지적　④ 적극적
⑤ •해학적

7 [나]에서 '담쟁이'의 •선구자적 면모가 가장 잘 드러나는 시행은?

① 4행　② 7행
③ 8행　④ 9, 10행
⑤ 12, 13행

문제 속 낱말 쏙!

- **부여(附與)**: 사람에게 권리·명예·임무 따위를 지니도록 해 주거나, 사물이나 일에 가치·의의 따위를 붙여 줌.
- **해학적(諧謔的)**: 익살스럽고 우스꽝스러운 성질을 지닌 (것).
- **선구자(先驅者)**: 어떤 일이나 사상에서 다른 사람보다 앞선 사람.

실력 쑥쑥 확인 학습

04 묏버들 가려 꺾어 _홍랑 | 봉선화 _김상옥

작가 소개
홍랑(?~?)
조선 선조 때 함경남도 홍원 출생의 기생으로, 시조에 능하였음. 당시 유명했던 삼당시인 중 한 명인 고죽 최경창과 이별하여 이 시조를 지었다고 함

(가) 묏버들 가려 꺾어 보내노라 님에게
주무시는 창밖에 심어 두고 보소서.
밤비에 새잎이 나거든 날인가도 여기소서.

작가 소개
김상옥(1920~2004)
전통적 정서와 아름다움을 노래한 시조 작품을 많이 씀. 전통시에 현대적 감각을 살려 시조의 새로운 경지를 개척함. 주요 작품으로 〈봉선화〉, 〈백자부〉, 〈다보탑〉 등이 있음

(나) 비 오자 장독간에 봉선화 반만 벌어
해마다 피는 꽃을 나만 두고 볼 것인가.
세세한 사연을 적어 누님께로 보내자.

▶ 1수 – 장독간에 핀 봉선화를 보고 누님을 그리워함

누님이 편지 보며 하마 울까 웃으실까.
눈앞에 삼삼이는 고향 집을 그리시고
손톱에 꽃물 들이던 그날 생각 하시리.

▶ 2수 – 편지를 보는 누님의 모습을 상상함

양지에 마주 앉아 실로 찬찬 매어 주던
㉠ 하얀 손 가락 가락이 연붉은 그 손톱을
지금은 꿈속에 본 듯 힘줄만이 서노라.

▶ 3수 – 누님과 함께 봉선화 물을 들이던 어린 시절을 회상함

알맹이 콕콕

(가)
- 갈래 평시조, 단시조, 서정시
- 운율 외형률
- 성격 애상적, 감상적
- 제재 묏버들
- 주제 임에 대한 그리움과 사랑
- 특징 ① ❶□□□을/를 사용하여 그리움의 정서를 강조함
  ② ❷□□□을/를 매개로 하여 임에 대한 사랑을 표현함

(나)
- 갈래 평시조, 연시조, 현대 시조, 서정시
- 운율 외형률
- 성격 회상적, 서정적, 향토적
- 제재 봉선화
- 주제 어린 시절의 추억과 누님에 대한 그리움
- 특징 ① ❸□□□ 심상이 주로 드러남
  ② 현재 → 미래(추측) → ❹□□(회상) → 현재로 시상이 전개됨
  ③ ❺□□□(이)라는 주된 정서를 향토적인 시어(장독간, 봉선화, 고향 집, 꽃물)를 통해 효과적으로 드러냄

핵심 이론 확인 문제

1 [가]는 형식상 자유시, 내용상으로는 서정시에 해당한다 (○ , ×)

2 [가]에서 임에 대한 화자의 사랑을 의미하는 소재는 (   )이다.

3 [가]에서 가장 두드러지게 드러난 시적 화자의 정서로 알맞은 것은?
① 서글픔 ② 배신감
③ 외로움 ④ 그리움
⑤ •안도감

정답과 해설 8쪽 ▶▶

고시조와 현대 시조의 특징 파악

1 [가]와 [나]를 비교한 내용으로 알맞지 않은 것은?

① [가]와 [나]는 4음보로 되어 있다.
② [가]와 [나]는 장별로 *배치되어 있다.
③ [가]는 고시조이며, [나]는 현대 시조이다.
④ [가]는 [나]와 달리 한 수로만 이루어져 있다.
⑤ [가]는 [나]와 달리 운율이 겉으로 드러나 있다.

시조의 형식 파악

2 [가]와 [나]에서 반드시 글자 수를 지켜야 하는 부분을 모두 찾아 차례대로 쓰시오.

평시조와 사설시조의 특징 비교

3 [가]와 〈보기〉의 특징에 대한 설명으로 적절하지 않은 것은?

보기

창 내고자 창을 내고자 이내 가슴에 창 내고자.
고모장지 세살장지 들장지 열장지 암톨쩌귀 수톨쩌귀 배목걸쇠 크나큰 장도리로 뚝딱 박아 이내 가슴에 창 내고자.
이따금 하 답답할 제면 여닫아 볼까 하노라.

① [가]는 3장 6구 45자 내외로 작성되어 있다.
② [가]는 헤어진 임에 대한 그리움을 노래하고 있다.
③ [가]는 운문과 산문의 중간 형태를 취하고 있다.
④ 〈보기〉는 삶에 대한 애환을 담고 있다.
⑤ 〈보기〉는 평시조에서 중장의 두 구가 길어진 형태를 갖추고 있다.

시의 정서 파악 및 적용

4 [가], [나]와 유사한 정서가 드러난 것은?

① 내 고장 칠월은 / 청포도가 익어 가는 시절 – 이육사, 〈청포도〉
② 나 보기가 역겨워 / 가실 때에는 / 말없이 고이 보내 드리우리다. – 김소월, 〈진달래꽃〉
③ 꽃가루와 같이 부드러운 고양이의 털에 / 고운 봄의 향기가 어리우도다. – 이장희, 〈봄은 고양이로다〉
④ 가야 할 때가 언제인가를 / 분명히 알고 가는 이의 / 뒷모습은 얼마나 아름다운가. – 이형기, 〈낙화〉
⑤ 얼굴 하나야 / 손바닥 둘로 / 폭 가리지만, // 보고픈 마음 / 호수만 하니 / 눈 감을밖에. – 정지용, 〈호수 1〉

4 길이상으로 [가]는 단시조이며, [나]는 (　　　)이다.

5 [나]에서 (　　　)은/는 누님을 떠올리게 되는 매개체이다.

6 [나]에 주로 나타나 있는 심상은 (　　　)이다.

7 [나]에서 시적 화자의 현재 상황을 알려 주는 시어로 알맞은 것은?

① 장독　② 사연
③ 편지　④ 손톱
⑤ 힘줄

8 [나]의 화자에 대한 내용으로 알맞지 않은 것은?

① 봉선화를 보고 있다.
② 봉선화를 따서 누님에게 보냈다.
③ 어린 시절 손톱에 봉선화 물을 들였다.
④ 옛날로 돌아갈 수 없어 안타까워하고 있다.
⑤ 편지를 보는 누님의 모습을 상상하고 있다.

9 ㉠을 바르게 끊어 읽으시오.

문제 속 낱말 쏙!

- 안도감(安堵感) : 안심이 되는 마음.
- 배치(配置) : 사람이나 물자 따위를 일정한 자리에 알맞게 나누어 둠.

기초 튼튼

핵심 이론 ② 소설

✓ '소설' 이란?

현실에 있음 직한 일을 작가가 상상하여 꾸며 쓴 이야기를 말한다.

1 소설의 특징

(1) **허구성** : 현실에 있음 직한 일을 작가의 상상력을 통해 꾸며 낸 이야기이다.

(2) **산문성** : 운율이 없는 줄글 형태로 이루어진 산문 문학의 대표적 양식이다.

(3) **서사성** : 인물, 사건, 배경을 바탕으로 일정한 흐름에 따라 이야기가 전개된다.

(4) **모방성** : 허구의 이야기지만 현실 세계를 반영한다.

(5) **진실성** : 꾸며 낸 이야기지만, 인생의 진솔한 이야기를 통해 삶의 진실을 추구하고 바람직한 인간상을 찾고자 한다.

(6) **예술성** : 문체와 구성 등을 통해 아름다움을 표현하여 예술적인 가치를 지닌다.

2 소설의 3요소

(1) **주제** : 작가가 작품을 통해 나타내고자 하는 중심 생각

(2) **구성** : 인과 관계에 따라 이야기를 짜임새 있게 배열하는 것

(3) **문체** : 작가의 개성이 드러나는 문장 표현 방식

3 소설 구성의 3요소

(1) **인물** : 작가가 창조한 인물로, 소설 속에 등장하여 사건 및 갈등을 일으키고 행동하는 사람

(2) **사건** : 인물들이 겪거나 일으키는 일들

(3) **배경** : 사건이 일어나는 시간과 공간

4 소설의 구성 단계

(1) **발단** : 인물과 배경이 소개되고 사건이 시작된다.

(2) **전개** : 갈등이 드러나고 사건이 본격적으로 전개된다.

(3) **위기** : 갈등이 깊어지고 긴장감이 조성된다.

(4) **절정** : 갈등과 긴장감이 최고조에 이르며 인물의 성격과 주제가 뚜렷이 드러난다.

(5) **결말** : 갈등이 해소되고 사건이 마무리되며 인물의 운명이 결정된다.

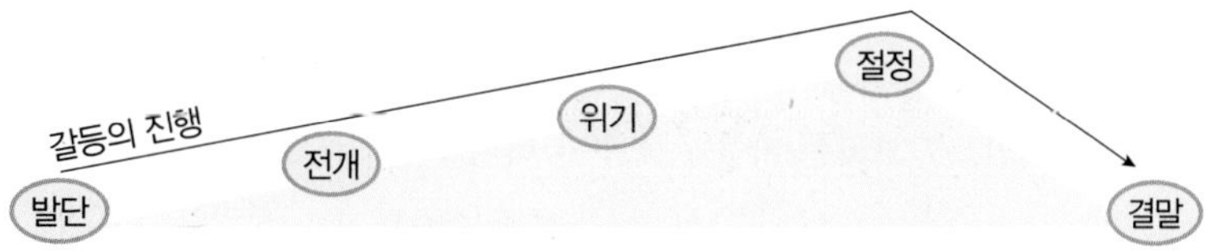

확인 문제

1 운율이 없는 줄글로, 현실에서 있음 직한 일을 작가의 상상력을 통해 꾸며 쓴 이야기를 무엇이라고 하는지 쓰시오.

2 소설의 특징으로 맞으면 ○, 틀리면 ×를 하시오.

(1) 정확한 정보를 객관적으로 전달한다. ( )

(2) 현실을 있는 그대로 반영한다. ( )

(3) 바람직한 인간의 모습을 찾고자 한다. ( )

3 다음 이야기를 읽고 (1)~(3)에 해당하는 내용을 찾아 쓰시오.

> 옛날 어느 마을에 영미와 유미가 살고 있었다. 이 둘은 모두 개그맨이 되기 위해 노력했다. 그러던 어느 날 둘은 개그맨 공채 시험에 한 팀으로 도전하였지만 떨어지고 말았다. 그러자 영미는 유미 탓이라며 화를 내기 시작했고, 곧이어 유미도 영미 탓이라며 화를 냈다.

(1) 배경

(2) 등장인물

(3) 갈등이 일어나는 계기가 되는 사건

4 소설의 각 구성 단계에 해당하는 내용을 바르게 연결하시오.

(1) 발단 •	• ㉠ 갈등의 최고조
(2) 전개 •	• ㉡ 갈등의 해소
(3) 위기 •	• ㉢ 갈등의 표면화
(4) 절정 •	• ㉣ 사건의 시작
(5) 결말 •	• ㉤ 갈등이 깊어짐

5 인물

(1) 인물의 특징

① 작품 속에 등장하는 사람으로, 주제를 효과적으로 드러낸다.

② 다른 인물이나 주변의 상황과 갈등을 일으켜 사건을 전개한다.

③ 작가가 꾸며 낸 인물이지만 현실의 인간상을 반영한다.

(2) 인물의 유형

기준	유형	특징
역할	주동 인물	• 작가가 전달하려는 주제와 같은 방향으로 움직이는 인물 • 작품의 주인공으로, 사건이나 행위의 주체가 됨 예 〈춘향전〉의 '춘향', 〈흥부전〉의 '흥부'
	반동 인물	• 주동 인물과 대립하여 갈등을 일으키는 인물 • 작가가 전달하려는 주제와 반대되는 모습으로 움직이며 주제 전달에 기여함 예 〈춘향전〉의 '변 사또', 〈흥부전〉의 '놀부'
역할의 비중	중심인물	작품 전체에서 차지하는 비중이 큰 인물 예 〈춘향전〉의 '춘향'과 '몽룡'
	주변 인물	작품에서 차지하는 비중이 크지 않은 보조적 인물 예 〈춘향전〉의 '향단'과 '방자'
성격의 변화	평면적 인물	작품의 처음부터 끝까지 성격의 변화가 없는 인물 예 〈흥부전〉의 '흥부' (처음부터 끝까지 선한 성격을 유지함)
	입체적 인물	작품 속 상황이나 환경의 변화에 따라 성격이 변하는 인물 예 〈흥부전〉의 '놀부' (처음에는 악했으나 잘못을 뉘우침)
집단의 대표성	전형적 인물	사회의 특정 계층이나 집단을 대표하는 인물 예 〈심청전〉의 '심청' (효녀를 대표함)
	개성적 인물	그 인물만이 지니는 독특한 개성이 나타나는 인물 예 〈동백꽃〉의 '점순' (적극적이고 당돌한 소녀)

(3) 인물의 성격 제시 방법

① 직접 제시 : 서술자가 등장인물의 성격이나 심리를 직접 설명해 준다.

예 응오는 진실한 농군이었다. 나이 서른하나로 무던히 철났다 하고 동리에서 쳐주는 모범 청년이었다.

– 김유정, 〈만무방〉

② 간접 제시 : 인물의 행동, 대화, 외양 묘사를 통해 독자가 등장인물의 성격을 짐작하게 한다.

예 놀부 심사를 볼작시면, 초상난 데 춤추기, 불붙는 데 부채질하기, 해산한 데 개 닭 잡기, 장에 가면 억매(抑賣)흥정하기, 집에서 몹쓸 노릇 하기, 우는 아해 볼기 치기, 갓난아이 똥 먹이기, 무죄한 놈 뺨 치기, 빚값에 계집 빼앗기, 늙은 영감 덜미 잡기, 아이 밴 계집 배 차기, 우물 밑에 똥 누기, 오려논에 물 터놓기, 잦힌 밥에 돌 퍼붓기, 패는 곡식 이삭 자르기, 논두렁에 구멍 뚫기, 호박에 말뚝 박기, 곱사등이 엎어 놓고 발꿈치로 탕탕 치기, 심사가 모과나무의 아들이라.

– 〈흥부전〉

확인 문제

5 다음은 소설의 인물이 가지는 특징에 대한 설명이다. 맞으면 ○, 틀리면 ×를 하시오.

(1) 다른 인물이나 주변의 상황과 갈등을 일으켜 사건을 전개하는 역할을 한다. (　　)

(2) 작가가 꾸며 낸 인물로 현실성이 없다. (　　)

6 다음 설명에 해당하는 인물의 유형을 각각 쓰시오.

(1) 역할을 기준으로 볼 때, 작가가 전달하려는 주제와 같은 방향으로 움직이는 인물

(2) 집단의 대표성을 기준으로 볼 때, 사회의 특정 계층 또는 집단을 대표하는 인물

7 〈흥부전〉의 '흥부'는 다음 중 어떤 인물 유형에 해당하는지 모두 골라 쓰시오.

㉠ 주동 인물
㉡ 반동 인물
㉢ 중심인물
㉣ 주변 인물
㉤ 평면적 인물
㉥ 입체적 인물

선생님, 질문 있어요!

〈이순신전〉처럼 위인전도 '이순신'을 주인공으로 하는 소설인가요?

정답 26쪽

기초 튼튼 핵심 이론

6 사건

(1) 갈등

① 인물의 내면이나 인물과 다른 대상 사이에서 일어나는 대립을 의미한다.

② 갈등의 역할

- 인물의 성격과 역할을 드러낸다.
- 사건에 긴장감을 조성하고 필연성을 부여한다.
- 독자의 관심과 흥미를 이끌어 낸다.
- 갈등의 해결 과정을 통해 주제를 드러낸다.

(2) 갈등의 종류

<table>
<tr><td>내적 갈등</td><td>인물의 마음속에서 일어나는 갈등. 심리적 갈등
</td></tr>
<tr><td>외적 갈등</td><td>인물과 그 인물을 둘러싼 외부 요인 사이에서 일어나는 갈등
• 개인과 개인의 갈등
예 의사가 되고 싶다는 딸과 딸의 꿈에 반대하는 아버지의 갈등
• 개인과 사회의 갈등
예 일제 강점기에 우리나라의 독립을 위해 싸우는 인물이 겪는 갈등
• 개인과 운명의 갈등
예 사나운 운수를 가지고 태어난 인물이 겪는 갈등</td></tr>
</table>

(3) 갈등의 해결 과정을 파악하는 방법

① 갈등의 발생 원인을 알아본다.

② 갈등의 전개 과정을 파악해 본다.

③ 인물의 의지나 욕망과 부딪히는 대상을 찾아본다.

(4) 복선

① 뒤에 일어날 사건을 독자가 미리 짐작할 수 있도록 넌지시 알려 주어 사건에 필연성을 부여하는 장치

② 복선의 역할

- 사건의 필연성 부여 : 앞으로 일어날 사건이 우발적이거나 돌발적인 사건이 아닌, 반드시 일어나야 하는 사건이 되게 한다.
- 읽는 이의 흥미 유발 및 지속 : 사건의 발생 가능성을 암시하여 독자의 흥미를 자극하고 지속시킨다.
- 주제의 암시 : 사건의 의미와 긴밀하게 연결되고, 그 의미를 강화하여 주제를 암시하기도 한다.

확인 문제

8 소설에서 인물의 내면이나 인물과 다른 대상 사이에서 일어나는 대립을 무엇이라고 하는지 쓰시오.

9 다음은 '갈등'에 대한 설명이다. 맞으면 ○, 틀리면 ×를 하시오.

(1) 등장인물 간의 대립에 의해서만 생겨난다. ( )

(2) 크게 내적 갈등과 외적 갈등으로 나눌 수 있다. ( )

10 다음의 갈등이 내적 갈등이면 '내', 외적 갈등이면 '외'를 쓰시오.

(1) 대학원에 가서 공부를 계속 하고 싶은 형과, 공부는 그만하고 취업을 하길 바라는 부모님 사이의 갈등 ( )

(2) 선생님이 내 주신 숙제를 할 것인지 친구들과 놀 것인지 고민하는 연주의 갈등 ( )

(3) 백인과 흑인의 평등한 인권을 주장하는 한 흑인 목사가 인종차별을 당연시하는 사회 분위기와 제도로 인해 겪게 되는 갈등 ( )

11 소설에서 나중에 일어날 사건을 독자가 미리 짐작할 수 있도록 넌지시 알려 주는 장치를 무엇이라고 하는지 쓰시오.

정답과 해설 9쪽 ▶▶

7 배경

(1) 배경의 역할

① 현장감과 사실감을 부여한다.

② 분위기를 조성하여 소설의 주제를 암시한다.

③ 인물의 심리나 사건 전개 방향을 알 수 있게 한다.

(2) 배경의 종류

시간적 배경	사건이 일어나는 시간, 시대, 계절 등 예 일제 강점기, 1980년대
공간적 배경	사건이 벌어지는 장소, 지역 등 예 농촌 마을, 궁전 아파트
사회적 배경	사건이 일어나는 시대적 상황, 역사 등 예 신분에 따른 차별이 존재하던 사회

8 역사적 상황

(1) 역사적 상황

소설 속 인물들이 살아가는 시대와 공간

(2) 역사적 상황을 파악하는 방법

① 시대를 드러내는 시간적, 공간적 배경을 찾아본다.

② 작품 속에 사용된 소재를 통해 당시의 시대 상황을 파악한다.

③ 작품 속 인물들의 말과 행동을 통해 당시의 사회상을 파악한다.

(3) 역사적 상황에 인물이 대응하는 방식

① 시대 상황에 순응하기 : 자신이 살아가는 시대가 부정적이든 긍정적이든 그 상황에 최대한 맞추려고 노력한다.

② 시대 상황에 저항하기 : 자신이 어떤 시대를 살아가면서 갈등 상황에 부딪힐 때 적극적으로 현실에 맞서고, 문제를 해결해 나가려고 한다.

(4) 소설 속의 역사적 상황과 오늘날의 현실을 비교하는 방법

① 소설 속 인물들의 삶과 오늘날 우리들의 삶을 비교해 본다.

② 소설 속 인물들이 처한 상황을 이해하고 주변에서 이와 비슷한 상황을 찾아 본다.

③ 내가 소설 속 인물들과 같은 상황에 처한다면 어떻게 행동할지 생각해 본다.

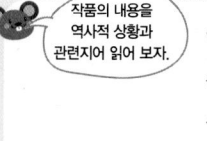

작품의 내용을 역사적 상황과 관련지어 읽어 보자.

〈꽃잎으로 쓴 글자〉와 〈마지막 수업〉의 역사적 상황 이해하기

손연자의 〈꽃잎으로 쓴 글자〉의 배경은 일제 강점기이다. 작품에는 우리나라 사람들이 우리말과 우리글을 제대로 사용할 수 없었던 역사적 상황이 나타나 있다. 알퐁스 도데의 〈마지막 수업〉이라는 작품 역시 프랑스가 독일과의 전쟁에서 패한 후 독일어를 배워야 했던 상황을 담고 있다.

확인 문제

12 사건이 일어나고 인물이 행동하는 환경이나 상황으로, 분위기를 조성하고 이야기에 사실감을 부여하는 소설의 요소를 쓰시오.

13 소설에서 배경의 역할로 알맞지 않은 것은?

① 인물의 심리 암시
② 주제 전달에 기여
③ 사건의 분위기 조성
④ 현장감과 사실감 부여
⑤ 인물의 성격 직접 제시

14 다음에서 역사적 상황을 짐작할 수 있게 해 주는 표현을 모두 찾아 쓰시오.

어느 마을이나 다 사정이 비슷했지만, 특히 우리 마을로 유난히 피란민들이 많이 몰리는 것은 만경강 다리 때문이었다. 북쪽에서 다리를 건너 남쪽으로 내려오다 보면 자연 우리 마을을 통과하도록 되어 있었다. 우리가 알기로는 세상에서 제일 긴 그 다리가 폭격으로 인해 아깝게 끊어진 뒤에도 피란민들은 거룻배를 이용하여 계속 내려왔다. 인민군한테 앞지름을 당할 때까지 피란민들의 발길은 그치지 않고 있었다.

선생님, 질문 있어요!

작가는 현대에 살고 있으면서, 시대적 배경이 조선 시대인 소설을 쓸 수도 있나요? 정답 26쪽

9 소설의 시점

(1) **서술자** : 소설에서 인물의 성격이나 행위, 사건 등을 전달하는 사람

(2) **시점**

① 소설에서 인물이나 사건을 바라보는 서술자의 위치와 태도를 의미한다.

② 서술자의 위치와 등장인물의 심리 제시 방법에 따라 네 가지 유형으로 나눌 수 있다.

	등장인물의 심리 : 직접 제시	등장인물의 심리 : 간접 제시
서술자 : 작품 안	1인칭 주인공 시점	1인칭 관찰자 시점
서술자 : 작품 밖	전지적 작가 시점	작가 관찰자(3인칭 관찰자) 시점

1인칭 주인공 시점	• 작품 속의 주인공인 '나'가 자신의 이야기를 한다. • 주인공이 직접 자신의 이야기를 하므로 독자에게 신뢰감과 친근감을 준다. • 나 = 서술자 = 주인공 예 이래서 나는 애최 계약이 잘못된 걸 알았다. 이태면 이태, 삼 년이면 삼 년, 기한을 딱 작정하고 일을 해야 원, 할 것이다. 덮어놓고 딸이 자라는 대로 성례를 시켜 주마 했으니, 누가 늘 지키고 섰는 것도 아니고 그 키가 언제 자라는지 알 수 있는가. 그리고 난 사람의 키가 무럭무럭 자라는 줄만 알았지 붙배기 키에 모로만 벌어지는 몸도 있는 것을 누가 알았으랴. – 김유정, 〈봄 · 봄〉
1인칭 관찰자 시점	• 작품 속의 '나'가 주인공의 이야기를 관찰하여 전달한다. • '나'의 눈에 비친 외부 세계를 다룬다. • 나 = 서술자 ≠ 주인공 예 나는 나와 마주 앉은 그를 매우 흥미 있게 바라보고 또 바라보았다. 두루마기 격으로 기모노를 둘렀고, 그 안에서 옥양목 저고리가 내어 보이며, 아랫도리엔 중국식 바지를 입었다. 그것은 그네들이 흔히 입는 유지 모양으로 번질번질한 암갈색 피륙으로 지은 것이었다. – 현진건, 〈고향〉
전지적 작가 시점	• 작품 밖의 서술자인 작가가 신과 같은 위치에서 인물의 행동과 심리를 서술한다. • 독자의 상상이 제한된다. 예 아이들의 등 뒤에서 이 정경을 바라보던 영신은 깨물었던 눈물이 주르르 흘러내렸다. 영신은 그 눈물을 아이들에게 보이지 않으려고, 소매로 얼굴을 가리며 돌아섰다. 한참이나 진정을 하고 나서는 저희들 깐에도 동무들을 내쫓고 공부를 하게 된 것이 미안쩍은 듯이 머리를 떨어뜨리고 앉은 나머지 여든 명을 정돈시켜 놓고 차마 내키지 않는 걸음걸이로 칠판 앞으로 갔다. – 심훈, 〈상록수〉
작가 관찰자 시점 (3인칭 관찰자 시점)	• 작품 밖의 작가가 관찰자가 되어 인물의 행동과 사건을 객관적으로 전달한다. • 독자의 상상력이 개입할 여지가 많다. 예 들을 건너오는 조선 왕의 대열이 한낮의 아지랑이 속에서 흔들렸다. 구부러진 들길을 따라서 대열은 길게 이어졌다. 야산 모퉁이를 돌아서 대열은 다가왔다. 대열은 느리게, 천천히, 물 흐르듯 다가왔다. 칸은 실눈으로 대열을 살폈다. 조선 왕은 청병의 푸른 군복을 입고 칸이 보낸 호마 위에 올라 있었다. – 김훈, 〈남한산성〉

확인 문제

15 소설에서 인물의 성격이나 행동, 사건 등을 전달하는 사람을 무엇이라고 부르는지 쓰시오.

16 다음 중 작품 속 주인공인 '나'가 '나'의 이야기를 하는 소설의 시점으로 알맞은 것은?

① 1인칭 주인공 시점
② 1인칭 관찰자 시점
③ 3인칭 관찰자 시점
④ 전지적 작가 시점
⑤ 작가 관찰자 시점

17 다음 설명에 해당하는 소설의 시점을 각각 쓰시오.

(1) 작품 속의 '나'가 주변 인물에게 일어나는 일을 관찰하여 서술하는 시점
(2) 작품 밖의 작가가 관찰자의 입장에서 인물의 행동과 사건을 전달하는 시점

18 다음은 각각 어떤 시점에 해당하는지 쓰시오.

(1) 나는 약이 오를 대로 다 올라서 두 눈에서 불과 함께 눈물이 펵 쏟아졌다. 나뭇지게도 벗어 놀 새 없이 그대로 내동댕이치고는 지게막대기를 뻗치고 허둥지둥 달려들었다.
(2) 그야말로 재수가 옴 붙어서 근 열흘 동안 돈 구경도 못한 김 첨지는 십 전짜리 백동화 서 푼, 또는 다섯 푼이 찰깍하고 손바닥에 떨어질 제 거의 눈물을 흘릴 만큼 기뻤었다.

정답과 해설 9쪽 ▶▶

'고전 소설' 이란?

일반적으로 1894년 갑오개혁 이전까지 지어진 우리 소설을 현대 소설과 구분하여 이르는 말이다.

• 고전 소설의 일반적 특징

주제	착한 사람은 복을 받고 악한 사람은 벌을 받는다는 권선징악(勸善懲惡)을 주제로 함
구성	대부분 시간의 흐름에 따라 전개되며, 주인공이 태어나서 죽을 때까지의 이야기를 다루는 일대기적 구성을 취함
문체	운율이 있어 낭송하기 좋은 운문체, 일상생활에서는 쓰이지 않고 문장에서만 주로 쓰이는 문어체로 서술됨
인물	성격의 변화가 없는 평면적 인물과 특정 집단의 성격을 대표하는 전형적 인물이 주로 등장함
사건	우연에 의해 사건이 전개되며, 비현실적인 일이 일어남
배경	시간적 배경은 막연한 경우가 대부분임. 공간적 배경은 중국과 우리나라, 비현실적인 공간인 경우가 많음
시점	대부분 전지적 작가 시점임
결말	주로 행복한 결말임

'설화' 란?

일정한 이야기 구조를 갖추고 옛날부터 사람들의 입에서 입으로 전해 내려오는 이야기를 말한다.

1 설화의 특징

(1) **민중성** : 민중의 생활과 감정 등이 담겨 있다.

(2) **집단성** : 여러 사람들에 의해 변형되어 전해 내려온다.

(3) **구전성** : 사람들의 입에서 입으로 전해 내려온다.

(4) **비현실성** : 현실에서는 있을 수 없는 내용이 담겨 있다.

2 설화의 종류

(1) **신화** : 한 민족 안에서 전승되는 신적 존재나 영웅에 대한 이야기로, 전승자는 신화의 내용이 신성하고 진실하다고 믿는다.

예 단군 신화, 그리스 · 로마 신화, 동명왕 신화 등

(2) **전설** : 지난날 실제로 있었다고 여겨지는 구체적인 배경과 인물에 관한 이야기로, 구체적인 증거물이 제시되며 주로 비극적인 결말로 끝난다.

예 바보 온달 이야기, 망부석 전설 등

(3) **민담** : 민중 사이에서 전해지는 흥미와 교훈 위주의 이야기로, 구체적인 배경은 제시되지 않으며 주로 행복한 결말로 끝난다. 예 호랑이와 곶감, 우렁각시 등

확인 문제

19 고전 소설과 현대 소설을 나누는 기점을 쓰시오.

20 다음은 고전 소설의 특징에 대한 설명이다. 맞으면 ○, 틀리면 ×를 하시오.

(1) 성격의 변화가 없거나, 특정 집단의 성격을 대표하는 인물들이 주로 등장한다. (　　)

(2) 사건 전개가 필연적이다. (　　)

(3) 구체적인 시간적 배경이 나타난다. (　　)

(4) 대부분 시간의 흐름에 따라 사건이 전개된다. (　　)

21 다음은 일반적인 고전 소설의 특징에 대한 설명이다. 빈칸에 알맞은 말을 쓰시오.

(1) 주제는 대부분 (　　　　) 이다.

(2) 주로 (　　)한 결말로 끝이 난다.

(3) 주로 주인공이 태어나서 죽을 때까지의 이야기를 다루는 (　　　　) 구성을 취한다.

22 다음 중 설화의 특징으로 알맞은 것은? (정답 2개)

① 비현실적인 내용을 다룬다.
② 전문적인 작가가 창작한다.
③ 민중들의 삶과 생각이 담겨 있다.
④ 사실에 근거한 내용만을 제시한다.
⑤ 함축적인 단어를 통해 정서를 표현한다.

선생님, 질문 있어요!

소설의 시점은 어떻게 파악할 수 있나요? 정답 26쪽

실력 쑥쑥 확인 학습

01 동백꽃 _김유정

작가 소개
김유정(1908~1937) 농촌을 배경으로 하여 토속적이고 해학적인 작품을 주로 씀. 대표작으로 〈봄·봄〉, 〈금 따는 콩밭〉 등이 있음

가 언제 구웠는지 아직도 더운 김이 확 끼치는 굵은 감자 세 개가 손에 뿌듯이 쥐였다.

"느 집엔 이거 없지?"

하고 생색 있는 큰소리를 하고는 제가 준 것을 남이 알면은 큰일날 테니 여기서 얼른 먹어 버리란다. 그리고 또 하는 소리가,

(생색: 다른 사람 앞에 당당히 나설 수 있거나 자랑할 수 있는 체면)

"너, 봄 감자가 맛있단다."

"난 감자 안 먹는다. 너나 먹어라." / 나는 고개도 돌리지 않고 일하던 손으로 그 감자를 도로 어깨 너머로 쑥 밀어 버렸다. 그랬더니 그래도 가는 기색이 없고, 뿐만 아니라 쌔근쌔근하고 심상치 않게 숨소리가 점점 거칠어진다.

(기색: 어떠한 행동이나 현상 따위가 일어나는 것을 짐작할 수 있게 하여 주는 눈치나 낌새)

▶ 눈치 없이 점순이의 호의를 거절한 '나'

나 필연코 요년이 나의 약을 올리느라고 또 닭을 집어내다가 내가 내려올 길목에다 쌈을 시켜 놓고, 저는 그 앞에 앉아서 호드기를 불고 있음에 틀림없으리라.

(호드기: 버들피리)

나는 약이 오를 대로 올라서 두 눈에서 불과 함께 눈물이 퍽 쏟아졌다. 나무 지게도 벗어 놀 새도 없이 그대로 내동댕이치고는 지게막대기를 뻗치고 허둥허둥 달려들었다.

가까이 와 보니 과연 나의 짐작대로 우리 수탉이 피를 흘리고 거의 빈사지경에 이르렀다. 닭도 닭이려니와 그러함에도 불구하고 눈 하나 깜짝 없이 고대로 앉아서 호드기만 부는 그 꼴에 더욱 치가 떨린다.

(빈사지경: 거의 죽게 된 지경)

▶ '나'의 닭을 집어다 닭싸움을 시키는 점순이

다 나는 대뜸 달려들어서 나도 모르는 사이에 큰 수탉을 단매로 때려 엎었다. 닭은 푹 엎어진 채 다리 하나 꼼짝 못하고 그대로 죽어 버렸다. 그리고 나는 멍하니 섰다가 점순이가 매섭게 눈을 홉뜨고 닥치는 바람에 뒤로 벌렁 나자빠졌다.

(단매: 단 한 번의 매) (홉뜨고: 눈알을 굴려 눈시울을 치뜨고)

"이놈아! 너 왜 남의 닭을 때려죽이니?" / "그럼 어때?" / 하고 일어나다가,

"뭐 이 자식아! 누 집 닭인데?" / 하고 복장을 떼미는 바람에 다시 벌렁 자빠졌다. 그러고 나서 가만히 생각을 하니 분하기도 하고, 무안도 스럽고, 또 한편 일을 저질렀으니, 인젠 땅이 떨어지고 집도 내쫓기고 해야 될는지 모른다.

(복장: 가슴의 한복판)

▶ 점순이네 닭을 죽이고 당황하는 '나'

라 나는 비슬비슬 일어나며 소맷자락으로 눈을 가리고는, 얼김에 엉 하고 울음을 놓았다. 그러다 점순이가 앞으로 다가와서, ㉠"그럼 너 이담부터 안 그럴 테냐?"

하고 물을 때에야 비로소 살길을 찾은 듯싶었다. 나는 눈물을 우선 씻고 뭘 안 그러는지 명색도 모르건만, / "그래!" / 하고 무턱대고 대답하였다.

"담부터 또 그래 봐라, 내 자꾸 못살게 굴 테니."

"그래, 그래. 이젠 안 그럴 테야!"

"닭 죽은 건 염려 마라, 내 안 이를 테니."

▶ 어쩔 줄 몰라 우는 '나'를 회유하는 점순이

마 그리고 뭣에 떠다밀렸는지 나의 어깨를 짚은 채 그대로 퍽 쓰러진다. 그 바람에 나의 몸뚱이도 겹쳐서 쓰러지며, 한창 피어 퍼드러진 노란 동백꽃 속으로 폭 파묻혀 버렸다.

알싸한, 그리고 향긋한 그 냄새에 나는 땅이 꺼지는 듯이 온 정신이 고만 아찔하였다.

(알싸한: 매운맛이나 독한 냄새 따위로 콧속이나 혀끝이 알알한)

▶ 점순이와 '나'가 동백꽃에 파묻힘

알맹이 콕콕

- 갈래 현대 소설, 단편 소설, 순수 소설
- 성격 토속적, 서정적, ❶□□적
- 시점 1인칭 주인공 시점
- 배경 [시간적] 1930년대의 봄 [공간적] 강원도 산골의 어느 농촌 마을
- 제재 사춘기 남녀의 사랑
- 주제 시골 소년 소녀의 순박한 사랑
- 특징 ① 토속적인 어휘와 비속어를 사용하여 해학성과 사실성을 높임
  ② 어수룩한 '❷□'와 조숙한 ❸□□□의 성격 대비로 인해 웃음을 유발함

전체 줄거리

발단 며칠 동안 점순이가 닭싸움을 시켜 '나'의 수탉이 수난을 당한다. (현재)

전개 나흘 전 점순이는 '나'에게 감자를 주었지만 거절당해 무안해하고 화가 났다. (과거)

위기 '나'는 점순이네 수탉에게 대항하기 위해 우리집 수탉에게 고추장을 먹였지만 패배한다. (과거)

절정 '나'는 오늘도 닭싸움을 시키는 점순이를 보고 분노를 참지 못해 점순이네 닭을 죽인다. (현재)

결말 당황해 우는 '나'를 점순이가 달래 주고 두 사람은 동백꽃 속으로 쓰러진다. (현재)

핵심 이론 확인 문제

1 이 글의 제목이자 청춘 남녀의 순수한 사랑을 상징하고 있는 소재는 (　　　　)이다.

2 '나'에 대한 점순이의 애정과 정성을 상징하는 소재를 찾아 4어절로 쓰시오.

3 이 글의 공간적 배경인 농촌 마을은 작품에 향토적이고 서정적인 분위기를 조성한다. (○, ×)

소설을 읽는 방법 파악

1 이와 같은 글을 읽는 방법으로 가장 적절한 것은?

① 인물의 심리와 갈등에 초점을 두고 읽는다.
② 글쓴이의 주장이 무엇인지 파악하며 읽는다.
③ 글 속에서 느껴지는 운율에 유의하며 읽는다.
④ 글쓴이의 개성이 잘 드러나는지 살피며 읽는다.
⑤ 글의 내용이 사실인지 허구인지 따져 가며 읽는다.

등장인물의 심리 파악

2 ㉠에 담긴 점순이의 속마음으로 알맞은 것은?

① "닭을 죽이지 않을 테냐?"
② "감자를 싫어하지 않을 테냐?"
③ "집에다가 이르지 않을 테냐?"
④ "닭싸움에 간섭하지 않을 테냐?"
⑤ "내 마음을 거절하지 않을 테냐?"

소설 속 인물의 성격 파악

3 이 글에서 알 수 있는 '나'에 대한 설명으로 알맞지 않은 것은?

① •소작농의 아들이다.
② •어수룩하고 순진하다.
③ 집안 사정을 걱정한다.
④ 점순이를 속으로 좋아한다.
⑤ 점순이의 속마음을 알지 못한다.

소설의 시점 이해

4 이 글의 시점에 대한 설명으로 알맞지 않은 것은?

① 서술자가 작품 속에 위치한다.
② 주인공의 내면 심리가 드러난다.
③ 독자에게 신뢰감과 친근감을 준다.
④ 주인공인 '나'가 자신의 이야기를 한다.
⑤ 등장인물들의 섬세한 심리 묘사가 가능하다.

4 [가]에서 '나'가 점순이의 감자를 거절한 이유는?

① 일을 하던 중이었기 때문에
② 감자를 좋아하지 않았기 때문에
③ 점순이와 친하지 않았기 때문에
④ 남에게 들킬까 봐 겁이 났기 때문에
⑤ 점순이의 말에 자존심이 상했기 때문에

5 [나]에서 점순이가 '나'의 집 닭을 집어내서 닭싸움을 시키는 이유는 '나'의 (　　　)을/를 끌기 위해서이다.

6 이 글에 나타난 주된 갈등 양상은?

① '나'의 내적 갈등
② 점순이의 내적 갈등
③ '나'와 운명 간의 갈등
④ '나'와 점순이의 외적 갈등
⑤ 점순이와 사회 제도의 갈등

7 [마]의 구성 단계에 대한 설명으로 적절한 것은?

① 갈등이 시작된다.
② 갈등이 고조된다.
③ 갈등이 해소된다.
④ 갈등이 최고조에 이른다.
⑤ 인물과 배경이 소개된다.

문제 속 낱말 쏙!

- **소작농(小作農)** : 일정한 소작료를 지급하며 다른 사람의 농지를 빌려 짓는 농사. 또는 그런 농민.
- **어수룩하다** : 겉모습이나 언행이 치밀하지 못하여 순진하고 어설픈 데가 있다.

실력 쑥쑥 확인 학습

02 자전거 도둑 _박완서

작가 소개
박완서(1931~2011) 여성 특유의 섬세하고 감각적인 문체로 일상과 인간 관계를 사실적으로 표현하는 능력이 탁월함. 대표작으로 〈엄마의 말뚝〉, 〈부끄러움을 가르칩니다〉 등이 있음

가 운전사는 금방 커다란 자물쇠를 하나 사 가지고 왔다. 신사는 다시 네놈은 쳐다 보기도 싫다는 듯이 수남이를 전혀 상대 안 하고, 묵묵히(말없이 잠잠하게) 자전거 바퀴에다 자물쇠를 채우고, 앞에 빌딩을 가리키면서,

"나 저기 306호실에 있으니까 돈 오천 원 갖고 와. 그러면 열쇠 내줄 테니."

하고는 수남이를 힐끗 흘겨보고 유유히(움직임이 한가하고 여유가 있고 느리게) 빌딩 속으로 사라져 갔다.

▶ 수남이의 자전거를 빼앗아 두고 자동차 수리비를 받으려는 신사

나 수남이는 울지도 못하고 빌지도 못하고 그냥 막연히 서 있었다. 수남이와 신사의 시비를 흥미진진하게 구경하던 사람들도 헤어지지 않고 그냥 서 있었다. 아마 수남이가 앙앙 울거나, 펄펄 뛰면서 욕을 하거나 그런 일이 일어나 주기를 기다리는 눈치였다. 수남이는 바보가 돼 버린 아이처럼 조용히 멍청히(어리석고 정신이 흐릿하여, 일을 제대로 판단하고 처리하는 능력이 없이) 서 있었다. 누군가가 나직이 속삭였다.

"토껴라 토껴. 그까짓 것 갖고 토껴라." / 그것은 악마의 속삭임처럼 은밀하고 감미로웠다(달콤한 느낌이 있었다). 수남이의 가슴은 크게 뛰었다. 이번에는 좀 더 점잖고 어른스러운 소리가 나섰다. / "그래라, 그래. 그까짓 거 들고 도망가렴. 뒷일은 우리가 감당할게."

그러자 모든 구경꾼이 수남이의 편이 되어 와글와글 외쳐 댔다.

"도망가라, 어서어서 자전거를 번쩍 들고 도망가라, 도망가라."

수남이는 자기편이 되어 준 이 많은 사람들을 도저히 배반할 수 없었다. 이상한 용기가 솟았다. 수남이는 자전거를 마치 검부러기(가느다란 마른 나뭇가지, 마른 풀, 낙엽 따위의 부스러기)처럼 가볍게 옆구리에 끼고 질풍같이 달렸다. 정말이지 조금도 안 무거웠다. 타고 달릴 때보다 더 신나게 달렸다. 달리면서 마치 오래 참았던 오줌을 시원스레 내깔기는 듯한 쾌감까지 느꼈다.

▶ 자전거를 들고 도망치며 쾌감을 느끼는 수남이

다 주인 영감님은 자전거를 옆에 끼고 질풍처럼 달려온 놈을 눈을 휘둥그렇게 뜨고 바라볼 뿐이었다. 오늘 바람이 세더니만 필시 이 조그만 놈이 바람에 날아왔나, 설마 그럴 리야 없을 텐데 내 눈이 어떻게 된 것인가 그런 눈치였다. 수남이는 너무 숨이 차서 이런 주인 영감님의 궁금증을 시원하게 풀어 주지 못하고 한동안 헉헉대기만 한다.

"인마, 말을 해. 무슨 일이야? 네놈 꼴이 영락없이 도둑놈 꼴이다, 인마."

도둑놈 꼴이라는 소리가 수남이의 가슴에 가시처럼 걸린다. 수남이는 겨우 숨을 가라앉히고 자초지종을 주인 영감님께 고해바친다. 다 듣고 난 주인 영감님은 무엇이 그리 좋은지 무릎을 치면서 통쾌해한다.

"잘했다, 잘했어. 맨날 촌놈인 줄만 알았더니 제법인데, 제법이야."

그러고는 가게에서 쓰는 드라이버니 펜치를 가지고 자전거에 채운 자물쇠를 분해하기 시작한다. 엎드려서 그 짓을 하고 있는 주인 영감님이 수남이의 눈에 흡사 도둑놈 두목 같아 보여 속으로 정이 떨어진다. 주인 영감님 얼굴이 누런 똥빛인 것조차 지금 깨달은 것같아 속이 메스껍다.

▶ 자신의 행동을 칭찬하는 주인 영감에게 거부감을 느끼는 수남이

알맹이 콕콕

- 갈래 현대 소설, 단편 소설, 성장 소설
- 성격 교훈적, 사회 비판적
- 시점 전지적 작가 시점
- 배경 [시간적] 1970년대 [공간적] 서울 청계천 세운 상가
- 제재 자전거
- 주제 부도덕하고 물질적 이익만을 추구하는 현대인들에 대한 비판
- 특징 ① ❶□□한 시골 소년 수남이의 ❷□□에서 어른들의 부도덕성을 드러냄 ② 갈등이 해결되는 방식을 통해 도시인들의 ❸□□□적이고 물질적 이익만을 추구하는 삶의 태도를 ❹□□적 시각으로 드러냄

전체 줄거리

발단 수남이는 고향을 떠나 청계천 세운 상가 전기용품 도매상의 점원으로 일을 하며 주인 영감에게 육친애를 느낀다.

전개 바람이 심하게 부는 날 수남이는 불길함을 느끼며 배달을 간다.

위기 수남이의 자전거가 바람에 쓰러져 고급 자동차에 흠집이 나고, 수리비를 물어 줘야 할 처지에 놓인 수남이는 자전거를 들고 도망친다.

절정 수남이는 도둑질을 한 자신을 칭찬하는 주인 영감에게 거부감을 느끼며 도둑질을 했던 형을 떠올린다.

결말 자신의 행동에 대해 갈등하던 수남이는 도덕적으로 견제해 줄 아버지가 계신 고향으로 돌아가기로 결심한다.

핵심 이론 확인 문제

1 이 글의 중심 소재는 (   )이다.

2 수남이의 죄책감을 불러일으키는 말을 찾아 4음절로 쓰시오.

3 주인 영감은 도덕적 가치보다 금전적 이익을 더 중요하게 생각하는 인물이다. (○, ×)

정답과 해설 10쪽 ▶▶

소설의 특징 파악

1 이와 같은 글에 대한 설명으로 알맞지 않은 것은?

① 허구이지만 현실 세계를 반영한다.
② 문체와 구성 등을 통해 아름다움을 표현한다.
③ 실존했던 인물의 이야기를 통해 교훈과 감동을 준다.
④ 삶의 진실을 추구하고 바람직한 인간상을 찾고자 한다.
⑤ 이야기가 일정한 흐름에 따라 줄거리를 이루며 전개된다.

갈등의 해결 과정 파악

2 [나]에 나타난 수남이의 갈등 해결 방법으로 알맞은 것은?

① 신사에게 사정함
② 신사에게 용서를 구함
③ 자전거를 들고 도망침
④ 주인 영감과 해결하게 함
⑤ 수금한 돈을 수리비로 줌

인물의 성격 파악

3 이 글의 수남이에 대한 설명으로 알맞지 않은 것은?

① 부도덕한 짓을 하면서 쾌감을 느꼈다.
② 구경꾼들의 말에 갈등하다가 용기를 얻었다.
③ •냉정하고 몰인정한 신사의 행동에 난감해하였다.
④ 자신의 행동을 칭찬하는 주인 영감을 보고 안심하였다.
⑤ 자전거를 들고 도망치면서 자신의 행동을 •합리화하였다.

소설의 시점 이해

4 이 글의 시점에 대한 설명으로 알맞은 것은?

① 서술자가 작품 속에 위치한다.
② 사건을 객관적인 태도로 바라보고 있다.
③ 작품 밖의 서술자가 인물의 내면 심리를 드러낸다.
④ 작품 속의 서술자가 다른 인물의 이야기를 하고 있다.
⑤ 서술자를 변화시켜 상황을 생동감 있게 전달하고 있다.

4 [가]에 나타난 주된 갈등 양상은?

① 신사의 내적 갈등
② 수남이의 내적 갈등
③ 수남이와 운명 간의 갈등
④ 수남이와 사회 제도의 갈등
⑤ 수남이와 신사의 외적 갈등

5 [나]에서 수남이의 행동과 심리를 표현하기 위해 쓰인 단어가 아닌 것은?

① 흥미진진하게
② 가볍게
③ 질풍같이
④ 신나게
⑤ 시원스레

6 [다]에 나타난 주인 영감에 대한 수남이의 심리는?

① 미안함
② 부러움
③ 통쾌함
④ 실망감
⑤ 쑥스러움

7 [다]에서 (　　　　)(이)라는 표현을 통해 주인 영감에 대한 수남이의 감정이 변하였음을 알 수 있다.

8 (　　　　)은/는 주인 영감의 부도덕성을 드러내는 외모적 특징이다.

문제 속 낱말 쏙!

- **냉정하다(冷情--)** : 태도가 정다운 맛이 없고 차갑다.
- **합리화(合理化)** : 어떤 일을 한 뒤에, 자책감이나 죄책감에서 벗어나기 위하여 그것을 정당화함.

실력 쑥쑥 확인 학습

03 수난이대 _하근찬

작가 소개
하근찬(1931~2007) 농촌을 배경으로 하여 농민들이 겪은 민족적 수난을 사실적으로 묘사한 작품을 주로 발표함. 대표작으로 〈흰 종이수염〉, 〈나룻배 이야기〉 등이 있음

가 "마, 아무 데서나 묵어라. 저, 국수 한 그릇 말아 주소." / "야."

"곱빼기로 잘 좀……. 참기름도 치소, 알았능교?" / "야아."

여편네는 코로 히죽 웃으면서 만도의 옆구리를 살짝 꼬집고는, 소쿠리에서 삶은 국수 두 뭉텅이를 집어 들었다.

진수가 국수를 훌훌 끌어넣고 있을 때, 여편네는 만도의 귓전으로 얼굴을 갖다 댔다.

"아들이가?" / 만도는 고개를 약간 앞뒤로 끄덕거렸을 뿐, 좋은 기색을 하지 않았다.
기색: 마음의 작용으로 얼굴에 드러나는 빛

진수가 국물을 훌쩍 들이마시고 나자, 만도는, / "한 그릇 더 묵을래?" / 한다.

"아니예."

"한 그릇 더 묵지, 와?"

"고만 묵을랍니더."

진수는 입술을 싹 닦으며 부스스 자리에서 일어났다.
▶ 주막에서 잠시 쉬는 만도와 진수

나 주막을 나선 그들 부자는 논두렁길로 접어들었다. 아까와 같이 만도가 앞장을 서는 것이 아니라, 이번에는 진수를 앞세웠다. 지팡이를 짚고 기우뚱기우뚱 앞서 가는 아들의 뒷모습을 바라보며, 팔뚝이 하나밖에 없는 아버지가 느릿느릿 따라가는 것이다. 손에 매달린 고등어가 곧장 달랑달랑 춤을 추었다.
▶ 주막에서 술을 마신 후 기분이 풀린 만도

다 "진수야!" / "예."

"니 우짜다가 그래 됐노?"

"전쟁하다가 이래 안 됐심니꾜? 수류탄 쪼가리에 맞았심더."

"수류탄 쪼가리에?" / "예." / "음……."

"얼른 낫지 않고 막 썩어 들어가기 땜에 군의관이 짤라 버립디더, 병원에서예."
군의관: 군대에서 의사의 임무를 맡고 있는 장교

"……." / "아부지!"

"와?" / "이래 가지고 우째 살까 싶습니더."

"우째 살긴 뭘 우째 살아? 목숨만 붙어 있으면 다 사는 기다. 그런 소리 하지 마라."

"……."

"나 봐라. 팔뚝이 하나 없어도 잘만 안 사나? 남 봄에 좀 덜 좋아서 그렇지, 살기사 왜 못 살아?"

"차라리 아부지같이 팔이 하나 없는 편이 낫겠어예. 다리가 없어노니, 첫째 걸어 댕기기에 불편해서 똑 죽겠심더."

"야야. 안 그렇다. 걸어 댕기기만 하면 뭐하노, 손을 지대로 놀려야 일이 뜻대로 되지."

"그러까예?"

"그렇다니까. 그러니까 ㉠ 집에 앉아서 할 일은 니가 하고, 나댕기메 할 일은 내가 하고, 그라면 안 대겠나, 그제?" / "예."
▶ 아들 진수를 위로하는 만도

알맹이 콕콕

- 갈래 현대 소설, 단편 소설, ●전후 소설
- 성격 사실적, ●토속적, 상징적, 의지적
- 시점 전지적 작가 시점
- 배경 [시간적] 일제 강점기 ~ 6·25 전쟁 직후
  [공간적] 경상도의 시골 마을
- 제재 ❶□□ 후 부자(父子)의 삶
- 주제 민족의 수난과 이를 극복하려는 의지
- 특징 ① 한 가족의 ❷□□을/를 통해 민족이 겪은 수난의 역사를 보여 줌
  ② ❸□□□을/를 사용하여 토속적인 분위기를 형성하고 현장감과 생동감을 줌

전체 줄거리

발단 만도는 6·25 전쟁에 참전했던 아들 진수가 돌아온다는 소식을 듣고 이른 아침부터 기차역으로 마중을 나간다.

전개 만도는 진수를 기다리며 일제 강점기 때 징용에 끌려가 왼팔을 잃었던 과거를 회상한다.

위기 만도가 기차역에서 한쪽 다리를 잃고 돌아온 진수를 만난다.

절정 아들의 모습에 상심했던 만도는 주막에 들러 마음을 진정하고 진수를 위로한다.

결말 돌아가는 길에 외나무다리를 만난 만도와 진수는 서로 협력해서 외나무다리를 건넌다.

핵심 이론 확인 문제

1 이 글에서 아들에 대한 만도의 사랑을 보여 주는 소재는 (   ) 이다.

2 진수는 수류탄 쪼가리에 맞아 한쪽 다리를 잃었다. (○, ×)

소설의 역사적 상황 파악

1 이 글의 역사적 상황을 나타내는 단어로 가장 알맞은 것은?

① 국수　② 논두렁길　③ 고등어
④ 전쟁　⑤ 병원

소설 속 배경 파악

2 〈보기〉는 만도가 한쪽 팔을 잃게 된 과거를 회상하는 장면의 일부분이다. 〈보기〉에 드러나는 사회·문화적 상황에 대한 설명으로 알맞지 <u>않은</u> 것은?

보기

바로 이 정거장 마당에 백 명 남짓한 사람들이 모여 웅성거리고 있었다. 그중에는 만도도 섞여 있었다. 기차를 기다리고 있는 것이었으나, 그들은 모두 자기네들이 어디로 가는 것인지 알지를 못했다. 그저 차를 타라면 탈 사람들이었다. •징용에 끌려 나가는 사람들이었다. 그러니까, 지금으로부터 십이삼 년 옛날의 이야기인 것이다. 북해도 탄광으로 갈 것이라는 사람도 있었고 틀림없이 •남양 군도로 간다는 사람도 있었다. 더러는 만주로 가면 좋겠다고 하기도 했다.

① 징용되어 나가면 많은 돈을 벌 수 있었다.
② 우리나라는 일제의 강제 점령하에 있었다.
③ 강제로 징용에 끌려 나가는 사람들이 있었다.
④ 사람들은 어디로 가게 될지도 모른 채 징용에 끌려갔다.
⑤ 만도가 한쪽 팔을 잃게 된 것은 우리 민족사와 관련이 있다.

소설의 주제 파악

3 [다]를 통해 짐작할 수 있는 이 글을 쓴 까닭으로 가장 적절한 것은?

① 가족 간의 갈등과 이해를 통해 바람직한 가족상을 말하려고
② 전쟁으로 분단의 아픔을 겪는 우리 민족의 상황을 드러내려고
③ 당시의 시대상이나 가치관은 오늘날과는 많이 달랐음을 알리려고
④ 어려운 시대 상황을 극복하고자 하는 의지적인 모습을 보여 주려고
⑤ 일제 강점기와 6 · 25 전쟁을 겪은 후 발전하는 사회상을 보여 주려고

작품 감상 및 적용

4 작품 속 인물들의 삶과 오늘날 우리의 삶을 비교할 때, 이 글을 추천해 주기에 가장 적절한 학생은?

① 마음먹은 대로 일을 해결하여 의기양양해진 수미
② 노력은 하지 않고 복권에 당첨되기만을 바라는 범준
③ 불우한 처지에 놓인 이웃을 위해 봉사 활동을 하는 소연
④ 꿈을 이루기 위해 노력하다가 실패하여 좌절하고 있는 혜리
⑤ 큰 시험을 앞두고 불안하여 아무것도 하지 못하고 있는 경주

3 이와 같은 글의 특성으로 알맞지 <u>않은</u> 것은?

① 허구성　② 산문성
③ 진실성　④ 예술성
⑤ 음악성

4 이 글에 대한 설명으로 알맞지 <u>않은</u> 것은?

① 전후 소설에 해당한다.
② 부자(父子)가 겪는 비극을 보여 준다.
③ 어느 시골 마을을 배경으로 전개된다.
④ 남북한의 이념 대립을 본격적으로 다루었다.
⑤ 일제 강점기에서 6 · 25 전쟁 전후를 시대적 배경으로 삼고 있다.

5 [다]에서 진수는 좌절감과 절망감을 드러내고 있다.　(○ , ×)

6 ㉠과 관련 있는 한자 성어로 알맞은 것은?

① 설상가상(雪上加霜)
② 주마간산(走馬看山)
③ 상부상조(相扶相助)
④ 청출어람(靑出於藍)
⑤ 목불식정(目不識丁)

문제 속 낱말 쏙!

- **전후 소설(戰後小說)** : 전쟁과 전쟁 이후를 배경으로 한 소설.
- **토속적(土俗的)** : 그 지방에만 특유한 풍속을 닮은 (것).
- **징용(徵用)** : 일제 강점기에, 일본 제국주의자들이 조선 사람을 강제로 동원하여 부리던 일.
- **남양 군도** : 남태평양의 섬 무리.

실력 쑥쑥 확인 학습

04 홍길동전 | 아기 장수 우투리

가 그때 마침, 공이 또한 달빛을 구경하다가, 길동이 서성거리는 것을 보고 즉시 불러 물었다.

"너는 무슨 흥이 있어서 밤이 깊도록 잠을 자지 않느냐?"

(흥: 재미나 즐거움을 일어나게 하는 감정)

길동이 공경하는 자세로 대답하였다.

"소인이 마침 달빛을 즐기는 중입니다. 그런데, 만물이 생겨날 때부터 오직 사람이 귀한 존재인 줄 아옵니다. 그러나 소인에게는 귀함이 없사오니 어찌 사람이라 하겠습니까?"

공은 그 말의 뜻을 짐작은 했지만, 일부러 책망하며 말하였다.

(책망하며: 잘못을 꾸짖거나 나무라고 못마땅하게 여기며)

"너 그게 무슨 말이냐?"

길동이 절하고 말씀드리기를

"소인이 평생 서러워하는 바는, 소인이 대감의 정기를 받아 당당한 남자로 태어났고, 또 낳아서 길러 주신 어버이의 은혜를 입었는데도 아버지를 '아버지'라 못 하옵고 형을 '형'이라 못 하오니, 어찌 사람이라 하겠습니까?"

하고, 눈물을 흘리며 적삼을 적셨다. ▶ 적서 차별의 한을 호소하는 길동

(적삼: 홑겹의 저고리)

나 옛날 옛날 먼 옛날, 임금과 벼슬아치들이 백성들을 종처럼 부리던 때의 이야기야. 욕심 많은 임금과 사나운 벼슬아치들에게 시달릴 대로 시달리던 백성들은 누군가 힘세고 재주 많은 영웅이 나타나 자기들을 살려 주기를 목이 빠지게 바라고 살았지. ▶ 벼슬아치들의 횡포로 백성들이 영웅의 출현을 기다림

이때, 지리산 자락 외진 마을에 한 농사꾼 내외가 살았어. 산비탈에 밭을 일구어 구메농사를 지어 먹으며, 그저 산 입에 거미줄이나 안 치는 걸 고맙게 여기고 살았지. 그렇게 살다가 늘그막에 아기를 하나 낳았는데, 낳고 보니 아기 탯줄이 인 질라져. 가위로 잘라도 안 되고 낫으로 잘라도 안 되고 작두로 잘라도 안 돼. 별짓을 다 해도 안 되더니 산에 가서 억새풀을 베어다 그걸로 탯줄을 치니까 그제야 잘라지더래.

(구메농사: 작은 규모로 짓는 농사)

▶ 우투리의 기이한 탄생

아기 이름을 '우투리'라고 했는데, 이 우투리가 갓난아기 때부터 하는 짓이 달라.

(중략) 글쎄 아기가 방 안에서 포르르 포르르 날아다니지 뭐야? 가만히 보니 아기 겨드랑이에 조그마한 날개가, 꼭 얼레빗만 한 게 뾰조록하니 붙어 있더란 말이지. 그걸 보고 어머니가 그만 기겁을 해.

(얼레빗: 빗살이 굵고 성긴 큰 빗)

"아이고, 여보, 이것 큰일 났소. 내가 아기를 낳아도 예사 아기를 낳은 게 아니라 영웅을 낳았소."

겨드랑이에 날개 돋친 아기는 장차 영웅이 될 아기란다. 그런데 이게 참 좋아할 일이 아니라 기겁을 할 일이야. 가난한 백성이 영웅을 낳으면 임금과 벼슬아치들이 가만두지를 않거든. ▶ 우투리의 비범한 능력

알맹이 콕콕

가
- 갈래: 고전 소설, 한글 소설, 영웅 소설
- 성격: 현실 비판적, 우연적
- 시점: 전지적 작가 시점
- 배경: [시간적] 조선 시대 / [공간적] 조선, 율도국
- 제재: 조선 시대의 적서 차별 제도
- 주제: 적서 차별 제도에 대한 저항과 입신양명의 의지
- 특징: ① [1]□□의 일대기적 구성으로, 시간의 흐름에 따른 사건 전개가 나타남 ② 조선 시대의 [2]□□ 제도에 대한 비판 의식이 드러남

전체 줄거리

발단: 홍 판서와 시비 춘섬 사이에서 태어난 길동은 서자라는 이유로 차별을 받으며 자란다.

전개: 홍 판서의 가족들이 자객을 시켜 길동을 없애려 하고, 길동은 목숨을 건지지만 이를 계기로 집을 떠난다.

위기: 활빈당의 두목이 된 길동은 탐관오리의 재물을 빼앗아 가난한 백성들에게 나누어 준다.

절정: 조정에서 길동을 수차례 잡으려 하지만 실패하고, 결국 길동을 병조 판서에 명한다.

결말: 길동은 조선을 떠나 율도국을 정벌하고, 그곳의 왕이 된다.

나
- 갈래: 설화(전설)
- 성격: 비현실적, 서사적, 비극적
- 배경: [시간적] 옛날 옛날 먼 옛날 / [공간적] [3]□□□ 자락 외진 마을
- 제재: 아기 장수 우투리
- 주제: 아기 장수 우투리의 신이한 능력과 비극적인 삶
- 특징: ① [4]□□□을/를 사용하여 생동감과 친근감을 줌 ② 우투리의 일생을 [5]□□의 흐름에 따라 서술함 ③ 일반적인 영웅 이야기 구조와 달리 우투리가 비극적인 최후를 맞이함

정답과 해설 11쪽 ▶▶

고전 소설의 특징 파악

1 [가]에 드러나는 고전 소설의 특징으로 알맞은 것은?

① 행복한 결말
② 일대기적 구성
③ 비현실적인 사건
④ 우연적인 사건 전개
⑤ •막연한 공간적 배경

갈등의 발생 원인 파악

2 [가]에서 길동이 겪는 갈등의 원인으로 알맞은 것은?

① 부족한 실력
② 타고난 총명함
③ 적서 차별 제도
④ 남아 선호 사상
⑤ 세대 간 인식 차이

설화의 특징 파악

3 [나]와 같은 글의 특징으로 적절하지 않은 것은?

① 독자들에게 흥미와 감동을 준다.
② 전해 내려오는 동안 내용이 변형되기도 한다.
③ 현실에서 있을 수 없는 비현실적인 일들이 발생한다.
④ 개인이 여러 사람의 이야기를 바탕으로 창작한 것이다.
⑤ •민중 사이에서 창작되어 민중들의 삶과 사상이 담겨 있다.

설화의 특징 이해

4 〈보기〉를 바탕으로 [나]를 이해할 때, [나]에 해당하는 부분으로 알맞은 것은?

보기

〈영웅 이야기의 일반적 구조〉

㉠기이한 탄생 → ㉡자라면서 •비범한 능력을 보임 → ㉢어려서의 고난(버림받음, 집을 떠남) → ㉣조력자, 양육자의 도움으로 극복 → ㉤성장 후 위기에 처함 → ㉥위기를 극복하고 위대한 업적을 이룸

① ㉠, ㉡
② ㉠, ㉢
③ ㉠, ㉣, ㉥
④ ㉡, ㉢, ㉤
⑤ ㉡, ㉢, ㉣, ㉥

전체 줄거리

처음 우투리는 갓난아기 때부터 비범한 능력을 보인다.

중간 우투리가 영웅이라는 소문을 들은 임금이 병사들을 보내 죽이려고 하자 우투리는 콩으로 만든 갑옷을 입고 싸우지만, 어머니 때문에 가리지 못한 왼쪽 겨드랑이에 화살을 맞고 죽는다. 우투리는 자신의 유언대로 부모님이 바위 밑에 좁쌀, 콩, 팥을 함께 묻어 주자 부활을 준비한다.

끝 우투리가 살아서 군사들을 훈련한다는 소문이 퍼지고, 화가 난 임금이 직접 우투리의 집에 찾아간다. 임금은 억새풀의 비밀을 알아내고, 억새풀로 바위를 내리친다. 그러자 부활하려던 우투리와 병사들이 녹아 없어진다.

핵심 이론 확인 문제

1 [가]에서 길동의 신분을 짐작할 수 있게 해 주는 말을 두 가지 찾아 쓰시오.

2 [가]에 나타난 길동의 소원은?

① 독불장군(獨不將軍)
② 물아일체(物我一體)
③ 주경야독(晝耕夜讀)
④ 호의호식(好衣好食)
⑤ 호부호형(呼父呼兄)

3 [나]는 구체적인 장소가 제시되어 있으므로 설화 중에서도 (   )(으)로 분류할 수 있다.

4 [나]에서 억새풀은 민중의 끈질긴 생명력을 상징한다. (○, ×)

문제 속 낱말 쏙!

- 막연하다(漠然--) : 뚜렷하지 못하고 어렴풋하다.
- 민중(民衆) : 국가나 사회를 구성하는 일반 국민.
- 비범하다(非凡--) : 보통 수준보다 훨씬 뛰어나다.

기초 튼튼 핵심 이론

③ 수필

'수필' 이란?

일상생활 속에서 얻은 글쓴이의 생각이나 느낌을 형식에 얽매이지 않고 자유롭게 쓴 글을 말한다.

1 수필의 특징

(1) **자유로운 형식** : 일정한 형식의 제약 없이 자유롭게 쓴다.
(2) **신변잡기적** : 글쓴이의 주변에서 일어나는 모든 일들이 소재가 된다.
(3) **비전문적** : 누구나 쉽게 쓸 수 있다.
(4) **고백적** : 자신의 체험에 대한 생각이나 느낌을 솔직하게 드러낸다.
(5) **개성적** : 글쓴이의 개성이 글 속에 직접 드러난다.

2 수필의 종류

	경수필	중수필
내용	일상생활에서 일어나는 여러 가지 일들에 대한 글쓴이의 느낌, 생각을 가볍게 쓴 정서적인 글	사회적인 문제에 대한 글쓴이의 생각을 논리적이고 객관적인 근거를 들어 쓴 무거운 내용의 글
성격	감정적, 주관적, 개인적, 고백적, 체험적, 신변잡기적	시사적, 사회적, 객관적, 지적, 철학적, 논리적(논설문에 가까움)

'수필'과 '수기'의 차이점을 알아보자.

수필 중에서도 자신의 뜻있는 체험을 여러 사람에게 알리기 위해서 쓴 글을 수기라고 한다. 수필은 글쓴이의 생각이나 느낌만으로도 쓸 수 있지만 수기는 반드시 글쓴이의 경험이 바탕이 되어야 한다.

'편지글' 이란?

정해진 대상에게 안부, 소식, 용무 따위를 적어 보내는 글을 말한다.

1 편지글의 특징

(1) **실용적** : 정해진 독자에게 용건을 전하는 실용적인 글이다.
(2) **형식적** : 일정한 형식(첫머리 – 사연 – 끝맺음)이 있다.
(3) **친교적** : 친밀함을 쌓거나 유지하기 위한 글로, 격식과 예절을 갖추어야 한다.

2 편지글의 기본 형식

(1) **첫머리(서두)** : 받는 사람(호칭), 첫인사(계절 인사, 안부 인사), 안부
(2) **사연(본문)** : 편지를 쓴 목적과 내용
(3) **끝맺음(결미)** : 끝인사, 편지를 쓴 날짜, 보내는 사람(서명)

확인 문제

1 일상생활 속에서 얻은 글쓴이의 생각이나 느낌을 자유롭게 쓴 글을 무엇이라고 하는지 쓰시오.

2 수필의 특징으로 적절하지 않은 것은?
① 개성적이다.
② 객관적이다.
③ 고백적이다.
④ 비전문적이다.
⑤ 신변잡기적이다.

3 수필의 종류 중, 사회적인 문제에 대한 글쓴이의 생각을 논리적인 근거를 들어 쓴 글을 무엇이라고 하는지 쓰시오.

4 편지글의 특징으로 알맞지 않은 것은?
① 독자가 정해진 글이다.
② 일정한 형식이 있는 글이다.
③ 교훈적이고 설득적인 글이다.
④ 용건을 전달하는 실용적인 글이다.
⑤ 대상에 따라 격식과 예절을 갖추어 쓰는 글이다.

5 편지글의 기본 형식을 쓰시오.

정답과 해설 12쪽 ▶▶

'일기문' 이란?

날마다 겪은 일이나 생각, 느낌 등을 적은 개인의 기록을 말한다.

• 일기문의 특징

(1) **고백적, 비공개적** : 독자를 염두에 두지 않는 솔직하고 비공개적인 글이다.

(2) **체험적, 사실적, 성찰적** : 자신의 체험을 바탕으로 하루를 되돌아보고 스스로를 반성하는 글이다.

'기행문' 이란?

여행하는 동안에 보고, 듣고, 느낀 것을 주로 시간의 흐름이나 공간의 이동에 따라 적은 글을 말한다.

1 기행문의 특징

(1) **현장감** : 주로 현재형 문장을 사용한다.

(2) **지방색** : 여행한 지방의 풍습, 풍물, 사투리 등이 잘 나타난다.

2 기행문의 3요소

여정	여행의 경로(언제, 어디를 거쳐 어떻게 여행했는가의 과정)
견문	여행하면서 보고, 듣고, 경험한 내용
감상	보고, 듣고, 경험한 사실에 대한 글쓴이의 생각과 느낌

인상 깊었던 여행 경험을 기행문의 3요소에 맞게 써 보자.

지난 주말, 부모님과 함께 경남 합천에 다녀왔다. 칠곡, 고령을 거쳐 해인사에 도착하였다. 해인사에 있는 고려 대장경은 2007년에 유네스코에서 세계 기록 유산으로 지정하였다고 한다. 정갈하게 보존되어 있는 고려 대장경을 보니 마치 민족의 혼이 살아 숨 쉬는 것 같았다.

'설(說)' 이란?

사물의 이치를 밝히면서 자신의 의견을 서술하는 글이다.

• 설의 특징

① 고전 수필의 한 양식으로, 한문으로 쓰였다.

② 교훈적이고 설득적인 내용을 담고 있다.

③ 일반적으로 '사실(예화) + 의견(주제)'의 2단 구성이다.

사실(예화)		의견(주제)
사물의 이치 소개	+	글쓴이가 말하고자 하는 바, 교훈 제시

확인 문제

6 일기문에 대한 설명으로 적절하지 않은 것은?

① 사실적인 글이다.
② 공개적인 글이다.
③ 고백적인 글이다.
④ 성찰적인 글이다.
⑤ 체험적인 글이다.

7 기행문을 작성하는 방법으로 알맞은 것은? (정답 2개)

① 감상은 제외하고 여정과 견문만을 쓴다.
② 주장에 대한 근거가 잘 드러나도록 쓴다.
③ 여러 지역의 독자를 위해 표준어로만 쓴다.
④ 시간의 흐름이나 공간의 이동에 따라 쓴다.
⑤ 현장감을 주기 위해 주로 현재형 문장으로 쓴다.

8 다음에 두드러지게 나타난 기행문의 요소를 쓰시오.

새벽에 기차를 타고 서울을 떠났다. 춘천에 도착하자마자 버스를 타고 소양강 댐으로 갔다.

9 설(說)의 특징으로 알맞지 않은 것은?

① 설득적이고 교훈적이다.
② 정보를 전달하는 글이다.
③ 한문 문학 양식의 하나이다.
④ 예화와 주제의 2단 구성이다.
⑤ 성격상 수필로 분류되는 글이다.

선생님, 질문 있어요!

수필이 누구나 쉽게 쓸 수 있는 글이라면, 저도 수필을 쓸 수 있나요?

정답 26쪽

실력 쑥쑥 확인 학습

01 꼴찌에게 보내는 갈채 _박완서

작가 소개

박완서(1931~2011) 여성 특유의 섬세하고 감각적인 문체로 일상과 인간 관계를 사실적으로 표현하는 능력이 탁월함. 대표작으로 〈엄마의 말뚝〉, 〈부끄러움을 가르칩니다〉 등이 있음

가 요전에 시내에 나갔다가 집으로 돌아올 때의 일이다. 집을 다 와서 버스가 정류장 못 미쳐 서서 도무지 움직이지를 않았다. 고장인가 했더니 그게 아닌 모양이었다.

▶ 꽉 막혀 움직이지 않는 버스

나 "아마 마라톤이 끝날 때까진 못 가려나 봐요."

"뭐, 마라톤?"

그러니까 저 앞 고대에서 신설동으로 나오는 삼거리쯤에서 교통이 ⓐ차단된 모양이고, 그 삼거리를 마라톤의 선두 주자가 달려오리라. 마라톤의 선두 주자! 생각만 해도 우울하게 죽어 있던 내 몸의 세포가 진저리를 치면서 생생하게 살아나는 것 같았다. 나는 그 선두 주자를 꼭 보고 싶었다. 아니 꼭 봐야만 했다.

진저리: 차가운 것이 몸에 닿거나 무서움을 느낄 때에, 또는 오줌을 눈 뒤에 으스스 떠는 몸짓

▶ 마라톤의 선두 주자를 보고 싶은 '나'

다 ㉠그러나 숨을 헐떡이며 당도한 삼거리에 군중은 없었다. (중략) 비로소 1등을 한 마라토너는 이미 이 삼거리를 지난 지가 오래라는 걸 알 수 있었다. (중략) 그러자 나는 그만 맥이 빠졌다. 나는 영광의 승리자의 얼굴을 보고 싶었던 것이지 ⓑ비참한 꼴찌의 얼굴을 보고 싶었던 건 아니었다.

▶ 선두 주자를 볼 수 없어 아쉬워하는 '나'

라 삼거리를 지켜보고 있던 ⓒ여남은 명의 구경꾼조차 라디오방으로 몰려 우승자의 골인 광경, 세운 기록 등에 귀를 기울이느라 아무도 그에게 관심을 갖지 않았다. 나도 무감동하게 푸른 유니폼이 가까이 오는 것을 바라보면서 저 사람은 몇 등쯤일까, 20등? 30등? – 저 사람이 세운 기록도 누가 자세히 기록이나 해 줄까? 대강 이런 생각을 했다. 그리고 그 20등, 아니면 30등의 선수가 조금쯤 우습고, 조금쯤 불쌍하다고 생각했다.

푸른 마라토너는 점점 더 나와 가까워졌다. 드디어 나는 그의 표정을 볼 수 있었다.

▶ 꼴찌에 가까운 푸른 마라토너를 보게 된 '나'

마 나는 그런 표정을 생전 처음 보는 것처럼 느꼈다. 여태껏 그렇게 정직하게 고통스러운 얼굴을, 그렇게 정직하게 고독한 얼굴을 본 적이 없다. 가슴이 뭉클하더니 심하게 두근거렸다. 그는 20등, 30등을 초월해서 위대해 보였다. 지금 모든 ⓓ환호와 영광은 우승자에게 있고 그는 환호 없이 달릴 수 있기에 위대해 보였다.

▶ 푸른 마라토너를 보고 가슴이 뭉클해진 '나'

바 나는 용감하게 인도에서 차도로 뛰어내리며 그를 향해 열렬한 박수를 보내며 환성을 질렀다.

나는 그가 주저앉는 걸 보면 안 되었다. 나는 그가 주저앉는 걸 봄으로써 내가 주저앉고 말 듯한 어떤 미신적인 연대감마저 느끼며 실로 열렬하고도 우렁찬 환영을 했다.

연대감: 한 덩어리로 서로 연결되어 있음을 느끼는 마음

▶ 환호 없이 달리는 주자에게 연대 의식을 느끼고 열렬한 환영을 하는 '나'

사 그 전까지만 해도 나는 마라톤이란 매력 없는 ⓔ우직한 스포츠라고밖에 생각 안 했었다. 그러나 앞으론 그것을 좀 더 좋아하게 될 것 같다. 그것은 조금도 속임수가 용납 안 되는 정직한 운동이기 때문에.

또 끝까지 달려서 골인한 꼴찌 주자도 좋아하게 될 것 같다. 그 무서운 고통과 고독을 이긴 의지력 때문에.

▶ 마라톤과 꼴찌 주자를 좋아하게 된 '나'

알맹이 콕콕

- 갈래 수필(경수필)
- 성격 체험적, 사색적, 교훈적
- 제재 마라톤의 ❶□□ 주자
- 주제 고통을 이겨 내고 ❷□□을/를 다하는 삶의 위대함
- 특징 ① 후속 주자를 보는 글쓴이의 심정을 세밀히 묘사함
  ② 글쓴이가 꼴찌에 대해 가졌던 인식이 바뀌게 된 계기를 소개함

내용 돋보기

글쓴이의 심리 변화	
마라톤이 열리는 것을 알게 됨	기대감
⇩	
꼴찌에 가까운 주자를 보게 됨	우스움 불쌍함
⇩	
주자의 표정을 가까이서 봄	❸□□함 뭉클함

핵심 이론 확인 문제

1 이 글의 중심 소재는 마라톤의 꼴찌 주자이다. (○ , ×)

2 이 글의 시대적 배경을 알려 주는 단어를 쓰시오.

3 이와 같은 글의 특징으로 알맞지 않은 것은?

① 소재가 다양하다.
② 형식의 제약이 없다.
③ 전문적인 지식을 전달한다.
④ 글쓴이의 개성이 드러난다.
⑤ 글쓴이의 체험이 담겨 있다.

수필을 읽는 방법 파악

1 이와 같은 글을 읽는 방법으로 가장 적절한 것은?

① 인물 간의 갈등 상황에 주목한다.
② 운율을 만드는 요소를 파악하며 읽는다.
③ 글쓴이의 개성과 가치관을 파악하며 읽는다.
④ 주장에 대한 근거가 타당한지 비판하며 읽는다.
⑤ 서술자가 작품 안에 있는지 작품 밖에 있는지 확인하며 읽는다.

글쓴이의 심리 상태 파악

2 [나]~[마]에 나타난 글쓴이의 심리 변화로 알맞은 것은?

① 짜증 → 기대감 → 우울함 → 두려움
② 기대감 → 실망감 → 무감동함 → 가슴이 뭉클함
③ 느긋함 → 실망감 → 기대감 → 가슴이 두근거림
④ 가슴이 두근거림 → 실망감 → 맥이 빠짐 → 두려움
⑤ 맥이 빠짐 → 기대감 → 무감동함 → 가슴이 뭉클함

내용 감상과 이해

3 이 글의 글쓴이에 대한 설명으로 알맞지 않은 것은?

① 자신과 싸우며 멈추지 않고 달리는 주자의 의지에 감동했다.
② 마라톤은 1등보다 꼴찌가 더 주목받는 운동이라는 것을 알았다.
③ 무서운 고통과 고독을 이긴 꼴찌 주자는 박수 받을 만하다고 생각한다.
④ 글쓴이는 푸른 마라토너를 응원한 경험 이후 마라톤을 좀 더 좋아하게 되었다.
⑤ 글쓴이가 박수를 보낸 이유는 포기하지 않고 달린 선수에게 감동했기 때문이다.

글쓴이의 가치관 이해

4 이 글과 〈보기〉의 글을 통해 얻을 수 있는 교훈으로 가장 적절한 것은?

보기

요즘은 모두들 1등만 하려고 한다. 학교에서도, 사회에서도 모두 1등 되는 법만을 이야기한다. 하지만 모든 사람이 1등이 될 수는 없다. 그래도 자기 인생에서만큼은 1등이 되는 방법이 있다. 그것은 바로 스스로에게 만족할 때까지 끝까지 포기하지 않고 노력하는 것이다. 다른 사람에게 1등이 아니라 자기 자신에게 1등이 되는 것이다.

① 남을 배려하는 삶의 태도
② 더불어 사는 세상의 아름다움
③ 자신의 일에 최선을 다하는 태도
④ 자신의 이익만을 추구하지 않는 태도
⑤ 모든 일을 긍정적이고 •낙관적인 시선으로 바라보는 태도

4 ㉠의 이유로 알맞은 것은?

① 교통이 차단돼서
② 마라톤이 이미 끝나서
③ 선두 주자가 이미 지나가서
④ 마라톤은 인기가 없는 종목이어서
⑤ 군중들이 경기 관람보다는 참가에 관심이 많아서

5 글쓴이가 마라톤을 좋아하게 된 이유로 알맞은 것은?

① 삶의 활력소가 되기 때문에
② 꼴찌 주자를 좋아하기 때문에
③ 많은 사람들이 환호하기 때문에
④ 속임수가 없는 정직한 운동이기 때문에
⑤ 새로운 기록을 낼 수 있는 운동이기 때문에

6 ⓐ~ⓔ의 뜻으로 알맞지 않은 것은?

① ⓐ : 통로를 막거나 끊어서 통하지 못하게 함
② ⓑ : 더할 수 없이 슬프고 끔찍함
③ ⓒ : 여섯 남짓한 수의
④ ⓓ : 기뻐서 큰 소리로 부르짖음
⑤ ⓔ : 어리석고 고지식한

7 글쓴이는 푸른 마라토너가 주저앉는 것을 보면 자신도 주저앉을 것 같은 (   )을/를 느꼈다.

문제 속 낱말 쏙!

• 낙관적(樂觀的) : 앞으로의 일 따위가 잘되어 갈 것으로 여기는 것.

실력 쑥쑥 확인 학습

02 이옥설 _이규보 | 사서를 백여 번 읽었더라면 _유성룡

작가 소개
이규보(1168~1241) 고려 중기의 문인. 호는 백운거사. 고구려의 주몽 이야기를 한시로 창작하여 민족의식을 드높이고자 했으며, 호탕 활달한 시풍으로 당대를 풍미하였음

가 행랑채(대문간 옆에 있는 집채)가 퇴락하여(낡아서 무너지고 떨어져) 지탱할 수 없게끔 된 것이 세 칸이었다. 나는 마지못하여 이를 모두 수리하였다. 그런데 그중의 두 칸은 비가 샌 지 오래되었으나, 나는 그것을 알면서도 이럴까 저럴까 망설이다가 손을 대지 않았던 것이고, 나머지 한 칸은 처음 비가 샐 때 서둘러 기와를 갈았던 것이다. 이번에 수리하려고 보니, 비가 샌 지 오래된 것은 그 서까래, 추녀, 기둥, 들보(칸과 칸 사이의 두 기둥을 건너지르는 나무)가 모두 썩어서 못 쓰게 된 까닭으로 수리비가 엄청나게 들었고, 한 번밖에 비가 새지 않았던 한 칸의 재목(나무로 된 건축물·기구 따위를 만드는 데 쓰는 나무)들은 온전하여 다시 쓸 수 있었기 때문에 그 비용이 많이 들지 않았다.
▶ 퇴락한 행랑채를 수리한 경험

나는 이에 느낀 것이 있었다. 사람의 경우도 마찬가지라는 사실을. 잘못을 알고서도 바로 고치지 않으면 곧 그 자신이 나쁘게 되는 것이 마치 나무가 썩어서 못 쓰게 되는 것과 같다. 잘못을 알고 고치기를 꺼리지 않으면 해(害)(이롭지 않게 하거나 손상을 입힘)를 받지 않고 다시 착한 사람이 될 수 있으니, 저 집의 재목처럼 말끔하게 다시 쓸 수 있는 것이다.
▶ 사람의 경우도 퇴락한 행랑채 수리와 같다는 깨달음

그뿐만 아니라 나라의 정치도 이와 같다. 백성을 좀먹는 무리들을 내버려 두었다가는 백성들이 도탄(몹시 가난하고 살림이 구차하여 고통스러운 지경)에 빠지고 나라가 위태롭게 된다. 그런 뒤에 급히 바로잡으려 해도 이미 썩어 버린 재목처럼 때는 늦은 것이다. 어찌 삼가지 않겠는가.
▶ 나라의 정치도 퇴락한 행랑채 수리와 같다는 깨달음

작가 소개
유성룡(1542~1607) 조선 선조 때의 재상. 이황의 문인으로, 대사헌·경상도 관찰사 등을 거쳐 영의정을 지냈으며, 도학·문장·덕행·서예로 이름을 떨쳤음. 저서에 《서애집》, 《징비록》, 《신종록》 등이 있음

나 아들들아, 보아라.

너희들이 10년 동안이나 제대로 공부를 못 하고 여러 가지 걱정 때문에 이리저리 쫓겨 다니다 보니 한없이 세월만 흐르게 되었구나. 그러나 이것도 천명(天命)(하늘의 뜻)이니 어찌하겠느냐? 나도 젊었을 때에는 과거 공부에만 힘쓰지 못하고 너희들과 같이 그럭저럭 세월만 보냈었다. 고향에 와 있으면서 《춘추(春秋)》를 30여 차례 읽었는데, 이때부터 조금씩 문장의 흐름을 이해할 수 있어서 다행히 과거에 급제하였구나.
▶ 10년 동안 제대로 공부하지 못한 아들들에 대한 걱정

그러나 지금 생각해 보면, 그때 좀 더 공부하여 사서(四書)(유교의 경전인 《논어》, 《맹자》, 《대학》, 《중용》을 통틀어 이르는 말)를 백여 번 읽었더라면 하고 언제나 후회가 된다. 만일 그렇게 했다면 내 학문의 성취가 오늘날처럼 보잘것없지는 않았을 것이다. 그래서 늘 너희들에게 사서를 읽으라고 말하는 것이다.
▶ 아들들에게 사서 읽기를 권함

요즘 서울의 젊은이들은 마치 세상에서 장사하는 사람과 같아서 오로지 빨리 성공할 수 있는 방법만을 찾는다. 성현(성인과 현인을 아우르는 말)들의 글은 높은 다락집에 밀쳐 두고 날마다 남의 비위를 맞추는 작은 문자만 가지고 그 글을 따서 시관(試官)(조선 시대에, 과거 시험에 관계되는 시험관을 통틀어 이르는 말)의 눈에만 들게 하여 성공한 사람이 많다.
▶ 요즘 서울 젊은이들의 독서 방법

그러나 이런 것들은 교묘한 방법으로 벼슬을 하는 사람들의 수단이지, 너희들같이 우둔하고 명예를 다투는 데 익숙하지 못한 사람은 본받을 것이 못 된다. 모모(嫫母)(황제의 비(妃)로, 얼굴이 추했음)가 절세미인인 서시(西施)(월나라의 미인)처럼 보이려고 눈썹을 찡그린 것도 세상 사람들의 웃음거리가 되었는데, 더군다나 그가 서시처럼 예쁘지도 않으니 무엇 때문에 너희들이 치욕스럽게 그자들을 따라 하겠느냐?
▶ 학문이 출세의 수단이 되어 버린 현실 비판

알맹이 콕콕

가
- 갈래 고전 수필(설)
- 성격 체험적, 교훈적, 예시적
- 제재 ❶□□□
- 주제 잘못을 알고 바로 고쳐 나가는 자세의 중요성
- 특징 ① ❷□□의 방법으로 글을 전개함
  ② 평범한 생활 속 경험을 출발점으로 삼아 깨달음의 내용을 확장해 나감

내용 돋보기

행랑채 수리 경험을 통한 깨달음	
사람	사람이 잘못을 알고도 바로 고치지 않으면 그 자신이 해를 입음
나라	백성을 좀먹는 무리를 내버려 두면 백성들이 도탄에 빠지고 나라가 위태롭게 됨

나
- 갈래 편지글
- 성격 경험적, 교훈적
- 제재 학업
- 주제 시대의 흐름에 휩쓸리지 말고 학문하라는 당부
- 특징 ① 학문이 ❸□□의 수단이 되어 버린 현실을 비판함
  ② 글쓴이가 생각하는 진정한 ❹□□ 방법을 제시함

내용 돋보기

글쓴이가 추구하는 독서 방법
- 한 권의 책을 여러 번 반복해서 읽음
- 사서(四書)와 같은 경서를 읽는 데 노력을 기울임

⇕

요즘 서울 젊은이들의 독서 방법
- 빨리 성공할 수 있는 방법만을 찾으려고 함
- 과거 급제를 위해 시관의 눈에만 드는 방식으로 공부함

설과 편지글의 공통점 파악

1 [가], [나]와 같은 글의 공통점으로 알맞은 것은?

① 객관적이고 논리적인 글이다.
② 비유적 표현과 압축된 형식으로 의미를 전달한다.
③ 독자에게 구체적인 용건을 전하는 실용적인 글이다.
④ 생생한 현장감을 주기 위해 현재형 문장을 사용한다.
⑤ 글쓴이의 체험과 이에 대한 생각이 솔직하게 드러난다.

설의 특징 이해

2 [가]와 같은 글의 특징으로 알맞지 않은 것은?

① 국문학 양식상 수필에 해당한다.
② 현실에 있음 직한 내용을 꾸며 쓴다.
③ 교훈적이고 설득적인 내용이 드러난다.
④ 글쓴이의 가치관과 인생관이 잘 드러난다.
⑤ 비유적 표현으로 말하고자 하는 바를 드러내기도 한다.

내용 감상과 이해

3 [가]에서 글쓴이의 체험을 삶과 정치에 적용한 내용으로 적절하지 않은 것은?

① 행랑채를 수리하는 것 → 나라의 정치를 바로잡는 것
② 재목들이 모두 썩은 것 → 백성들이 도탄에 빠지고 나라가 위태롭게 된 것
③ 썩은 목재의 수리비가 엄청나게 든 것 → 정치인들에게 많은 돈을 주는 것
④ 비를 한 번 맞은 후 기와를 간 행동 → 자신의 잘못을 알고 바로 고치는 행동
⑤ 행랑채에 비가 샌 지 오래되었으나 손대지 않은 행동 → 백성을 좀먹는 무리들을 그냥 놔두는 행동

내용 감상과 이해

4 [나]에 나타난 '요즘 서울의 젊은이들'에 대한 설명으로 적절하지 않은 것은?

① 벼슬을 하기 위해 학문을 이용했다.
② 시관의 눈에만 드는 방식으로 공부를 했다.
③ 과거 시험에 급제하여 벼슬아치가 되고 싶어 했다.
④ 빨리 성공하기 위해 남의 비위를 맞추는 글을 찾아 읽었다.
⑤ 성현들의 글을 뜻을 이해하기 어려워 멀리하는 •경향이 있었다.

핵심 이론 확인 문제

1 [가]는 특정 독자를 정해 두고 쓰는 글이다. (○ , ×)

2 [가]에서 집을 제때 수리하지 않은 글쓴이를 비판하는 데 가장 어울리는 속담은?

① 말이 씨가 된다.
② 소 잃고 외양간 고친다.
③ 달면 삼키고 쓰면 뱉는다.
④ 비 온 뒤에 땅이 굳어진다.
⑤ 물이 깊을수록 소리가 없다.

3 [나]와 같은 글의 일반적 성격으로 알맞은 것은?

① 교훈적 ② 서정적
③ 서사적 ④ 비판적
⑤ 친교적

4 [나]에 나타난 당시의 사회 · 문화적 상황으로 적절한 것은?

① 외모 지상주의가 널리 퍼져 있었다.
② 학문이 출세의 수단이 되어 버렸다.
③ 사서를 중요하게 여기는 사람이 많았다.
④ 일상생활에 도움이 되는 학문을 배우려는 사람이 늘었다.
⑤ 자신의 앞날은 하늘이 결정한다는 •운명론이 돌고 있었다.

문제 속 낱말 쏙!

- **경향(傾向)** : 현상이나 사상, 행동 따위가 어떤 방향으로 기울어짐.
- **운명론(運命論)** : 모든 일은 미리 정하여진 필연적인 법칙에 따라 일어나므로 인간의 의지로는 바꿀 수 없다는 이론.

03 안네의 일기 _안네 프랑크 | 별빛과 이야기를 나누는 곳 _전

작가 소개
안네 프랑크(1929~1945) 나치 치하의 독일에서 태어난 유태인 소녀. 나치가 유태인을 박해하자 이를 피해 2년 동안 숨어 지내면서 일어난 일들을 기록하였는데 그것이 후에 〈안네의 일기〉로 출간됨

가 1943년 7월 23일 금요일 / 키티에게

우리가 또다시 햇빛을 볼 수 있는 날이 온다면 가장 먼저 무엇을 하고 싶은지에 대해 각자 이야기해 보았어. 지금부터 그 희망들을 소개할게.

마르고트 언니와 팬 던 아저씨는 무엇보다도 먼저 욕조에 더운물을 철철 넘치도록 채워 놓고 그 속에 30분쯤 들어가 있겠다고 말했어. 팬 던 아주머니는 크림 케이크를 먹고 싶대. 뒤셀 아저씨는 아내 로체 씨를 만나고 싶다는 생각 외에 다른 생각은 하지 않아. 어머니께서는 뜨거운 커피를 마시고 싶어 하시고, 아버지께서는 포센 씨를 만나고 싶어 하셔. 피터는 거리로 나가 극장에 가서 영화를 보고 싶다고 말했지.

나는 뭐라고 말했냐고? 나는 너무 기뻐서 무엇부터 하면 좋을지 모르겠지만, 가장 먼저 자유롭게 지낼 수 있는 내 집을 갖고 싶어. 그다음에는 학교에 가서 공부를 계속하고 싶어. / 안네로부터

▸ 평범한 일상생활에 대한 그리움

작가 소개
전용훈(1966~) 천문학자. 우리나라 전통 천문학의 역사를 연구하였으며, 이 외에도 과학사의 다양한 주제에 관심을 가짐. 주요 저서로 《천문대 가는 길》, 《물구나무 과학》 등이 있음

나 천문대 가는 길

㉠소백산 입구의 죽령 휴게소부터 소백산 천문대까지 이어진 산길은 7km에 이른다. 이 길은 천문대에 장비를 운반하기 위해 콘크리트 포장을 해 놓았는데, ㉡도로의 기울기가 13도이기 때문에 브레이크가 파열되는 사고도 가끔 일어난다고 한다. 안내 표지를 따라 올라가는 동안 좌우는 온통 산들이 흘러내리며 만들어 놓은 계곡과 좁은 들판만 아득할 뿐이었다. 제2 연화봉 정상 부근에 있는 통신 중계소쯤에 오르자 서쪽으로 시야(시력이 미치는 범위)가 확 열린다. 아마 충청북도 방향일 것이다.

▸ 소백산 입구에서 천문대까지 가는 길

길을 따라 등성이를 돌아 제2 연화봉 북쪽 비탈면에 이르니 건너편 산정에 멋진 천문대가 서 있다. ㉢첩첩산중의 산정에 홀로 우뚝 선 천문대. 회색 건물에 은빛과 흰색의 돔들. 상상해 왔던 모습 그대로다. 먼저 눈에 띄는 것은 신라의 첨성대처럼 생긴 건물이다. 둥근 기둥의 첨성대 위에는 하얀 돔(반구형으로 된 지붕)이 올라앉아 오후의 태양을 반사하고 있다.

▸ 천문대의 첫인상

소백산 천문대는 1972년에 제2 연화봉과 제1 연화봉의 중간쯤에 있는 작은 봉우리 근처에 세우기로 결정되었다. ㉣앞서 건설된 통신 중계소에서 길을 연결해야 했기에, 진입로를 북쪽 비탈면으로 낼 수밖에 없었다고 한다. 원래 천문대의 진입로는 겨울에도 눈이 잘 녹아서 길이 열리도록 남쪽을 향하게 설계하는 것이 원칙이지만, 당시의 예산으로는 새 길을 낼 수가 없었다고 한다. 그래서 소백산 천문대는 겨울철에 눈이 많이 오면 여러 날 길이 막히는 어려움이 있다.

▸ 북향으로 건설된 소백산 천문대의 진입로

㉤다시 얼마간 내려가다가 언덕을 조금 오르니 천문대에 이른다. 가까이 가 보니 천문대는 세 개의 건물로 이루어져 있다. 제1 연화봉 쪽으로 맨 위쪽이 천문대 본관이다. 빨간 지붕의 2층 건물이 좌우에서 은색 돔의 호위(따라다니며 곁에서 보호하고 지킴)를 받고 있다.

▸ 소백산 천문대의 구조

알맹이 콕콕

가
- 갈래 일기문
- 성격 고백적, 사실적
- 제재 ❶□□□에서의 생활
- 주제 현실의 억압으로부터 자유롭고 싶은 마음
- 특징 ① 자신의 ❷□□□을/를 '키티'라고 부르며 편지를 쓰는 것 같은 방식을 취함
  ② 주변 인물들의 심리 상태를 세밀하게 묘사함

내용 돋보기

안네가 살던 은신처

나
- 갈래 기행문
- 성격 설명적, 분석적, 감상적
- 제재 소백산 ❸□□□
- 주제 한국 근대 천문학의 시초인 소백산 천문대의 가치
- 특징 ① 기행문의 구성 요소인 여정, 견문, ❹□□이/가 드러남
  ② 소백산 천문대의 위치와 특징을 구체적으로 제시함

내용 돋보기

기행문의 3요소	
여정	여행의 과정이나 일정
견문	여행 중에 보고 들은 것
감상	여행을 하며 떠오른 생각이나 느낌

핵심 이론 확인 문제

1 [가]는 일기문으로, 글쓴이의 체험을 바탕으로 하는 수필의 한 종류이다. (○, ×)

일기문과 기행문의 공통점 파악

1 [가], [나]와 같은 글의 공통점으로 알맞은 것은?

① 글쓴이의 체험을 바탕으로 한다.
② 갈등을 중심으로 글을 전개한다.
③ 여정, 견문, 감상으로 이루어진다.
④ 타당한 근거를 들어 독자를 설득한다.
⑤ 자신의 하루 일과를 되돌아보고 반성한다.

일기문의 특징 파악

2 [가]에 대한 설명으로 알맞지 않은 것은?

① 글쓴이가 글 속에 드러나 있다.
② 글쓴이의 개인적인 •정서가 드러나 있다.
③ 글쓴이가 처해 있는 상황이 드러나 있다.
④ 독자를 염두에 두지 않고 쓰는 솔직한 글이다.
⑤ 주로 시간의 흐름과 공간의 이동에 따라 글이 전개된다.

내용 감상과 이해

3 [가]를 통해 알 수 있는 인물들의 상황으로 적절하지 않은 것은?

① 햇빛이 들지 않는 곳에 은신해 있었다.
② 공부하고 싶어도 학교에 갈 수 없었다.
③ 일행 중에는 가족과 헤어진 사람도 있었다.
④ 바깥출입이 자유롭지 못해 생활에 •제약이 있었다.
⑤ 불편한 생활로 인해 인물 간의 갈등이 빚어지고 있었다.

기행문의 구성 요소 파악

4 ㉠~㉤ 중 '감상'에 해당하는 것은?

① ㉠ ② ㉡ ③ ㉢ ④ ㉣ ⑤ ㉤

내용 감상과 이해

5 〈보기〉의 ⓐ~ⓔ 중 [나]에서 소백산 천문대를 찾아가는 과정을 정리한 내용으로 알맞지 않은 것은?

보기

ⓐ소백산 입구의 죽령 휴게소 → ⓑ제2 연화봉을 향하여 산길을 오름 → ⓒ제2 연화봉 정상 부근의 통신 휴게소에 도착함 → ⓓ길을 따라 등성이를 돌아 제2 연화봉 북쪽 비탈면에 이름 → ⓔ북쪽 비탈면에 세워진 천문대를 발견함

① ⓐ ② ⓑ ③ ⓒ ④ ⓓ ⑤ ⓔ

2 [가]에서 '키티'는 무엇의 이름인지 3음절로 쓰시오.

3 [가]에서 안네를 비롯한 사람들은 모두 평범한 (　　　　)(으)로 돌아가고 싶어 한다.

4 [나]와 같은 글의 특징으로 적절하지 않은 것은?

① 여행 경로가 구체적으로 나타난다.
② 형식의 제약 없이 자유롭게 쓴 글이다.
③ 여행을 통해 보고 들은 것을 담고 있다.
④ 글쓴이의 느낌과 생각이 개성적으로 드러난다.
⑤ 독자들에게 여행지를 홍보하는 것이 주요 목적이다.

5 [나]를 통해 소백산 천문대의 진입로는 남쪽을 향하고 있음을 알 수 있다. (○ , ×)

6 [나]를 통해 확인할 수 있는 내용으로 알맞은 것은?

① 소백산 천문대의 가격
② 소백산 천문대의 내부 구조
③ 소백산 천문대가 처음으로 관측한 대상
④ 죽령 휴게소부터 소백산 천문대까지 이어진 산길의 거리
⑤ 통신 중계소에서 소백산 천문대까지 가는 데 걸리는 시간

문제 속 낱말 쏙!

- 정서(情緒) : 사람의 마음에 일어나는 여러 가지 감정.
- 제약(制約) : 조건을 붙여 내용을 제한함. 또는 그 조건.

기초 튼튼 핵심 이론

④ 희곡 · 시나리오

✔ '희곡' 이란?

무대 상연을 전제로 꾸며 낸 연극의 대본을 말한다.

1 희곡의 특징

① 등장인물의 갈등을 바탕으로 이야기가 진행된다.

② 서술자의 개입 없이 인물들의 대사와 행동을 통해 사건이 전개된다.

③ 시간, 공간, 인물 수의 제약을 받는다.

④ 무대 위에서 인생을 직접 표현하므로 사건을 현재형으로 제시한다.

2 희곡의 구성단위

막	• 연극의 단락을 세는 단위로, 여러 개의 장이 모여 막을 이룸 • 한 막은 무대의 막이 올랐다가 다시 내릴 때까지임
장	• 막의 하위 단위로, 무대 장면이 변하지 않고 이루어지는 사건의 한 토막임 • 등장인물의 등장 · 퇴장, 조명의 암전으로 구분됨

3 희곡의 구성 요소

해설		첫머리에서 등장인물, 무대 장치, 배경을 설명하는 글
대사	대화	등장인물끼리 주고받는 말
	독백	등장인물이 상대역 없이 혼자 하는 말
	방백	상대역에게는 들리지 않고 관객에게만 들리는 것으로 약속하고 하는 말
지시문(지문)		무대 장치, 효과음, 인물의 행동, 말투 등을 지시하는 글

4 희곡의 구성 단계

(1) **발단** : 인물과 배경이 소개되고 사건이 시작된다.

(2) **전개** : 사건이 전개되고 갈등이 심화된다.

(3) **절정** : 갈등이 최고조에 이르며 극적인 장면이 나타난다.

(4) **하강** : 갈등 해결의 실마리가 보이며 반전이 일어난다.

(5) **대단원** : 갈등이 해소되고 사건이 마무리되며 인물의 운명이 결정된다.

확인 문제

1 희곡에 대한 설명으로 적절하지 않은 것은?

① 현재형으로 표현된다.
② 무대 상연을 전제로 한다.
③ 시간과 공간의 제약을 받는다.
④ 서술자에 의해 이야기가 전개된다.
⑤ 인물들의 대립과 갈등이 드러난다.

2 ㉠과 ㉡에 들어갈 말을 쓰시오.

> 희곡의 구성단위는 (㉠)와/과 (㉡)이다. (㉠)은/는 무대의 막이 올랐다가 다시 내릴 때까지를 이르는 말로, 하위 단위인 (㉡)(으)로 구성된다. (㉡)은/는 무대 장면이 변하지 않고 이루어지는 사건의 한 토막을 가리킨다.

3 다음 설명에 해당하는 희곡의 구성 요소를 각각 쓰시오.

(1) 상대역 없이 혼자 하는 말
(2) 관객에게만 들리는 것으로 약속된 말
(3) 무대 장치, 효과음, 인물의 행동, 말투 등을 지시하는 글

4 희곡의 구성 단계를 잘못 이해한 학생을 쓰시오.

> 수민 : 발단에서는 사건이 시작되는구나.
> 동윤 : 전개에서는 인물의 갈등이 깊어지는구나.
> 수정 : 절정에서는 사건의 반전이 일어나는구나.
> 성아 : 하강에서는 갈등 해결의 실마리가 제시되는구나.
> 혜민 : 대단원에서는 갈등이 해소되는구나.

정답과 해설 14쪽 ▶▶

'시나리오'란?

영화 상영이나 드라마 제작을 전제로 쓴 대본을 말한다.

1 시나리오의 특징

① 장면(Scene)을 단위로 한다.
② 대사와 행동을 통해 인물의 성격이 제시되고 사건이 전개된다.
③ 카메라 촬영을 위해 특수한 용어가 사용된다.
④ 시간, 공간, 인물 수의 제약을 거의 받지 않는다.

2 시나리오의 구성 요소

해설	첫머리에서 등장인물, 장소, 시간 등을 제시한 부분
대사	배우들끼리 주고받는 말이나 혼잣말
지시문(지문)	인물의 행동, 표정, 음향 효과, 카메라의 위치 등을 지시하는 부분
장면 번호	장면의 극 중 순서, 시간의 흐름과 장소의 이동 등을 알리는 표시. 'S#(Scene Number)'로 표시함

3 시나리오의 용어

(1) S#(Scene Number) : 장면 번호
(2) E.(Effect) : 효과음(음향 효과)
(3) Ins.(Insert) : 화면과 화면 사이에 다른 화면을 끼워 넣는 것
(4) O.L.(Overlap) : 하나의 화면이 끝나기 전에 다음 화면이 겹치면서 이전 화면이 점차 사라지게 하는 기법
(5) 몽타주(Montage) : 따로따로 촬영한 화면을 떼어 붙여 편집하는 기법
(6) 내레이션(Narration) : 화면 밖에서 들려오는 설명 형식의 대사
(7) F.I.(Fade-In) : 화면이 처음에 어둡다가 점차 밝아지는 기법
(8) F.O.(Fade-Out) : 화면이 처음에 밝았다가 점차 어두워지는 기법

4 소설, 희곡, 시나리오의 공통점과 차이점

	소설	희곡	시나리오
공통점	① 산문 문학 ③ 대립과 갈등을 본질로 함	② 인생의 진실을 추구 ④ 작가의 상상력으로 꾸며 낸 허구의 문학	
차이점	서술자가 이야기를 전개	등장인물들의 대사와 행동으로 이야기가 전개	
	직접적 심리 묘사 가능	직접적 심리 묘사 불가능	
	단위 없음	막과 장	장면
	시간적, 공간적 제약이 없음	시간적, 공간적 제약을 받음	시간적, 공간적 제약을 거의 받지 않음
	읽히는 것이 목적	무대 상연이 목적	영화 상영이나 드라마 제작이 목적

확인 문제

5 다음은 시나리오에 대한 설명이다. 맞으면 ○, 틀리면 ×를 하시오.
(1) 장면을 단위로 한다. ( )
(2) 시간적, 공간적 제약을 많이 받는다. ( )
(3) 대사와 행동을 통해 인물의 성격이 제시된다. ( )
(4) 영화를 만들어 상영하는 것을 목적으로 한다. ( )

6 다음 설명에 해당하는 시나리오의 구성 요소를 쓰시오.

> 인물의 행동, 표정, 음향 효과, 카메라의 위치 등을 지시하는 부분

7 다음 설명에 알맞은 시나리오 용어를 각각 쓰시오.
(1) 효과음
(2) 장면 번호
(3) 화면 밖에서 들려오는 설명 형식의 대사

8 시나리오와 희곡, 소설의 공통점으로 알맞은 것은?
① 막과 장으로 구성된다.
② 무대 상연을 목적으로 한다.
③ 대립과 갈등을 본질로 한다.
④ 대사와 행동으로 내용이 전개된다.
⑤ 인물의 심리를 서술자가 직접 묘사한다.

선생님, 질문 있어요!
왜 희곡은 시간, 공간, 인물 수의 제약을 받고, 시나리오는 받지 않는다고 하는 거죠? 정답 26쪽

실력 쑥쑥

확인 학습

01 들판에서 _이강백

작가 소개
이강백 (1947~)
극작가. 현대 사회의 모순을 날카롭게 비판하는 희곡을 많이 창작함. 대표작으로는 〈파수꾼〉, 〈알〉, 〈결혼〉 등이 있음

가 등장인물 : 형, 아우, 측량 기사, 조수들, 사람들 장소 : 들판

무대 뒤쪽에 들판의 풍경을 그린 커다란 걸개그림이 걸려 있다. 샛노란 민들레꽃, 빨간 양철 지붕의 집, 한가롭게 풀을 뜯는 젖소들이 동화책의 아름다운 그림을 연상시킨다.

막이 오른다. 형과 아우, 들판에서 그림을 그리고 있다. 형은 무대의 오른쪽에서, 아우는 왼쪽에서 수채화를 그린다. 둘 다 즐거운 표정으로 휘파람을 불거나 노래를 부른다.

▶ 등장인물과 무대 배경 설명, 연극의 시작(발단)

나 아우 : 형님, 나에게 지더니만 심통이 났군요? / 형 : 너는 날 속이고 이겼어!

아우 : 아뇨! 형님이 지금 화를 내는 건 내가 이겼기 때문이에요. 형님은 언제나 이겨야 하고, 동생인 나는 항상 져야 한다! 그게 바로 형님의 고정 관념이죠!

잘 변하지 아니하는, 행동을 주로 결정하는 확고한 의식이나 관념

형 : 미리 경고해 두겠는데, 내 허락 없이는 이쪽으로 넘어오지 마라!

아우 : 그럼 형님도 내 땅에 넘어오지 마요!

▶ 줄넘기 놀이를 하다가 싸우기 시작한 형제(전개)

다 ㉠ 형과 아우, 각자 그림을 그리던 곳으로 돌아가 그림을 그린다. 맑았던 하늘이 흐려지고, 바람이 세게 불어온다.

형 : 바람이 거칠게 불어오는군. / 아우 : 하늘이 점점 흐려지고 있어.

▶ 상대가 먼저 화해를 청할 때까지 기다리는 형제(전개)

라 조수 2, 형이 쥐고 있는 장총의 방아쇠를 당긴다. 요란한 총소리가 울려 퍼진다. 벽 너머의 아우, 그 소리에 놀라 몸을 움츠리더니 허공을 향해 위협사격을 한다. 놀란 형 역시 반사적으로 총을 쏘아 댄다. 하늘에서 번개가 치고 천둥소리가 울린다.

▶ 측량 기사의 계략에 속아 서로에게 총을 쏘는 형제(절정)

마 측량 기사, 퇴장한다. 번개가 치고 천둥이 울리면서 비가 쏟아진다. 형과 아우, 비를 맞으며 벽을 지킨다. 긴장한 모습으로 경계하면서 벽 앞을 오고 간다. ㉡ 그러다 차츰차츰 걸음이 느려지더니, 벽을 사이에 두고 멈춰 선다.

형 : 어쩌다가 이런 꼴이 된 걸까! 아름답던 들판은 거의 다 빼앗기고, 나 혼자 벽 앞에 있어.

아우 : 내가 왜 이렇게 됐지? 비를 맞으며 벽을 지키고 있다니…….

형 : 저 요란한 천둥소리! 부모님께서 날 꾸짖는 거야!

아우 : 빗물이 눈물처럼 느껴져!

형과 아우, 탄식하면서 나누어진 들판을 바라본다.

▶ 형제는 나누어진 들판을 보며 서로 후회하고 반성함(하강)

원통하거나 뉘우칠 일이 있어 한숨을 쉼

바 형 : 들판에는 아직도 민들레꽃이 피어 있군! (총을 내려놓고 허리를 숙여 발밑의 민들레꽃을 바라본다.) 우리가 언제나 다정히 지내기로 맹세했던 이 꽃…….

아우 : 형님과 내가 믿을 수 있는 건 무엇일까? 그것이 단 하나라도 남아 있다면 좋을 텐데……. 그렇구나, 민들레꽃이 남아 있어! (총을 내던지고, 민들레꽃을 꺾어 든다.)

▶ 민들레꽃을 보며 화해를 생각하는 형제(하강)

사 아우 : 형님, 내 말 들려요?

형 : 들린다, 들려! 너도 내 말 들리냐? / 아우 : 들려요!

형 : ㉢ 우리, 벽을 허물기로 하자! / 아우 : 네, 그래요. 우리 함께 빨리 벽을 허물어요!

▶ 벽을 허물고 우애를 회복하는 형제(대단원)

알맹이 콕콕

- 갈래 희곡(단막극)
- 성격 상징적, 교훈적, ❶□□적
- 제재 형제간의 ❷□□과 ❸□□
- 주제 표면적 : 형제가 마음의 벽을 넘어 갈등을 극복하고 우애를 회복함
  이면적 : 남북 분단의 현실과 이를 극복하려는 의지
- 특징 ① 간결하고 압축적인 대사와 상징적인 소재들이 사용됨
  ② 형제간의 갈등을 통해 우리 나라의 분단 현실을 표현함
  ③ ❹□□의 변화를 통해 사건의 전개 과정을 암시함

전체 줄거리

발단 우애 좋은 형제가 사는 들판에 측량 기사와 두 조수가 나타난다.

전개 측량 기사는 형제간의 갈등을 부추겨 땅을 빼앗으려고 한다.

절정 형제는 측량 기사의 계략에 속아 서로를 향해 총을 쏜다.

하강 형제는 벽을 사이에 두고 나누어진 들판을 바라보며 후회하고 반성한다.

대단원 형제는 민들레꽃을 통해 갈등을 극복하고 우애를 회복한다.

핵심 이론 확인 문제

1 이 글은 '발단 – 전개 – 위기 – 절정 – 결말'로 구성된다. (○ , ×)

2 이 글에서 연극의 시작을 알리는 말을 찾아 2어절로 쓰시오.

3 이 글에 대한 설명으로 알맞지 않은 것은?

① 갈등을 야기시키는 인물이 등장하고 있다.
② 갈등 과정을 반어적이고 상징적으로 드러내고 있다.
③ 상징적인 소재를 통해 글쓴이의 의도를 드러내고 있다.
④ 형제의 대립과 화해를 통해 민족의 화합을 소망하고 있다.
⑤ 인물의 성격과 사건의 진행을 대사와 지시문으로 드러내고 있다.

정답과 해설 14쪽 ▶▶

희곡의 특징 이해

1 이와 같은 글에 대한 설명으로 적절하지 않은 것은?

① 사건을 현재형으로 제시한다.
② 인물 간의 대립과 갈등이 드러난다.
③ 막과 장을 구성단위로 하는 문학이다.
④ 등장인물들의 대사와 행동으로 사건이 전개된다.
⑤ 공간의 제약이 거의 없어서 장면 전환이 자유롭다.

희곡의 구성 요소 이해

2 희곡의 구성 요소 중 ㉠에 대한 설명으로 알맞은 것은?

① 등장인물끼리 주고받는 말이다.
② 등장인물이 상대방 없이 혼자 하는 말이다.
③ 등장인물의 행동, 표정, 말투 등을 지시한다.
④ 첫머리에서 등장인물, 무대 장치, 배경을 설명한다.
⑤ 상대역에게 들리지 않고 관객에게만 들리는 것으로 약속하고 하는 말이다.

희곡의 구성 단계 파악

3 [마]~[바]의 구성 단계에 대한 설명으로 알맞은 것은?

① 인물과 배경을 소개한다.
② 갈등 해결의 실마리가 보인다.
③ 갈등이 해소되고 사건이 마무리된다.
④ 사건이 전개되고 인물 간의 갈등이 심화된다.
⑤ 갈등이 최고조에 이르며 극적인 장면이 나타난다.

희곡과 다른 갈래와의 특징 비교

4 [바]와 〈보기〉의 차이점을 설명한 것으로 알맞은 것은?

보기

들판에 피어 있는 민들레꽃을 발견한 형은 총을 내려놓고 발밑의 민들레꽃을 쳐다보았다. 그리고 아우와 함께 민들레꽃을 바라보며 언제나 다정히 지내기로 맹세했던 지난날을 떠올렸다. 한편, 아우는 "형님과 내가 믿을 수 있는 건 무엇일까? 그것이 단 하나라도 남아 있다면 좋을 텐데……."라고 안타까워하다가, 민들레꽃이 생각나자 총을 내던지고 들판의 민들레꽃을 꺾어 들었다.

① 〈보기〉는 [바]와 달리 무대 상연을 *전제로 한다.
② 〈보기〉는 [바]와 달리 등장인물 수에 제약이 있다.
③ [바]는 〈보기〉와 달리 인물들의 갈등이 두드러진다.
④ 〈보기〉는 [바]와 달리 직접적인 심리 묘사를 하고 있다.
⑤ [바]는 〈보기〉와 달리 서술자가 사건을 이끌어 가고 있다.

4 [나]~[라]에 나타난 형제의 심리로 알맞지 않은 것은?

① 분노　② 증오
③ 연민　④ 배신감
⑤ 불안감

5 이 글에서 분단된 우리 조국을 상징적으로 나타내는 말을 찾아 2어절로 쓰시오.

6 ㉡의 역할로 가장 알맞은 것은?

① 갈등의 발전
② 갈등의 심화
③ 갈등의 계기
④ 갈등의 최고조
⑤ 갈등의 양상 변화

7 이 글에서 다음 설명에 해당하는 소재를 찾아 한 단어로 쓰시오.

• 형제간의 우애의 증표
• 형제간 갈등 해소의 실마리

8 ㉢의 의미로 알맞지 않은 것은?

① 분단 극복 의지
② 외세 *정벌 의지
③ 형제의 갈등 극복
④ 통일에 대한 의지
⑤ 형제간의 화해와 용서

문제 속 낱말 쏙!

• **전제(前提)** : 어떠한 사물이나 현상을 이루기 위하여 먼저 내세우는 것.
• **정벌(征伐)** : 적 또는 죄 있는 무리를 무력으로써 침.

실력 쑥쑥 확인 학습

02 반올림 - 유리 구두를 찾아서 _홍진아 · 홍자람

작가 소개

홍진아·홍자람
자매 사이인 드라마 작가 팀. 우리 주변에 있을 법한 평범한 소시민들의 가슴 따뜻한 이야기들을 많이 씀. 대표작으로 〈오버 더 레인보우〉, 〈베토벤 바이러스〉 등이 있음

가 ㉠S# 8. 집 앞마당(아침)

옥림 : (단호한 말투로) 침대 사 줘.

옥림 : (따라가며) 나도 침대 사 줘. 안 그럼 나 학교 안 가!

엄마 : (쓰레기만 버리며) 아이고, 겁나라. (빗자루로 주변 쓴다.)

옥림 : (따라다니며) 침대 하림이도 있고 언니도 있는데 왜 나만 없어? 왜, 왜! 언니 일주일에 한 번씩 떨어지는 거 알아? 그것 때문에 나 만날 자다가 깬단 말야! 한번 깨면 잠도 못 자고, 내 나이에 잠이 얼마나 중요한지 알기나 해?

엄마 : (들은 척도 안 한다. 주변만 쓸며) 넌 낮잠으로 다 보충하니까 걱정 안 해도 돼.

옥림 : (씩씩거리며) 엄만 나만 미워하고! / 엄마, 멈칫하더니 옥림을 본다.

옥림 : 언닌 장녀라고 예뻐하고, 하림인 남자라고 예뻐하고, 나만 만날 뭐냐고! 이름도 예림이 하림이 다 예쁜데 나만 옥림이고, 침대랑 컴퓨터도 언니랑 하림이 다 있는데 나만 없고! 엄만 만날 나만 미워해, 나만!

▶ 옥림이 엄마에게 침대를 사 달라고 조름(발단)

나 S# 27. 병실(밤)

가습기를 정통으로 맞고 있는 옥림, 수증기가 방울방울 얼굴에 맺혀 있다.

엄마 : (옥림을 보고) 옥림아, 정신 들어? 괜찮아?

옥림 : (주위를 둘러보며) 나 안 죽었지? 그렇지? 죽은 거 아니지?

엄마 : (멍해서 보다가, 타박하며) 그럼, 죽었으면 했어?

둘러보던 옥림, 위 보면 수혈받고 있다.

옥림 : 저거 뭐야?

엄마 : (타박 조로) 빈혈이란다. ⓐ계집애가, 아프면 아프다고 말이나 할 것이지. 네 언니 빈혈 약 먹는 거 못 봤어? 왜 그거 좀 달란 말을 못 해? (중략)

(타박: 허물이나 결함을 나무라거나 핀잔함)

링거 대 밀고 문 쪽으로 가는 옥림, 살짝 고개를 빼서 복도를 내다본다.

엘리베이터 앞, 기다리며 서 있는 엄마. 말짱해 보인다. 긴가민가해서 보는 옥림. 멀리 서 있는 엄마, 살짝 눈초리에 맺힌 눈물을 닦는다. 그 모습을 보는 옥림.

㉡내레이션 : 아까 한 말을 수정해야겠다. 엄마랑 나랑 닮은 점이 하나 있긴 하다. 좋아하는 사람한테 티 안 내는 거. 오히려 퉁명스럽게 대하는 거.

▶ 빈혈로 쓰러진 옥림은 엄마의 눈물을 보고 자신이 사랑받고 있음을 깨달음(하강)

다 S# 29. 몽타주(낮)

내레이션 : 동화는 깨졌다. 엄마 아빠도 자식을 편애할 수 있고, 난 여전히 재투성이 둘째다. 그게 현실이다.

식탁. 가족들 둘러앉아 식사하고 있다. 수저 놓고 심호흡하는 옥림, 단호해 보이는 얼굴.

내레이션 : ⓑ유리 구두가 없다면, 만들면 된다. 나만의 방식으로!

옥림 : (심호흡을 하고, 결심한 듯, 단호한 표정으로) 엄마! 나 컴퓨터 사 줘!

▶ 옥림은 엄마의 마음을 이해하고 스스로 행복을 찾아 나서기로 함(대단원)

알맹이 콕콕

- 갈래 시나리오(드라마 대본)
- 성격 상징적, 교훈적, 희극적
- 제재 ❶□ □□을/를 둘러싼 엄마와 옥림의 갈등
- 주제 새 침대로 인한 옥림과 엄마 간의 갈등과 그 해결 과정을 통해 알게 된 엄마의 ❷□□
- 특징 ① 성장기 청소년의 심리 상태를 잘 표현하고 있음
  ② 청소년을 주 시청 대상으로 한 드라마의 대본으로, 옥림이 엄마의 사랑을 깨닫게 되기까지의 과정을 섬세하게 보여 줌
  ③ ❸□□□□을/를 통해 옥림의 내적 독백을 들려줌

전체 줄거리

발단 세 남매 중 둘째인 옥림은 엄마에게 자신도 언니나 동생처럼 침대를 사 달라고 조른다.

전개 옥림은 가구점에서 엄마가 언니의 침대만을 새로 사 주고, 자신은 언니가 쓰던 침대를 쓰게 되자 화가 난다.

절정 말을 듣지 않는 옥림과 이에 화가 난 엄마는 서로 갈등이 깊어진다.

하강 빈혈로 쓰러진 옥림의 모습에 엄마가 눈물을 흘리자, 옥림은 자신이 사랑받고 있음을 깨닫는다.

대단원 옥림은 자신의 침대를 갖게 되고, 엄마의 마음을 이해하게 된다.

핵심 이론 확인 문제

1 이 글은 드라마 제작을 목적으로 쓴 대본이다. (○ , ×)

2 [가]의 구성 단계상의 특징으로 알맞은 것은?
① 새로운 갈등이 시작된다.
② 사건의 반전이 일어난다.
③ 인물의 운명이 결정된다.
④ 갈등이 최고조에 이른다.
⑤ 사건 해결의 실마리가 제시된다.

정답과 해설 14쪽 ▶▶

시나리오의 특징 파악

1 **이와 같은 글의 특징으로 적절하지 <u>않은</u> 것은? (정답 2개)**

① 장면을 단위로 구성된다.
② 영화나 드라마 제작을 전제로 한다.
③ 카메라 촬영을 위해 특수한 용어를 사용한다.
④ 인물 수에는 제약이 없으나 시간적 제약은 많다.
⑤ 극적 효과를 위해 운율이 있는 말로 압축해서 표현한다.

다른 갈래와의 공통점

2 **이 글과 〈보기〉의 공통점으로 알맞은 것은?**

보기

제2막 1장

오전 열 시경. 하주는 전화 앞에 다가앉았고 우 씨와 달지는 툇마루에 걸터앉았다. 이따금 다다미방에서 코고는 소리. 누가 자고 있는 모양이다.

우 씨 : (달지에게) 자넨 학생 때부텀 여러 번 드나들었으니 잘 알겠구먼.
송달지 : 뭐, 밖에서 생각하기보담은 편하죠.

① 동일한 구성단위를 사용한다.
② 한 번의 공연으로 끝나기도 한다.
③ 대사와 행동을 통해 인물들의 심리를 표현한다.
④ 작가가 꾸며 낸 허구의 문학으로 진실성은 중요하지 않다.
⑤ 공간적 제약을 극복하기 위해 여러 가지 장치를 이용한다.

시나리오의 구성 요소와 그 역할 이해

3 **㉠의 역할에 대한 설명으로 알맞은 것은?**

① 등장인물과 배경을 제시한다.
② 장면의 극 중 순서나 전환을 나타낸다.
③ 인물의 행동, 표정, 말투 등을 지시한다.
④ 인물의 성격을 제시하고 사건을 진행한다.
⑤ 조명, 음향 효과와 카메라의 위치를 지시한다.

시나리오의 구성 요소와 그 역할 이해

4 **이 글에서 ㉡의 역할로 알맞은 것은?**

① 인물의 행동을 지시한다.
② 작가의 생각을 직접 전달한다.
③ 다음에 일어날 사건을 암시한다.
④ 사건의 내용과 인물의 생각을 알려 준다.
⑤ 인물들 사이의 갈등 해결 방법을 제시한다.

3 [가]와 [나]에 나타난 옥림의 심리가 바르게 연결된 것은?

	[가]	[나]
①	부러움	슬픔
②	실망함	미안함
③	기대감	행복함
④	서운함	화가 풀림
⑤	화가 남	안타까움

4 옥림과 엄마의 갈등이 해소되는 계기가 된 구체적인 소재를 찾아 2음절로 쓰시오.

5 희곡과 비교할 때, 이 글이 갖는 가장 큰 차이점은 무엇인가?

① 현재형 문장으로 서술된다.
② 서술자가 등장하지 않는다.
③ 시간과 공간의 제약이 적다.
④ 대사와 지시문으로 구성된다.
⑤ 갈등과 대립을 바탕으로 이야기가 전개된다.

6 ⓐ를 통해 알 수 있는 내용으로 알맞지 <u>않은</u> 것은?

① 엄마는 •다정다감한 성격이다.
② 엄마는 옥림의 건강을 걱정하고 있다.
③ 엄마는 옥림이 아파서 속상해하고 있다.
④ 엄마는 자신의 마음을 표현하지 못하고 있다.
⑤ 엄마는 딸 앞에서 강한 모습을 보이고 싶어 한다.

7 ⓑ에 담긴 의미를 15자 내외로 서술하시오.

문제 속 낱말 쏙!

• 다정다감하다(多情多感--) : 정이 많고 감정이 풍부하다.

Ⅱ 비문학

비문학은 사실적이고 논리적인 언어로 글쓴이의 의도를 전달하는 글입니다.
글쓴이는 독자에게 정보를 전달하기도 하고, 독자를 설득하기도 합니다.
이 단원에서는 설명문, 논설문, 건의문의 특성을 파악하고,
글쓴이가 글을 효과적으로 전개하기 위해 사용하는 전략들을 알아봅니다.

❶ 설명하는 글

기초 튼튼 핵심 이론

실력 쑥쑥 확인 학습

01 명절의 유래

02 음식의 팔방미인, 소금

03 동물들의 의사소통

04 천 년을 가는 한지의 비밀

❷ 설득하는 글

기초 튼튼 핵심 이론

실력 쑥쑥 확인 학습

01 도시에서 농사를 짓자

02 누가 별들을 훔쳐 갔나

03 신문과 진실

04 능력에 따라 인재를 뽑아 주시옵소서

기초 튼튼

핵심 이론 ① 설명하는 글

‘설명문’ 이란?

정보 전달을 목적으로 하여, 어떤 대상에 대한 지식이나 정보 등을 독자들이 이해하기 쉽도록 체계적으로 풀어 쓴 글을 말한다.

1 설명문의 특징

(1) **객관성** : 글쓴이의 개인적인 의견을 피하고 사실을 객관적으로 전달한다.

(2) **사실성** : 정확한 지식이나 정보를 사실에 근거하여 전달한다.

(3) **명료성** : 뜻이 분명하게 전달되도록 문장을 정확하고 간결하게 쓴다.

(4) **평이성** : 독자들이 잘 이해할 수 있도록 쉬운 표현을 사용한다.

(5) **체계성** : 일정한 순서에 따라 내용을 짜임새 있게 구성한다.

2 설명문의 구성

처음(머리말)		중간(본문)		끝(맺음말)
• 독자의 관심 유도 • 글을 쓰게 된 동기 또는 목적 제시 • 설명할 대상 소개	⇨	대상에 대한 구체적인 설명	⇨	중간에서 설명한 내용을 간단하게 요약 및 정리, 마무리

3 설명문을 쓰는 과정

계획하기	설명 대상과 목적, 주제를 정하고 예상 독자 분석하기
정보 수집하기	다양한 매체를 이용해 정보 수집하기
내용 선정하기	• 수집된 정보 중에서 주제에 맞는 내용 선정하기 • 출처가 분명하고 정확한 내용인지 확인하기
내용 조직하기	• 선정한 내용을 바탕으로 개요 작성하기 • ‘처음 – 중간 – 끝’의 3단 구성으로 짜임새 있게 조직하기
표현하기	하나의 주제를 갖도록 통일성을 갖추어 쓰기
고쳐쓰기	단어, 문장, 문단, 글 전체 수준에서 통일성을 고려하여 고쳐 쓰기

4 설명문을 쓸 때의 유의 사항

• 대상의 성격에 맞는 설명 방법을 적절히 활용한다.

• 독자가 이해하기 쉽도록 간결하고 명확한 문장으로 쓴다.

• 글의 중심 내용이 잘 드러나도록 통일성 있게 글을 쓴다.

• 주관적 판단이나 느낌이 아닌 객관적 정보와 사실을 전달한다.

• 글을 쓰는 과정에서 참고한 자료의 출처를 밝힌다.

확인 문제

1 설명문의 주된 목적으로 알맞은 것은?

① 설득하기
② 정보 전달하기
③ 정서 표현하기
④ 감동 전달하기
⑤ 친근감 표현하기

2 설명문의 일반적인 특징이 아닌 것은?

① 내용을 분명하게 설명한다.
② 사실을 정확하게 설명한다.
③ 객관적인 입장에서 설명한다.
④ 간결하고 쉬운 문장으로 설명한다.
⑤ 정해진 순서 없이 생각의 흐름대로 설명한다.

3 설명문의 구성 단계 중 ‘중간(본문)’에 대한 설명으로 가장 알맞은 것은?

① 설명 대상을 소개한다.
② 독자의 흥미를 유발한다.
③ 대상을 구체적으로 설명한다.
④ 글을 쓰게 된 동기를 제시한다.
⑤ 앞에서 설명한 내용을 요약하고 정리한다.

4 설명문을 쓰는 과정에서 가장 먼저 해야 할 일은?

① 정보 수집하기
② 글의 개요 작성하기
③ 설명할 대상 선정하기
④ 정보의 출처 확인하기
⑤ 불필요한 문장 삭제하기

정답과 해설 15쪽 ▶▶

5 설명 방법

(1) **정의** : 어떤 말이나 대상의 뜻을 명확하게 풀이하여 설명하는 방법으로, 대개 '무엇은 무엇이다.'의 형태로 나타난다.

예 씨름은 모래판에서 두 사람이 서로의 샅바를 붙잡고 겨루는 경기이다.

(2) **예시** : 어떤 일이나 현상에 대하여 독자에게 구체적이고 친근한 예를 들어 설명하는 방법이다.

예 우리 조상들은 설날에 다양한 놀이를 즐겼다. 윷놀이, 연날리기 등은 설날에 하는 대표적인 놀이이다.

(3) **비교** : 둘 이상의 각기 다른 대상을 견주어 공통점이나 유사점을 밝혀내는 설명 방법이다.

예 문어와 오징어는 둘 다 위급한 상황에 처하면 먹물을 뿌려 적을 위협한다.

(4) **대조** : 둘 이상의 각기 다른 대상을 견주어 차이점을 밝혀내는 설명 방법이다.

예 철새는 계절에 따라 이리저리 옮겨 다니며 살지만 텃새는 계절이 바뀌어도 거의 한 지방에서만 산다.

(5) **분류** : 어떤 대상을 일정한 기준에 따라 더 큰 대상으로 묶어서 설명하는 방법이다.

예 개, 고양이, 토끼 등은 포유류에 속한다.

(6) **구분** : 어떤 대상을 일정한 기준에 따라 더 작은 대상으로 나누어 설명하는 방법이다.

예 시는 형식에 따라 정형시, 자유시, 산문시로 나눌 수 있다.

(7) **인과** : 어떤 결과의 원인을 밝히거나 어떤 원인 때문에 일어난 결과를 설명하는 방법이다.

예 지구의 기온이 점차 상승하면서 남극과 북극의 빙하가 녹고 있다.

(8) **분석** : 하나의 사물이나 사실을 그 구성 요소나 역할에 따라 나누어 자세히 풀이하는 설명 방법이다.

예 혈액은 적혈구, 백혈구, 혈장 등으로 구성되어 있다.

'분류'와 '구분', '분석'의 차이점을 알아보자.

'분류'는 하위 개념인 것들을 같은 종류로 묶어 보다 상위 개념을 만들어 내는 것이고, '구분'은 상위 개념을 하위 개념으로 나누어 가는 것이다. '분석'은 하나의 사물을 여러 부분으로 나누어 설명하는 것으로, 나뉜 요소를 모두 모으면 다시 하나의 사물이 된다.

6 설명문을 읽는 방법

- 설명하려는 대상과 글의 전체적인 구성을 파악한다.
- 지시어와 접속어 등에 유의하며 내용의 흐름을 파악한다.
- 각 문단의 핵심어와 중심 문장을 찾아 중심 내용을 파악한다.
- 각 문단의 중심 내용을 바탕으로 글쓴이가 말하고자 하는 바를 파악한다.
- 글쓴이가 대상을 효과적으로 설명하기 위해 사용한 설명 방법을 파악한다.

확인 문제

5 다음에 사용된 설명 방법을 각각 쓰시오.

(1) 국가에서 공용어로 정한 말을 표준어라고 한다.
(2) 환절기에는 우리 몸의 면역력이 떨어지기 때문에 감기에 걸리기 쉽다.
(3) 도시는 인구가 점점 증가하는 반면 농촌은 인구가 점점 감소하고 있다.

6 다음에 사용된 설명 방법으로 알맞은 것은? (정답 2개)

> 우리나라에는 다양한 발효 식품이 발달되어 있다. 대표적인 발효 식품으로 된장을 들 수 있다. 된장은 메주로 장을 담근 뒤에 장물을 떠내고 남은 건더기로 만든 장을 말한다.

① 정의 ② 예시
③ 비교 ④ 대조
⑤ 인과

7 어떤 대상을 일정한 기준에 따라 더 큰 대상으로 묶어서 설명하는 방법을 무엇이라고 하는지 쓰시오.

8 설명문을 읽는 방법으로 알맞지 않은 것은?

① 글이 설명하는 대상을 파악하며 읽는다.
② 각 문단의 중심 내용을 파악하며 읽는다.
③ 지시어와 접속어 등에 유의하며 읽는다.
④ 문단 간의 연결 관계와 글의 구성을 파악하며 읽는다.
⑤ 글쓴이가 제시한 주장과 근거의 타당성을 판단하며 읽는다.

선생님, 질문 있어요!

우리 주변에서 볼 수 있는 설명문에는 어떤 것이 있나요?

정답 26쪽

실력 쑥쑥

확인 학습

01 명절의 유래

가 명절이란 해마다 일정하게 지키어 즐기거나 기념하는 날을 말한다. 우리 조상들이 지켜 온 설날, 한식, 단오, 추석과 같은 명절의 유래에 대해 알아보자. ▶ 명절의 개념과 화제 제시

나 설날은 한 해가 시작되는 날로, 음력 1월 1일이다. 설날은 우리 민족의 최대 명절로 여겨지는데, 우리 민족이 언제부터 설날을 기렸는지에 대해서는 정확하게 알 수 없다. (㉠) 신라인들이 원일(元日)의 아침에 서로 하례하며 왕이 잔치를 베풀어 군신을 모아 회연하고, 이날 일월신에게 제사를 지냈다는 기록이 있다. 또 신라에서는 제36대 혜공왕(765~780년) 때에 오묘(五廟 : 태종왕, 문무왕, 미추왕, 혜공왕의 조부와 부)를 제정하고 1년에 6회씩 성대하고도 깨끗한 제사를 지냈다고 하는데, 정월 2일과 정월 5일이 여기에 포함되어 있는 것으로 보아 이미 설날의 풍속이 형성되었음을 추측할 수 있다. ▶ 설날의 개념과 유래

하례: 축하하여 예를 차림
회연: 여러 사람이 모여서 잔치를 베풂

다 한식은 동지로부터 105일째 되는 날로, 글자 자의대로 더운 음식을 피하고 찬 음식을 먹어야 한다는 속신(俗信)이 있다. 한식의 유래에 대해 중국에서는 두 가지 설이 전해 온다. 하나는 이날이 비바람이 심하여 불을 금하고 찬밥을 먹는 습관에서 유래했다는 설이고, 다른 하나는 개자추 전설(介子推傳說)에서 유래했다는 설이다. 그 내용은 다음과 같다.

자의: 글자의 뜻
속신: 민간에서 행하는 미신적인 신앙 관습

"중국 진(晉)나라 충신 개자추(介子推)가 간신에게 몰려서 면산(綿山)에 가서 숨어 있었는데, 진 문공(文公)이 개자추의 충성을 알고 불렀으나 나오지 않았다. 도리 없이 면산에 불을 놓았으나 개자추는 나오지 않고 불에 타서 죽고 말았다. 그 후부터 그를 애도하는 뜻에서 이날은 불을 쓰지 않기로 하고, 찬 음식을 먹었다." ▶ 한식의 개념과 유래

라 단오의 '단(端)' 자는 첫 번째를 뜻하고, '오(午)'는 다섯의 뜻으로 통하므로 단오는 '초닷새'를 뜻한다. 단오의 유래는 중국 초나라 회왕(懷王) 때에 비롯되었다고 전한다. 굴원(屈原)이라는 신하가 간신들의 모함에 자신의 지조를 보이기 위하여 멱라수(汨羅水)에 몸을 던져 스스로 목숨을 끊었는데, 그날이 5월 5일이었다. 그 후 해마다 굴원을 위하여 제사를 지내게 되었는데, 이것이 우리나라에 전래되어 단오가 되었다고 한다. ▶ 단오의 개념과 유래

마 추석은 우리나라 4대 명절의 하나로 한가위, 중추절(仲秋節) 또는 중추가절(仲秋佳節)이라고 하며 음력 8월 15일이다. 한가위의 기원에 대해서는 《삼국사기》에 잘 나타나 있다. "신라 제3대 유리왕 9년(서기32년)에 왕이 6부를 정하고 왕녀 두 사람으로 하여금 각각 부내(部內)의 여자들을 거느리게 하여 두 패로 가른 뒤, 편을 짜서 7월 16일부터 날마다 6부의 뜰에 모여 길쌈을 하는데, 밤늦게야 일을 파하고 8월 15일에 이르러 그 공이 많고 적음을 살펴 가지고 지는 편은 술과 밥을 장만하여 이긴 편에게 사례하고, 이에 온갖 유희가 일어나니 이를 가배(嘉俳)라 한다."라고 기록되어 있다. ▶ 추석의 개념과 유래

부내: 부(部) 단위로 구분한 6개 행정 구역 안
길쌈: 실을 내어 옷감을 짜는 일

알맹이 콕콕

- 갈래 설명문
- 성격 객관적, 사실적
- 제재 명절
- 주제 명절의 개념과 유래

핵심 이론 확인 문제

1 [가]에서 이 글의 주된 설명 대상을 찾아 2어절로 쓰시오.

2 [가]~[마]에 나타난 우리나라의 명절을 모두 쓰시오.

3 설날, 한식, 단오, 추석 등 우리나라의 4대 명절은 모두 중국에서 전래되었다. (○, ×)

4 [가]~[마] 중, 글을 쓰는 목적과 대상을 소개하고 있는 단락은?

① [가] ② [나] ③ [다] ④ [라] ⑤ [마]

5 '처음 – 중간 – 끝'이라는 설명문의 구성 중 이 글에서 찾을 수 없는 부분을 쓰시오.

설명문의 특징 파악

1 **이와 같은 글의 특징으로 볼 수 없는 것은?**

① 사실성　② 타당성　③ 객관성
④ 명료성　⑤ 체계성

설명문의 구성 단계 파악

2 **[가]~[마] 중, 구성 단계가 다른 하나는?**

① [가]　② [나]　③ [다]
④ [라]　⑤ [마]

설명의 방법 파악

3 **[가]~[마]에 대한 설명으로 알맞지 않은 것은?**

① [가] : 설명하고자 하는 대상을 소개하고 있다.
② [나] : 설날의 기원을 정확히 밝히고 있다.
③ [다] : 한식과 관련한 두 가지 설을 소개하고 있다.
④ [라] : 단오와 관련한 중국 •고사를 밝히고 있다.
⑤ [마] : 추석과 관련한 《삼국사기》의 기록을 소개하고 있다.

설명문에 사용된 접속어 파악

4 **㉠에 들어갈 알맞은 접속어는?**

① 그리고　② 따라서　③ 그러나
④ 그리하여　⑤ 왜냐하면

설명문 쓰는 방법 파악

5 **이와 같은 글을 쓰는 방법으로 적절하지 않은 것은?**

① 설명할 대상을 정하고 예상 독자에 대해 분석한다.
② 사실에 근거하여 내용을 알기 쉽고 정확하게 표현한다.
③ 단어, 문장, 문단, 구성, 글 전체 수준에서 여러 번 고쳐 쓴다.
④ 주제와 관련된 자료를 선정하여 이를 바탕으로 내용을 조직한다.
⑤ 내용의 통일성을 위해 되도록 한 가지 매체에서 자료를 수집한다.

6 [나]에서 알 수 있는 내용으로 적절하지 않은 것은?

① 설날은 신라 시대에 생긴 명절이다.
② 한 해가 시작되는 날을 '설날'이라고 한다.
③ 설날은 우리 민족 최대의 명절로 여겨진다.
④ 신라의 혜공왕은 1년에 6번씩 조상에게 제사를 지냈다.
⑤ 설날에 제사를 지내는 풍속은 신라 때 이미 형성되어 있었다.

7 더운 음식을 피하고 찬 음식을 먹는 풍습이 전해 내려오는 명절의 이름을 쓰시오.

8 [다]에서 알 수 있는 내용으로 적절하지 않은 것은?

① 한식은 동지로부터 105일째 되는 날이다.
② 한식은 중국에서 그 유래를 찾을 수 있다.
③ 한식은 개자추 전설에서 유래했다는 설이 있다.
④ 오늘날 한식은 개자추의 지조를 기리기 위한 명절이다.
⑤ 한식 유래의 두 가지 설은 모두 불을 금한다는 공통점이 있다.

문제 속 낱말 쏙!

- **전래(傳來)** : 외국에서 전하여 들어옴.
- **고사(故事)** : 유래가 있는 옛날의 일. 또는 그런 일을 표현한 어구.

실력 쑥쑥 확인 학습

02 음식의 팔방미인, 소금 _김정훈

가 소금의 핵심 역할은 두말할 것 없이 짠맛을 내는 것이다. 소금의 나트륨 이온(전하를 띠는 원자 또는 원자단)(Na+)이 혀의 짠맛 수용체(세포 기능에 변화를 일으키는 물질)에 닿는 순간 우리는 짠맛을 느낀다. 짠맛 수용체는 혀에 있는 감각 수용체의 일종으로 짠맛을 느끼게 해 준다. 나트륨 이온의 농도가 적당하면 입맛을 다시지만 지나치면 불쾌감으로 바뀐다. 음식에 간을 맞춘다는 것이 바로 이 의미다. 하지만 소금의 역할은 여기에 그치지 않는다. 생선 요리를 통해 음식에 뿌린 소금의 역할에 대해 알아보자.

▶ 소금의 핵심 역할

나 먼저 생선을 손질하자. 생선은 특유의 비린내가 있어 먹기 힘든데, 소금은 비린내를 줄여 준다. 소금을 뿌리면 비린내를 내는 주성분인 '트리메틸아민'이 생선 살 밖으로 빠져나온다. ㉠이렇게 소금을 뿌려 비린내를 제거한 음식을 '자반'이라고 부른다. 우리 식탁에 가장 많이 등장하는 고등어자반이 대표적이다.

▶ 생선 손질 단계에서의 소금의 역할

다 생선 손질이 끝났으면 요리를 해 보자. 생선에 열을 가하면 근육을 이루는 단백질인 액틴과 미오신이 각각 45℃와 50~60℃에서 응고되는데, 소금은 이 반응이 빨리 일어나도록 돕는다. 단백질이 빨리 응고(액체 따위가 엉겨서 뭉쳐 딱딱하게 굳어짐)되면 왜 좋을까? 생선은 물에 살기 때문에 육류에 비해 살이 부드러워서 요리할 때 살이 쉽게 부서지는 약점이 있다. 그런데 소금이 가미(음식에 양념이나 식료품을 더 넣어 맛이 나게 함)되면 빠른 시간에 조리가 가능하므로 살이 부서지는 것을 막을 수 있다.

▶ 요리 단계에서의 소금의 역할

라 요리를 마쳤으니 이제 요리 도구를 정리해야 한다. 시장에서 상인들이 생선을 다듬은 후 지저분해진 도마에 굵은 소금을 좍 뿌리고 닦아 내는 것을 보았을 것이다. 도마에 낀 이물질은 대부분 단백질인데 소금이 이를 굳혀 쉽게 떨어져 나가도록 하며, 미생물(눈으로 볼 수 없는 아주 작은 생물)의 번식도 막으니 [㉡]이다.

▶ 정리 단계에서의 소금의 역할

마 이러한 소금의 역할을 잘 알고 우리 생활에 적절하게 이용한다면 맛있는 음식을 먹을 수 있으며, 위생적인 식생활을 할 수 있을 것이다. 그러나 소금의 많은 유익에도 불구하고 지나치게 많이 먹으면 몸에 해롭다. 세계 보건 기구(WHO)가 정한 일일 소금 섭취 권장량은 5g인데, 우리나라 사람들은 하루 권장량의 2배가 넘는 12.5g을 섭취하는 것으로 나타나 소금 섭취를 줄일 필요가 있다. 자극적이지 않은 적절한 양의 소금을 사용해서 우리 혀가 더 민감해진다면, 지금보다 훨씬 더 많은 맛을 기분 좋게 즐기게 될 것이다.

▶ 소금의 유용성과 적당한 섭취의 필요성

알맹이 콕콕

- 갈래 설명문
- 성격 객관적, 체계적, 해설적
- 제재 소금의 다양한 역할
- 주제 소금의 다양한 역할을 알고, 적절한 양의 소금 사용하기

핵심 이론 확인 문제

1 이 글은 소금의 (   )을/를 소개하는 글이다.

2 [가]의 역할로 알맞은 것은?
① 이 글을 쓴 목적 밝히기
② 주장에 대한 근거 제시하기
③ 잘못 알려진 정보 바로잡기
④ 앞서 다룬 내용 요약, 정리하기
⑤ 대상에 대해 구체적으로 설명하기

3 소금이 생선의 비린내를 줄여 주는 원리로 알맞은 것은?
① 비린내가 나게 하는 미생물의 번식을 억제한다.
② 생선 살을 응고시켜 비린내가 나는 것을 막는다.
③ 짠맛으로 후각을 둔화시켜 비린내를 못 느끼게 만든다.
④ 비린내가 많이 나는 생선 껍질이 잘 떨어져 나가도록 만든다.
⑤ 비린내가 나게 하는 주성분을 생선 살 밖으로 빠져나오게 만든다.

4 근육을 이루는 단백질 중 하나인 액틴은 50~60℃에서 응고된다. (○ , ×)

정답과 해설 16쪽 ▶▶

설명문의 특징 파악

1 **이와 같은 글에 대한 설명으로 알맞지 <u>않은</u> 것은?**

① 독자들에게 지식과 정보를 전달하는 글이다.
② 객관성, 사실성, 명료성, 체계성, 평이성을 지닌다.
③ 독자들의 이해를 돕는 다양한 설명 방법이 사용된다.
④ 독자들이 글을 쉽게 이해하도록 사실을 과장하여 쓰는 글이다.
⑤ 뜻이 분명하게 전달되도록 정확하고 간결한 문장으로 쓰는 글이다.

설명문 쓰는 과정 파악

2 **〈보기〉는 이와 같은 글을 쓰는 과정을 나타낸 것이다. ⓐ~ⓓ에 들어갈 말로 알맞은 것은?**

보기

계획하기 → (ⓐ) → 내용 선정하기 → (ⓑ) → (ⓒ) → (ⓓ)

	ⓐ	ⓑ	ⓒ	ⓓ
①	표현하기	정보 수집하기	고쳐쓰기	내용 수집하기
②	내용 조직하기	정보 수집하기	표현하기	고쳐쓰기
③	내용 조직하기	표현하기	정보 수집하기	고쳐쓰기
④	정보 수집하기	내용 조직하기	고쳐쓰기	표현하기
⑤	정보 수집하기	내용 조직하기	표현하기	고쳐쓰기

내용 이해

3 **이 글 전체의 내용을 〈보기〉와 같이 요약했을 때, 요약한 내용이 알맞지 <u>않은</u> 것은?**

보기

㉮<u>소금은 짠맛을 내는 것뿐 아니라 다양한 역할을 한다.</u> 생선 요리 과정에 따라 그 역할을 살펴보면, 손질할 때에는 ㉯<u>소금이 비린내를 제거해 준다.</u> 요리를 할 때 소금이 가미되면 ㉰<u>요리 시간은 느려지지만 생선 살이 부서지지 않는다.</u> 정리할 때에는 소금이 ㉱<u>도마의 이물질을 떨어져 나가게 하고, 미생물의 번식을 억제한다.</u> 하지만 ㉲<u>지나친 소금 섭취는 건강에 해로우므로 적절한 양을 먹어야 한다.</u>

① ㉮ ② ㉯ ③ ㉰ ④ ㉱ ⑤ ㉲

설명의 방법 파악

4 **㉠에 나타난 설명 방법이 사용된 것은?**

① 수필에는 수기, 편지문, 일기문, 기행문 등이 있다.
② 꽃은 꽃잎, 암술, 수술, 꽃받침 등으로 이루어진다.
③ 닭과 펭귄은 새이지만 날 수 없다는 공통점이 있다.
④ 문학은 인간의 •사상과 감정을 언어로 표현한 예술이다.
⑤ 호랑이는 무리를 짓지 않지만 사자는 무리를 지어 생활한다.

5 이 글에 대한 설명으로 알맞지 <u>않은</u> 것은?

① 소금의 다양한 역할을 제재로 하는 글이다.
② 생선 요리 과정에 따라 내용을 전개하고 있다.
③ 글쓴이의 •당부가 마지막 부분에 잘 나타나 있다.
④ 질문을 던지고 답을 하는 방식으로 흥미를 유발하고 있다.
⑤ 여러 가지 근거를 들어 소금을 많이 먹으면 해로운 이유를 밝히고 있다.

6 이 글의 내용으로 적절하지 <u>않은</u> 것은?

① 생선은 육류에 비해 살이 단단하다.
② 짠맛은 혀에 있는 감각 수용체를 통해 느낀다.
③ 적절한 양의 소금은 혀를 민감하게 만든다.
④ 한국인은 권장량보다 많은 소금을 섭취하고 있다.
⑤ 나트륨 이온의 농도가 지나치게 많으면 불쾌감을 느낀다.

7 다음 뜻을 참고하여 ㉡에 들어갈 한자 성어를 쓰시오.

> 돌 한 개를 던져 새 두 마리를 잡는다는 뜻으로, 동시에 두 가지 이득을 봄을 이르는 말.

8 세계 보건 기구(WHO)가 정한 일일 소금 권장량은 몇 g인지 쓰시오.

문제 속 낱말 쏙!

- **원리(原理)** : 사물의 근본이 되는 이치.
- **사상(思想)** : 어떠한 사물에 대하여 가지고 있는 구체적인 사고나 생각.
- **당부(當付)** : 말로 단단히 부탁함. 또는 그런 부탁.

실력 쑥쑥 확인 학습

03 동물들의 의사소통 _최재천

가 동물들이 시각과 청각을 이용하여 서로 의사를 전달하는 것을 살펴보자. 먼저 시각적인 것부터 살펴보자. 까치와 가까운 새인 어치는 머리 깃털을 세우는 각도에 따라 마음 상태나 사회적 지위를 나타낸다고 한다. 기분이 좋지 않을 때나 공격하려 할 때면 머리 깃털을 90도 각도로 곧추세운다(꼿꼿이 서게 한다). 힘이 없는 놈은 늘 머리털을 낮추고 있어야 한다. 힘도 없으면서 머리 깃털을 잘못 세웠다가 더러 혼쭐이 나는 수도 있다. ㉠곧 지위가 높은 새일수록 머리 깃털을 높이 세우는 경우가 많고, 지위가 낮은 새일수록 머리 깃털을 감추고 살살 기는 경우가 많다. 실제로 이 머리 깃털의 각도를 30도, 60도, 90도로 측정해 본 결과 각각의 각도는 그들의 사회적 지위와 거의 정확하게 맞아떨어졌다.

▶ 시각을 이용하여 의사소통하는 동물 ① – 어치

나 얼룩말은 반가운 친구를 만나거나 기분이 좋을 때면 귀를 세우고 이를 드러내면서 '히힝'거린다. 공격을 하거나 남을 위협할 때는 귀를 낮춘 상태에서 이를 드러내며 '히힝'거린다. 물론 두 경우의 '히힝' 소리에는 약간의 차이가 있다. 그래서 이런 모습을 보인 다음에 어떤 행동을 하는지 관찰하면 '히힝' 소리의 의미 차이를 알 수 있다.

▶ 시각을 이용하여 의사소통하는 동물 ② – 얼룩말

다 아프리카나 열대 호수에 사는 민물고기 중에 시클리드라는 물고기가 있다. 시클리드는 기분 상태에 따라 색깔이 변한다. 또 정면에서 보면 마치 귀가 있는 것처럼 보이는데, 귀에 점이 생겼다 없어졌다 한다. 이 점이 생기면 지금 기분이 좋지 않다는 것으로 "너, 내가 공격할 테니까 빨리 피해."라는 뜻이다. 그리고 점이 없어지면 "알았습니다. 제가 순응할(체계, 명령 따위에 적응하여 따름) 테니 좀 봐주십시오."라는 뜻이다. 이런 색깔의 변화는 순간적으로 일어난다. 생리학자(생물의 기능과 활동의 원리를 연구하는 사람)들이 연구해 보니, 시클리드는 몸 안에 색소 세포가 있어서 이 색소 세포가 확장되면 점이 나타나고, 축소되면 점이 없어지거나 연해졌다. 시클리드는 아주 간단한 방법으로 자기 심리 상태를 표현할 수 있다는 것을 생리학자들이 세포 수준에서 밝혀낸 것이다.

▶ 시각을 이용하여 의사소통하는 동물 ③ – 시클리드

라 ㉡자, 이제 [㉮]적인 것을 살펴보자. 자연계의 많은 동물에게 [㉮]은 아주 중요하다. 소리를 질러 자기를 표현하는 고릴라를 보자. 인간과 아주 가까운 영장류(원숭이, 고릴라, 사람 등을 일컬음)인 침팬지나 고릴라, 오랑우탄 등은 모두 [㉮]이 대단히 발달한 동물이다. [㉮]을 통해 얘기를 나누며 사는 동물이라고 할 수 있다. 지금은 연구가 꽤 진행되어 이 동물들이 내는 소리가 무엇을 뜻하는지 적잖게 밝혀졌다. 심지어 아프리카에서 오랫동안 침팬지를 연구한 제인 구달 박사는 온갖 침팬지 소리를 흉내 내는데, 침팬지가 그 소리를 듣고 답을 할 정도에까지 이르렀다. 현재 연구자들은 침팬지가 내는 소리가 무슨 뜻이고, 그런 단어 몇 개를 어떻게 붙이면 어떤 문장이 된다는 수준까지 이들의 소리를 이해하고 있다.

▶ 청각을 이용하여 의사소통하는 동물 – 영장류

알맹이 콕콕

- **갈래** 설명문
- **성격** 객관적, 해설적, 분석적
- **제재** 시각과 청각을 이용하여 의사소통하는 동물들
- **주제** 여러 가지 감각 기관을 이용하여 의사소통을 하는 동물들

핵심 이론 확인 문제

1 이 글에서 시각을 이용하여 의사소통하는 것으로 소개된 동물의 종류를 모두 쓰시오.

2 [가]에서 어치가 머리 깃털을 세우는 각도를 통해 나타내는 것 두 가지를 찾아 쓰시오.

3 시클리드는 색소 세포의 확장과 축소라는 방법을 통해 심리 상태를 표현한다. (○, ×)

4 이 글에 나타난 동물들의 의사소통 방법으로 알맞지 않은 것은?

① 고릴라는 소리를 질러 자기를 표현한다.
② 어치는 기분이 좋지 않을 때 머리 깃털을 곧추세운다.
③ 얼룩말은 반가운 친구를 만나면 귀를 세우고 '히힝'거린다.
④ 얼룩말은 기분이 좋을 때와 상대방을 위협할 때 같은 '히힝' 소리를 낸다.
⑤ 시클리드는 상대방에게 순응하겠다는 뜻을 전달할 때 귀의 점이 없어진다.

정답과 해설 17쪽 ▶▶

설명문을 읽는 방법 파악

1 이와 같은 글을 읽을 때 유의해야 할 점으로 적절하지 <u>않은</u> 것은?

① 설명하고자 하는 대상이 무엇인지 정확하게 이해한다.
② 대상을 설명하기 위해 어떤 설명 방법을 사용했는지 파악한다.
③ 설명 방법이 대상을 드러내는 데 적합한지 평가하면서 읽는다.
④ 글의 주요 내용을 정리하고 *재구성하여 글을 정확히 이해하도록 한다.
⑤ 글쓴이가 주제를 드러내기 위해 사용한 함축적인 표현을 이해하면서 읽는다.

설명의 방법 파악

2 [가]~[라]에 공통적으로 드러나는 설명 방법이 사용된 것은?

① 야구는 손을 이용하지만, 축구는 발을 이용한다.
② 시계는 시침, 분침, 초침, 태엽으로 이루어져 있다.
③ 수도는 한 나라의 중앙 정부가 있는 도시를 말한다.
④ 대중교통 수단으로는 버스, 지하철 등을 들 수 있다.
⑤ 자동차는 크기에 따라 소형차, 중형차, 대형차로 나뉜다.

글을 쓴 목적 파악

3 이 글을 쓴 목적으로 가장 적절한 것은?

① 동물에 대한 글쓴이의 애정을 표현하기 위해
② 인간과 동물 간의 의사소통 방법을 연구하기 위해
③ 동물의 생명을 소중히 여겨야 한다고 설득하기 위해
④ 동물의 다양한 의사소통 방법에 대해 설명하기 위해
⑤ 동물의 의사소통에 대한 연구가 부족함을 비판하기 위해

내용 이해

4 이 글의 내용과 일치하는 것은?

① 동물들이 의사소통을 하는 수단은 한 가지이다.
② 얼룩말은 귀를 세워 상대를 위협하거나 공격한다.
③ 영장류는 시각만을 활용하여 자신의 의사를 전달한다.
④ 어치는 나이에 따라 머리 깃털을 세우는 각도가 다르다.
⑤ 침팬지의 소리는 무엇을 의미하는지 알 수 있을 정도로 연구되었다.

5 ㉠에 사용된 설명 방법으로 알맞은 것은?

① 비교 ② 대조
③ 정의 ④ 예시
⑤ 인과

6 ㉡이 하는 역할로 적절한 것은? (정답 2개)

① 독자의 주의를 불러일으킨다.
② 앞에서 다룬 내용을 요약한다.
③ 서술할 내용을 미리 알려 준다.
④ 글을 쓰게 된 동기를 제시한다.
⑤ 자신의 주장을 분명하게 드러낸다.

7 아프리카에서 오랫동안 침팬지를 연구한 박사의 이름을 쓰시오.

8 ㉮에 공통적으로 들어갈 말로 적절한 것은?

① 시각 ② 청각
③ 미각 ④ 촉각
⑤ 후각

문제 속 낱말 쏙!

- 감각 기관(感覺器官) : 동물의 몸에서 외계의 감각을 받아들여 뇌에 전달하는 기관.
- 재구성(再構成) : 한 번 구성하였던 것을 다시 새롭게 구성함.

실력 쑥쑥 확인 학습

04 천 년을 가는 한지의 비밀 _김형자

(가) 한지(韓紙)는 우리나라 고유의 방법으로 만든 종이를 말한다. 조히(종이), 조선종이, 창호지, 문종이, 참종이, 닥종이 등으로 불렸던 우리 종이가 한지로 불리기 시작한 것은 20세기 초·중반 서양 종이, 즉 양지(洋紙)가 들어와 사용되기 시작하면서부터였다.

▶ 한지의 개념과 이름의 유래

(나) 천 년 세월을 숨 쉬며 살아온 한지는 알고 보면 이 땅에 자라는 질 좋은 닥나무가 있었기에 가능한 것이었다. 한지는 질기고 수명이 오래간다는 것 외에도 보온성과 통풍성이 뛰어나다는 장점이 있다. 한지는 빛과 바람, 그리고 습기와 같은 자연 현상에 대한 친화성이 강해 창호지로 많이 쓰인다. 한지를 창호지로 쓰면 문을 닫아도 바람이 잘 통하고 습기를 잘 흡수해서 습도 조절의 역할까지 한다. 흔히 한지를 '살아 있는 종이'라고 하는 연유(일의 까닭)도 여기에 있다. 반면 양지는 바람이 잘 통하지 않고 습기에 대한 친화력도 한지에 비해 약하다.

▶ 한지의 우수성 ① – 보온성과 통풍성이 뛰어나고, 자연 현상에 대한 친화성이 강함

(다) 한지는 주로 닥나무 껍질에서 뽑아낸 섬유를 원료로 하여 사람의 손으로 직접 만든다. 양지는 나무껍질을 가공해 만든 펄프를 원료로 하여 기계로 대량 생산된다. 한지의 주원료인 닥나무는 섬유의 길이가 양지의 원료인 침엽수나 활엽수의 섬유 길이보다 훨씬 길기 때문에 질긴 종이를 만들 수 있다. 한지가 얼마나 강한지는 몇 장을 겹쳐 바른 한지로 갑옷을 만든 예에서도 찾을 수 있다. 놀랍게도 몇 겹의 한지에 옻칠(윤을 내기 위해 옻나무에서 나는 진을 바르는 일)을 해서 만든 갑옷은 화살도 뚫지 못한다고 한다.

▶ 한지의 우수성 ② – 닥나무를 원료로 사용하여 질기고 강함

(라) 한지가 천 년의 수명을 가질 수 있는 다른 이유는 화학 반응에 견디는 중성지라는 점이다. 양지는 산성지로서 고작 50~100년 정도만 지나도 누렇게 변하면서 삭아 버린다. 그러나 한지는 중성지로서 세월이 가면 갈수록 결이 고와지고 수명이 오래간다.

▶ 한지의 우수성 ③ – 화학 반응에 견디는 중성지라서 수명이 오래감

(마) 한지의 질을 향상시킨 요인은 식물성 풀에서 찾을 수 있다. 한지를 만들 때 섬유를 고르게 분산시키기 위해서 독특한 식물성 풀을 사용했는데, 바로 '닥풀'이 그것이다. 닥풀은 섬유가 물속에 고루 퍼지게 해서 얇은 종이를 만들기 유리하게 하고, 여러 장 겹쳐진 것은 종이를 떨어지기 쉽게 한다.

▶ 한지의 질을 향상시킨 요인 ① – 식물성 풀(닥풀)을 사용함

(바) 한지의 질을 향상시킨 조상들의 비법(공개하지 않고 비밀리에 하는 방법)은 여기에 그치지 않는다. 한지 제조의 마무리 작업인 '도침(擣砧)'이 바로 그것이다. 도침이란 종이 표면을 매끄럽게 하고 광택을 내기 위해 풀칠한 종이를 여러 장씩 겹쳐 놓고 방아로 골고루 내리치는 과정을 말한다. 이 도침 기술은 우리 조상들이 세계 최초로 고안한(연구하여 새로운 안을 생각해 낸) 종이의 표면 가공 기술이다.

▶ 한지의 질을 향상시킨 요인 ② – 도침 기술로 종이 표면을 매끄럽게 함

(사) 이처럼 조상들의 과학적 슬기가 담긴 한지는 값싼 종이와 원료에 밀려 위기를 맞았다. 그러나 천 년의 세월을 견뎌 낸 우리 한지의 장점이 알려지면서 선조들의 과학적 슬기를 세계에 떨칠 수 있는 토대(어떤 사물이나 사업의 밑바탕이 되는 기초)가 마련되고 있다.

▶ 한지를 세계에 알릴 토대가 마련되고 있는 오늘날

알맹이 콕콕

- 갈래 설명문
- 성격 객관적, 해설적, 대조적
- 제재 한지
- 주제 한지의 우수성과 한지에 담긴 조상들의 슬기

핵심 이론 확인 문제

1 우리 종이가 한지로 불리기 시작한 것은 (   )이/가 들어와 사용되기 시작하면서부터이다.

2 한지를 만들 때 섬유를 고르게 분산시키기 위해 사용하는 독특한 식물성 풀의 이름을 쓰시오.

3 이 글을 쓴 목적으로 가장 적절한 것은?

① 한지와 양지를 비교하기 위해
② 한지의 우수성을 알리기 위해
③ 한지를 만드는 과정을 설명하기 위해
④ 조선 시대에 사용된 종이의 종류를 설명하기 위해
⑤ 값싼 양지보다 한지를 애용해야 한다고 주장하기 위해

4 [사]의 역할로 알맞은 것은?

① 독자의 흥미와 호기심 유발
② 설명하고자 하는 대상의 소개
③ 글을 쓰게 된 동기나 목적 제시
④ 앞 내용의 강조 및 앞으로의 전망 제시
⑤ 독자의 이해를 돕기 위한 구체적인 설명

정답과 해설 17쪽 ▶▶

설명의 방법 파악

1 [나]~[라]에 주로 쓰인 설명 방법이 사용된 것은?

① 한자는 고대 중국에서 만들어진 표의 문자이다.
② 거북이, 도마뱀, 카멜레온 등은 파충류에 속한다.
③ 소설과 수필은 모두 줄글 형식으로 쓰인다는 공통점이 있다.
④ 도로변의 벼들은 가로등 불빛 때문에 이삭이 달리지 않는 경우가 있다.
⑤ 우리나라의 화폐에는 주로 인물이 그려져 있지만, 아프리카의 화폐에는 동식물이 그려져 있다.

내용 이해

2 이 글의 내용과 일치하지 <u>않는</u> 것은?

① 한지 제조의 마무리 작업은 도침이다.
② 한지에 사용되는 닥풀은 식물성 풀이다.
③ 한지는 자연 친화성이 강해 창호지로 많이 쓰인다.
④ 닥나무는 침엽수나 활엽수보다 섬유의 길이가 짧다.
⑤ 양지는 시간이 지나면 누렇게 변하면서 삭아 버린다.

단락별 중심 내용 파악

3 [나]~[바]의 중심 내용으로 알맞지 <u>않은</u> 것은?

① [나] : 보온성과 통풍성, 자연 친화력이 강한 한지
② [다] : 화살도 뚫지 못한다고 알려진 한지로 만든 갑옷
③ [라] : 화학 반응에 강한 중성지로서 수명이 긴 한지
④ [마] : 한지의 질을 향상시킨 닥풀
⑤ [바] : 한지의 질을 향상시킨 도침 기술

내용 이해

4 이 글을 읽고 추가할 내용을 고려하였을 때, 적절하지 <u>않은</u> 것은?

① 한지의 다양한 쓰임을 찾아 열거해야겠어.
② 세계에서 한지가 활용되고 있는 예를 찾아서 서술해야겠어.
③ 한지란 무엇인지 정의하여 독자의 이해를 돕는 것이 좋겠어.
④ 한지를 만드는 과정을 좀 더 구체적으로 설명하면 흥미로울 것 같아.
⑤ 전문가의 말을 인용하여 한지를 •계승할 수 있는 방안을 제시해야겠어.

5 이 글에서 답을 찾기 <u>어려운</u> 질문은?

① 한지를 만드는 주원료는 무엇인가?
② 한지를 부르는 다른 이름은 무엇인가?
③ 우리 종이가 한지로 불리기 시작한 때는 언제인가?
④ 양지의 표면을 매끄럽게 만들기 위해 사용되는 기술은 무엇인가?
⑤ 우리 조상들이 세계 최초로 고안한 종이의 표면 가공 기술은 무엇인가?

6 도침은 종이의 수명을 길어지게 만들기 위해 거치는 과정이다. (○ , ×)

7 이 글에 나타난 한지의 우수성으로 알맞지 <u>않은</u> 것은?

① 수명이 오래간다.
② 습기를 잘 흡수한다.
③ 기계로 대량 생산을 한다.
④ 종이의 질이 질기고 강하다.
⑤ 보온성과 통풍성이 뛰어나다.

8 한지의 특성 때문에 생긴 한지의 별명을 이 글에서 찾아 3어절로 쓰시오.

문제 속 낱말 쏙!

- **유발(誘發)** : 어떤 것이 다른 일을 일어나게 함.
- **계승(繼承)** : 조상의 전통이나 문화유산, 업적 따위를 물려받아 이어 나감.

기초 튼튼
핵심 이론

② 설득하는 글

✔ '논설문' 이란?

글쓴이가 자신의 주장이나 의견을 타당한 근거를 바탕으로 내세워 독자를 설득하는 글을 말한다.

1 논설문의 특징

(1) **주관성** : 글쓴이의 주관적인 생각과 주장이 드러나야 한다.

(2) **신뢰성** : 근거는 출처가 분명하고 믿을 만한 것이어야 한다.

(3) **타당성** : 주장을 뒷받침하는 근거나 이유가 타당하고 논리적이어야 한다.

(4) **체계성** : 글이 '서론 – 본론 – 결론'에 따라 짜임새 있게 전개되어야 한다.

(5) **명료성** : 뚜렷하고 분명한 문장으로 의견을 정확하게 전달해야 한다.

2 논설문의 구성

서론		본론		결론
• 독자의 흥미 유발 • 문제 제기 • 글을 쓰게 된 동기나 목적 제시	⇨	• 주장의 구체적 전개 • 타당한 근거나 이유 제시	⇨	• 주장의 요약 및 강조 • 앞으로의 전망과 과제 제시 및 당부

3 논설문을 읽는 방법

- 각 문단의 중심 내용을 파악하며 읽는다.
- 문제에 대한 글쓴이의 관점과 주장, 의도를 파악한다.
- 글쓴이의 주장에 대한 자신의 입장을 정리하며 읽는다.
- 글쓴이의 주장을 뒷받침하는 근거가 타당한지 판단한다.
- 글쓴이의 주장과 그에 대한 근거가 긴밀하게 연결되는지 판단한다.

4 논설문과 설명문의 비교

	논설문	설명문
목적	주장을 통해 독자를 설득함	정보를 전달하여 독자를 이해시킴
성격	설득적, 주관적, 논리적	객관적, 사실적
읽는 방법	• 글쓴이의 의도 파악하기 • 근거의 타당성 판단하기	• 정보를 파악하고 이해하기 • 내용의 정확성과 객관성 판단하기
공통점	• 체계적이고 실용적인 글임 • 사전적인 언어(지시적인 언어)를 사용함	

확인 문제

1 ㉠~㉢을 논설문의 구성 단계에 맞게 순서대로 배열하시오.

㉠ 주장을 요약한다.
㉡ 글을 쓰게 된 동기나 목적을 밝히고 문제를 제기한다.
㉢ 타당한 근거를 들어 주장을 전개한다.

2 다음 설명에 해당하는 논설문의 특징을 쓰시오.

(1) 근거의 출처가 분명하고 믿을 만한 것이어야 한다.
(2) 뚜렷하고 분명한 문장으로 의견을 정확히 전달해야 한다.
(3) 글이 '서론 – 본론 – 결론'에 따라 짜임새 있게 전개되어야 한다.

3 논설문을 읽는 방법으로 적절하지 <u>않은</u> 것은?

① 문단의 중심 내용을 파악하며 읽는다.
② 숨어 있는 내용을 추리하거나 상상하며 읽는다.
③ 문제에 대한 글쓴이의 주장을 파악하며 읽는다.
④ 주장에 대한 근거가 타당한지 판단하며 읽는다.
⑤ 주장과 근거가 긴밀하게 연결되는지 판단하며 읽는다.

4 논설문과 설명문의 공통점은?

① 주관적인 글이다.
② 실용적인 글이다.
③ 교훈적인 글이다.
④ 형식이 자유로운 글이다.
⑤ 정보를 전달하는 글이다.

정답과 해설 18쪽 ▸▸

'건의문' 이란?

개인이나 단체가 문제 상황을 해결하기 위한 의견을 당사자나 관련 단체에게 알려, 그 독자가 문제를 해결하기 위해 행동하도록 설득하는 글을 말한다.

1 건의문의 특징

(1) **명료성** : 건의하는 내용이 분명하고 명확하게 드러나야 한다.
(2) **공익성** : 단체와 관련된 건의는 구성원 전체에게 이익이 돌아가야 한다.
(3) **공정성** : 글쓴이의 편견, 독단, 선입견 등을 배제해야 한다.
(4) **합리성** : 건의하는 내용이 이론이나 이치에 합당해야 한다.
(5) **실현 가능성** : 건의하는 내용이 실현 가능한 것이어야 한다.

2 건의문의 구성

(1) **처음** : 건의 대상(독자)에게 정중한 인사말과 함께 자신을 소개하고 건의의 목적을 제시한다.
(2) **가운데** : 건의 내용과 해결 방안을 근거 및 기대 효과와 함께 제시한다.
(3) **끝** : 건의 내용의 수용에 대한 긍정적인 기대, 끝인사, 기록한 날짜와 서명 등을 제시한다.

3 건의문을 쓰는 방법

(1) **계획하기** : 문제 상황을 파악하고 글의 목적과 주제를 정하며, 예상 독자를 분석한다.
(2) **내용 생성하기** : 주제와 관련된 자료를 수집하고 건의 내용과 관련 있는 사람들과 문제 상황에 대해 협의한다.
(3) **내용 조직하기** : 글을 쓰게 된 계기, 문제 상황, 해결 방안, 근거, 기대 효과가 잘 드러나도록 글을 구성한다.
(4) **표현하기** : 간결하고 명확하며 진지하게 표현한다. 또한 언어 예절에 맞는 정중한 표현을 사용한다.
(5) **고쳐쓰기** : 문제의 본질에서 벗어난 내용은 없는지, 해결 방안이 실현 가능하고 정당한 요구인지 살펴본다. 또한 지나치게 감정에 호소하거나 독자를 불편하게 하는 표현은 없는지 살펴본다.

4 건의문을 읽는 방법

- 문제 상황 및 건의 사항이 무엇인지 정확하게 파악한다.
- 건의문을 받을 대상이 적절하게 설정되었는지 파악한다.
- 건의 사항이 합리적이고 타당하며, 실현 가능한 것인지 판단한다.
- 건의 사항이 공동체에 이익이 되는 방안인지 판단한다.

확인 문제

5 ㉠~㉣ 중 건의문의 특징으로 알맞은 것을 고르시오.

㉠ 되도록 많은 건의 내용을 담을 수 있도록 상징적인 표현을 사용한다.
㉡ 건의 내용은 건의하는 사람에게만 이익을 줄 수 있으면 된다.
㉢ 건의 내용이 이치에 합당하지 않더라도 실현 가능하면 된다.
㉣ 글쓴이의 편견이나 선입견이 배제되어야 한다.

6 건의문을 쓸 때 유의할 점으로 알맞지 않은 것은?

① 간결하고 명확하게 표현해야 한다.
② 감정에 호소하여 독자를 설득해야 한다.
③ 문제의 본질에서 벗어나지 않아야 한다.
④ 건의 내용과 관련 있는 사람들과 문제 상황에 대해 협의해야 한다.
⑤ 건의가 받아들여졌을 때 기대할 수 있는 효과가 잘 드러나야 한다.

선생님, 질문 있어요!

설득하는 글에는 또 어떤 것이 있나요? 정답 26쪽

실력 쑥쑥 확인 학습

01 도시에서 농사를 짓자 _하성규

가 오늘날 도시 지역은 열섬 현상(도시의 온도가 주변의 다른 곳보다 높게 나타나는 현상)과 대기 오염 등의 각종 환경 문제를 앓고 있다. 또한 국가의 식량 문제도 심각한 수준이다. 우리나라의 식량 자급률(국내에서 소비하는 식량의 공급량 중에서 국내에서 생산할 수 있는 양이 차지하는 비율)은 경제 협력 개발 기구(OECD) 국가 중 최하위 그룹에 속한다. 도시가 직면한 환경 문제와 국가가 직면한 식량 위기를 해결할 수 있는 대안적 노력 중 하나로 도시 농업을 꼽을 수 있다.

일반인에게 도시 농업은 생소한 단어이다. 도시 농업 연구원은 '도시 농업은 생태적 농법에 따라 지역 공동체가 추구하는 안전한 먹을거리 생산과 다양한 가치 창출, 즉 교육, 환경, 복지의 증진 등을 목적으로 도시 공동체 구성원의 자율적 참여를 통해 농작물을 생산, 유통, 소비하는 전 과정의 사회적 협력 활동'이라고 정의한다.

▶ 환경 문제와 식량 위기 문제의 해결 방안인 도시 농업

나 그렇다면 도시 농업이 우리에게 어떤 도움을 주는 것일까? 우선 도시 농업은 녹지 확보에 그 의의가 있다. 도시 농업을 위해 조성된 녹지는 열섬 현상을 완화하는 데 중요한 역할을 한다. 도심지라 하더라도 녹지가 발달한 지역은 그렇지 않은 지역에 비해 상대적으로 기온이 낮다. 또한 녹지는 대기 중의 이산화 탄소를 흡수하고 저장하는 탄소 흡수원의 역할을 하여 오염된 도시의 대기를 정화하기도 한다.

도시 농업은 식량 위기를 극복하는 대안으로도 활용이 가능하다. 농산물을 소비하는 도시가 생산지 역할도 담당함으로써, 많은 부분을 수입에 의존하던 농산물을 보다 안정적으로 공급받을 수 있게 된다.

▶ 도시 농업에서 기대되는 효과

다 도시 농업이 합리적이고도 효율적인 선택임을 입증하는(어떤 증거 따위를 내세워 증명함) 사례들은 어렵지 않게 찾아볼 수 있다. 쿠바 도시 농업의 특징은 도시가 농산물 소비의 공간에서 생산의 공간으로 재탄생하고 있다는 것이다. 아바나(쿠바의 수도)에는 시 면적 721제곱킬로미터 중 299제곱킬로미터가 경작지(농사를 짓는 땅)로 이용되고 있으며 3만 명이 넘는 시민이 경작에 참여하고 있다. 도시 농업을 시작하기 전 43퍼센트에 그쳤던 쿠바의 식량 자급률은 100퍼센트 수준에 도달했고, 자투리땅(구획 정리를 한 다음에 남은 땅 조각)에 농업이 접목되어 도시 전체가 녹색으로 변해 환경 오염을 줄이는 녹색 혁명을 이루고 있다.

'작은 정원'을 뜻하는 독일의 클라인가르텐은 19세기 가난한 도시민들의 먹을거리 마련을 위한 수단으로 출발했다. 이후 클라인가르텐은 의사인 슈레버 박사가 환자들에게 열악한(품질이 매우 떨어지고 나쁜) 주거 환경을 개선하고 푸른 채소를 가꾸는 농사일을 하라는 처방을 내림으로써 더 큰 파급 효과(어떤 일의 영향이 점차 다른 데로 미침)를 가져왔다. 클라인가르텐은 아파트에 거주하는 도시민들이 사유지(개인이 가진 땅)를 빌려서 건강과 휴양을 위한 공간으로 이용하기 위해 활용하고 있으며 현재 유럽 전역에 수백만 개가 운영되고 있다.

▶ 도시 농업의 효과를 입증하는 사례

라 우리나라에서도 도시 농업을 활성화해야 한다. 도시 농업은 환경 문제와 식량 위기를 해결하고 시민들의 삶을 보다 풍요롭게 만들어 줄 것이다.

▶ 도시 농업을 활성화해야 함

알맹이 콕콕

- 갈래 논설문
- 성격 논리적, 체계적, 설득적, 예증적
- 제재 도시 농업
- 주제 도시의 환경 문제와 식량 문제를 해결하기 위해 도시 농업을 활성화해야 한다.

핵심 이론 확인 문제

1 이 글은 도시에서 (   )을/를 짓자고 주장하는 글이다.

2 우리나라의 식량 자급률은 경제 협력 개발 기구(OECD) 국가 중 최하위 그룹에 속한다. (○ , ×)

3 독일의 '클라인가르텐'은 우리말로 (   )(이)라는 뜻이다.

4 이 글에 대한 설명으로 알맞지 않은 것은?

① 예시를 통해 글쓴이의 주장을 강화하고 있다.
② 마지막 문단에서 글쓴이의 주장을 강조하고 있다.
③ 글쓴이가 인식한 문제 상황은 첫째 문단에 드러난다.
④ 예상되는 반론을 제시한 뒤 이에 대해 반박하고 있다.
⑤ 도시 농업 연구원의 말을 통해 도시 농업의 개념을 설명하고 있다.

논설문의 특징 파악

1 **이와 같은 글의 성격으로 볼 수 없는 것은?**

① 명료성 ② 신뢰성 ③ 허구성
④ 타당성 ⑤ 체계성

논설문을 읽는 방법 파악

2 **이와 같은 글을 읽는 방법으로 알맞은 것은?**

① 글이 주는 교훈이 무엇인지 파악하며 읽는다.
② 글 전체의 분위기나 정서를 파악하며 읽는다.
③ 글쓴이의 주장을 무조건 받아들이면서 읽는다.
④ 글에 나타난 글쓴이의 개성을 파악하며 읽는다.
⑤ 글쓴이의 주장과 의도가 무엇인지 파악하며 읽는다.

논설문의 구조 파악

3 **이 글에서 주장을 전개하는 과정을 바르게 제시한 것은?**

① 사례 제시 – 문제 상황 제시 – 해결 방안 제시 – 주장 강조
② 문제 상황 제시 – 뒷받침 사례 제시 – 예상 효과 제시 – 해결 방안 제시
③ 문제 상황과 해결 방안 제시 – 뒷받침 사례 제시 – 주장과 근거 제시 – 당부
④ 문제 상황과 해결 방안 제시 – 예상 효과 제시 – 뒷받침 사례 제시 – 주장 강조
⑤ 문제 상황과 •기존의 해결 방안 제시 – 기존 방식의 문제점 제시 – 새로운 해결 방안 소개 – 당부

내용 이해

4 **이 글을 읽은 후의 반응으로 적절하지 않은 것은?**

① 건물 옥상에 밭을 가꾸는 것도 도시 농업이라고 볼 수 있겠군.
② 정부는 해외의 도시 농업 성공 사례를 정책적으로 배울 필요가 있겠어.
③ 우리나라는 식량 자급률이 낮으니 도시 농업을 활성화시키면 효과가 클 것 같아.
④ 도시에서 농산물을 생산하면 유통 과정이 짧아져 싸고 신선한 농산물을 얻을 수 있겠어.
⑤ 도시 농업은 대규모로 이루어져야 효과가 있으니 개인이 시도하는 것은 별 의미가 없겠군.

5 이 글을 통해 알 수 있는 도시 농업의 특징이 아닌 것은?

① 도시 주변의 자투리땅에서 경작할 수 있다.
② 농업을 위해 확보된 녹지가 도시의 대기를 정화한다.
③ 도시 공동체 구성원의 자율적 참여를 기반으로 한다.
④ 생태적 농법에 따라 안전한 먹을거리 생산을 추구한다.
⑤ 도시에서 생산한 농산물을 농촌으로 보내기 위한 활동이다.

6 [다]에서 다른 나라의 사례를 제시한 이유로 알맞은 것은?

① 도시 농업의 효과를 보여 주는 사례이므로
② 농업에 관심이 없는 도시 사람들을 비판하려고
③ 외국 사례가 국내 사례보다 설득력이 있으므로
④ 도시 농업을 활성화할 때 주의할 점을 보여 주려고
⑤ 사람들이 알지 못하는 새로운 생활 방식을 소개하려고

7 이 글을 통해 확인할 수 있는 도시 농업의 효과로 알맞지 않은 것은?

① 열섬 현상이 완화된다.
② 도시의 대기가 정화된다.
③ 식량 자급률이 높아진다.
④ 도시 내 농지를 통한 관광 사업이 활성화된다.
⑤ 도시 내 농지가 건강과 휴양을 위한 공간으로 활용된다.

문제 속 낱말 쏙!

- 예증(例證) : 어떤 사실에 대하여 실례를 들어 증명함.
- 기존(既存) : 이미 존재함.

실력 쑥쑥 확인 학습

02 누가 별들을 훔쳐 갔나 _박연호

가 스페인의 천문학자들과 환경 운동가들이 주도한 시위가 그 나라 전체를 흔든 적이 있다. 그들이 내건 구호는 재미있게도 "누가 은하수를 훔쳐 갔나?"였다. 구호만 보면 낭만적인 시위로 착각할 수도 있지만 실상은 그렇지 않다. 그 시위는 '빛 공해', 곧 빛의 과잉이 만들어 낸 공해에 반대하는 집회였다.

(천문학자: 우주와 천체의 현상과 법칙을 연구하는 학자 / 구호: 요구나 주장을 간결한 형식으로 표현한 문구)

▶ 스페인에서 일어난 빛 공해 반대 운동

나 그들의 말에 따르면 마드리드나 바르셀로나와 같은 도시는 밤이 되어도 마치 야간 경기를 하는 운동장처럼 밝으며, 전국 어느 도시에서나 새벽 3시에도 작은 글씨를 읽을 수 있을 정도로 빛이 낭비되고 있다는 것이다. 이 밖에도 고속도로나 거리의 가로등, 상점의 조명등 등도 적절한 밝기보다 5~6배 이상 밝다고 한다.

도시뿐만 아니라 시골의 작은 마을까지도 밤이 지나치게 밝아 야행성 동물들은 본능적 행동들을 방해받고 식물들은 정상적인 성장을 하지 못하고 있다. 그리고 밤하늘의 은하수와 별빛이 사라지고 있다. 별빛 총총한 밤길을 거닐며 사랑을 속삭이던 연인들의 낭만은 영화 속에서나 볼 수 있는 유물이 된 지 오래이다.

(야행성 동물: 밤에 주로 활동하는 동물)

▶ 빛이 낭비되고 있는 현실과 그로 인한 문제점

다 캄캄한 밤을 다시 살리고 별빛을 되찾자는 이들의 강력한 요구에 마드리드시는 결국 가로등 5만 개를 교체하기로 했다. 바르셀로나, 코르도바 등 다른 도시와 마을들도 과도한 조명을 자제하겠다고 약속했다. 만약 이 약속이 제대로 지켜진다면 어두운 밤이 되살아나 별은 다시 빛나게 될 것이고 은하수도 하늘을 가로질러 유장하게 흐를 것이다. 나아가 생태계도 그동안의 혼란에서 벗어나 안정을 찾고 인간과 모든 생물들이 예전처럼 조화를 이루며 살아갈 것이다.

▶ 시위대의 요구에 대한 응답과 이로 인해 기대되는 효과

라 이것은 실로 부러운 일이 아닐 수 없다. 우리나라의 경우 스페인보다 더욱 무질서한 조명으로 ㉠ 빛의 쓰레기가 날이 갈수록 증가하고 있지만, 우리는 이에 대한 심각성을 제대로 깨닫지 못할 뿐만 아니라 무관심하게 대하고 있다.

대부분의 도시에서는 맑은 날에도 별을 보기 힘들다. 일등성과 행성들만 어쩌다 눈에 띄는 정도다. 화려한 네온등과 조명등 때문에 은하수와 별은커녕 하늘의 존재마저도 느끼기 어렵다. 도시만이 아니다. 시골도 어디를 가나 빛의 과잉 상태이다. 인가가 없는 깊은 산속이라면 모를까 칠흑 같은 밤이란 없다. 시골에서도 가로등은 말할 것도 없고 오가는 자동차의 전조등, 인근 거리의 네온 광고의 불빛들이 밤의 안식을 앗아 간다. 가로등 밑이나 도로변의 농작물이 제대로 자라지 못하는 것도 이 때문이다.

(일등성: 맨눈으로 볼 수 있는 별의 밝기를 여섯 등급으로 나눌 때 가장 밝게 보이는 별 / 칠흑: 옻칠처럼 검고 광택이 있음. 또는 그런 빛깔)

▶ 빛의 과잉 상태에 놓인 우리나라

마 그렇다면 이러한 조명이 인간에게 미치는 영향은 어떠할까. 밝은 조명이 전혀 없는 어두운 곳에서 잠을 자게 하는 실험을 했더니, 대부분의 사람들이 오히려 잠을 제대로 이루지 못했다고 한다. 이것은 어둠 속에서 평온하게 자던 인간의 본능이 그간의 빛의 공해 때문에 왜곡되고, 생태 교란으로 병들었다는 것을 보여 주는 증거라고 할 수 있다.

(교란: 마음이나 상황 따위를 어지럽고 혼란하게 함)

▶ 빛의 과잉이 인간에게 미치는 영향

알맹이 콕콕

- 갈래 논설문
- 성격 논리적, 설득적, 체계적
- 제재 빛을 과도하게 사용하여 생기는 문제점
- 주제 밤에 불필요하게 사용되는 빛의 양을 줄여야 한다.

핵심 이론 확인 문제

1 "누가 은하수를 훔쳐 갔나?"는 빛 (　　　　)에 반대하는 스페인 시위대의 구호이다.

2 도시에 사는 사람들은 밝은 조명이 전혀 없는 어두운 곳에서 깊은 잠을 취할 것이다. (○, ×)

3 우리나라의 야간 조명 사용에 대한 글쓴이의 태도로 알맞은 것은?

① 긍정적 ② 비판적 ③ 중립적 ④ •예찬적 ⑤ •관조적

4 이 글의 서술 방식으로 알맞지 않은 것은?

① 실험 결과를 통해 주장을 강화하고 있다.
② 문제 상황에 대한 구체적인 예를 들고 있다.
③ 글쓴이가 과거에 경험했던 일을 근거로 들고 있다.
④ 다른 나라의 사례를 통해 글의 설득력을 높이고 있다.
⑤ 스페인 시위대의 구호를 인용하여 독자의 흥미를 유발하고 있다.

정답과 해설 19쪽 ▶▶

주장에 대한 근거 파악

1 다음 중 '빛 공해'에 대한 글쓴이의 주장을 뒷받침하는 근거로 적절하지 않은 것은?

① 식물들이 정상적인 성장을 하지 못한다.
② 과도한 조명으로 야간 경기를 방해한다.
③ 야행성 동물들의 본능적인 행동을 방해한다.
④ 대부분의 도시에서 맑은 날에도 별을 보기 힘들다.
⑤ 어둠 속에서 평온하게 자던 인간의 본능을 변형시킨다.

글을 쓴 목적 파악

2 이 글의 목적으로 알맞은 것은?

① 환경 운동의 필요성을 강조하기 위해
② 인간의 삶에 빛이 주는 혜택을 알리기 위해
③ 빛 공해로 인한 생태계의 변화를 알리기 위해
④ 불필요한 빛의 사용을 줄이자고 설득하기 위해
⑤ 다른 나라의 빛 공해에 대한 대책을 알리기 위해

내용 이해

3 다음 중 이 글을 읽고 답할 수 있는 질문이 아닌 것은?

① 스페인에서 시위가 일어난 이유는 무엇일까?
② 조명을 줄임으로써 얻을 수 있는 효과는 무엇일까?
③ 스페인 정부는 시위대의 요구에 어떻게 대응했을까?
④ 빛의 과잉 문제에 대한 우리나라의 대책에는 무엇이 있을까?
⑤ 빛의 과잉으로 인한 문제점에는 구체적으로 어떤 것들이 있을까?

맥락적 의미 파악

4 ㉠에 대한 설명으로 알맞지 않은 것은?

① 빛 공해의 심각성을 인지할 것을 •촉구하는 표현이다.
② 빛의 과잉 상태에 대한 글쓴이의 관점이 드러나 있다.
③ 빛이 지나치게 사용되어 자연환경에 해가 된다는 것을 의미한다.
④ 무질서한 조명으로 인해 다양한 문제점들이 생기고 있음을 드러낸다.
⑤ 빛이 쓰레기와 같이 우리 삶에 불필요한 요소라는 글쓴이의 생각을 드러낸다.

5 글쓴이가 [가]~[다]를 통해 독자들에게 전달하려는 내용으로 적절한 것은?

① 현재 스페인에는 많은 시위가 일어난다.
② 스페인 시위대는 낭만적인 성격을 지녔다.
③ 빛의 과잉 상태는 세계적으로 심각한 환경 문제이다.
④ '누가 은하수를 훔쳐 갔나?'는 스페인 시위대의 구호이다.
⑤ 스페인에서 일어난 환경 시위는 많은 사람들이 참여하므로 정당하다.

6 [다]에서 알 수 있는, 시위 이후 나타날 변화로 알맞지 않은 것은?

① 생태계가 혼란에서 벗어날 것이다.
② 밤이 되면 도시의 모든 가로등이 꺼질 것이다.
③ 어둠 속에서 은하수를 잘 볼 수 있을 것이다.
④ 도시와 각 마을의 과도한 조명이 사라질 것이다.
⑤ 인간과 생물들이 안정감 있게 조화를 이루며 살 것이다.

7 도시와는 달리 시골의 밤은 대체로 칠흑같이 어두운 편이다. (○ , ×)

8 [마]에서는 조명이 (　　　　)에게 미치는 영향을 지적하고 있다.

문제 속 낱말 쏙!

- 예찬적(禮讚的) : 무엇이 훌륭하거나 좋거나 아름답다고 찬양하는 (것).
- 관조적(觀照的) : 행동력이 없이 무관심하게 보거나 수수방관하는 (것).
- 촉구(促求) : 급하게 재촉하여 요구함.

실력 쑥쑥 확인 학습

03 신문과 진실 _송건호

가 보도 기사에는 '리드(lead)'라는 것이 있다. 그 보도의 가장 중요한 부분을 '리드'로 하여 기사를 작성한다. 그런데 기사의 어느 부분을 '리드'로 잡느냐에 따라 기사가 독자에 미치는 영향이 크게 달라진다. 사물의 어느 면이 중요한가는 관심도에 따라 다르며, 관심도는 이해관계에 따라 달라진다. 특히, 외신을 다루어 보면, 같은 사건인데도 입장에 따라, 즉 기자의 국적에 따라 '리드'가 제각기 다른데, 이는 곧 사건을 보는 눈에 묘한 차이가 있음을 말해 주는 것이다. 베트남의 최후를 보도했던 각국의 신문을 보면 이것을 더욱 분명히 느낄 수 있다. 반공 진영의 나라와 공산 국가의 신문 사이에 베트남 사태를 보는 눈이 다른 것은 말할 것도 없고, 같은 반공 진영의 나라에서도 보도에 역점을 두는 측면이 나라마다 달랐다.

리드(lead): 신문의 기사, 논설 따위에서 본문의 맨 앞에 그 요지를 추려서 쓴 짧은 문장
이해관계: 서로 이익과 손해가 걸려 있는 관계
역점: 심혈을 기울이는 점

▶ 이해관계에 따라 기사의 '리드'가 달라짐

나 사실을 정확하게 보도하려면 기사를 객관적으로 써야 한다는 말이 있다. 조금도 주관을 섞지 않고 있는 그대로 기사를 써야만 정확한 보도가 된다는 것이다. [ⓐ] '객관적'이라는 표현은 주의해서 이해할 필요가 있다. 왜냐하면, 정확하고 올바른 보도일수록 객관적이기보다 오히려 훌륭한 의미에서 주관적이기 때문이다. 사태를 정확하게 알리는 보도일수록 주관적이 되어야 한다는 이론은, 좀 더 깊이 생각해 보면 조금도 모순이 아니라는 것을 깨닫게 된다.

모순: 어떤 사실의 앞뒤, 또는 두 사실이 이치상 어긋나서 서로 맞지 않음을 이르는 말

▶ 정확한 보도일수록 주관적이어야 함

다 윤봉길 의사가 1932년, 중국 상하이(上海)에서 일본 시라카와 대장 등을 폭사(暴死)시킨 사건을 예로 들어 보자. 만약, 정확한 보도라는 것이 주관을 전혀 개입시키지 않고 거울처럼 보이는 그대로를 보도하는 것을 의미한다면, 윤 의사는 일본군의 엄숙한 대식전을 피바다로 물들인 엄청난 사건의 '테러리스트'일 수밖에 없을 것이다. 신문은 마땅히 윤 의사를 규탄하는 보도를 하지 않을 수 없게 될 것이다. ⓑ그러나 이러한 보도가 사건을 정확히 알리는 보도가 될 수 없다는 것은 분명하다. 윤 의사의 장거(壯擧)는 우선 역사적으로 이해하지 않으면 안 된다. 일본이 한국을 식민지로 삼고 있으며, 식민지 제도라는 것이 인류 역사상 배격, 규탄돼야 할 역사적 유제(遺制)라는 판단이 앞서야 한다. 또, 윤 의사의 장거 당시 우리 삼천만 동포가 일제의 착취와 탄압 아래에서 얼마나 신음하고 있었느냐를 윤 의사의 행위와 관련시켜 보아야 한다. 사건을 전체적, 역사적 근거와 조건을 식별하는 입장에서 보지 않으면 안 된다.

의사: 나라와 민족을 위해 의로운 행동으로 목숨을 바친 사람
폭사(暴死): 갑자기 참혹하게 죽음
규탄하는: 잘못이나 옳지 못한 일을 잡아내어 따지고 나무람
장거(壯擧): 장하고 큰 계획이나 거사
유제(遺制): 예로부터 전하여 오는 제도

▶ 주관적 보도를 하기 위해서는 전체적, 역사적 이해가 필요함

라 미국이 낳은 세계적인 대기자 올솝 형제가 ㉠"훌륭하고 정확한 보도는 본래 가장 주관적인 것이다."라고 한 것도 이러한 점을 지적해 말한 것으로 보아야 할 것이다. 윤 의사의 의거와 같은 극단적인 예를 든 것이 적절치 못하다고 할는지 모르나, 정확한 보도가 필요하다고 생각되는 사실일수록, 오히려 고도의 주관적 보도를 통해 진실의 전달이 가능하다는 것을 깨달아야 한다.

▶ 고도의 주관적 보도가 진실 보도를 가능하게 함

알맹이 콕콕

- 갈래 논설문
- 성격 논리적, 설득적
- 제재 진실한 보도
- 주제 진실한 보도와 논평을 하기 위한 언론인의 자질

핵심 이론 확인 문제

1 이 글은 객관적 보도보다 사회적·역사적 맥락을 고려한 ( ) 보도가 진실에 더 가깝다고 주장하고 있다.

2 보도 기사에서 '리드'는 그 보도의 가장 중요한 부분을 토대로 작성된다. (○ , ×)

3 이와 같은 글이 갖추어야 할 요건으로 알맞지 않은 것은?

① 글쓴이의 주관적인 의견이 드러나야 한다.
② 독자들에게 유용하고 정확한 정보를 제공해야 한다.
③ 주장을 뒷받침하는 근거가 타당하고 논리적이어야 한다.
④ 출처가 분명하고 믿을 만한 내용을 근거로 제시해야 한다.
⑤ 글이 '서론 - 본론 - 결론'에 따라 짜임새 있게 구성되어야 한다.

4 다음 중 ⓐ에 들어갈 접속어로 가장 알맞은 것은?

① 또한 ② 그리고
③ 따라서 ④ 그러나
⑤ 더구나

정답과 해설 20쪽 ▶▶

글쓴이의 주장 파악

1 **이 글의 글쓴이와 유사한 관점을 지닌 의견으로 가장 알맞은 것은?**

① 신문은 외부의 압력에 영향을 받아서는 안 된다.
② 신문은 마치 있는 그대로를 사진 찍은 것처럼 정확해야 한다.
③ 기사를 쓸 때에는 의견을 배제하고 사실 그 자체에 충실해야 한다.
④ 사건의 원인은 외면하고 그 상황만을 보도하는 기사는 바람직하지 않다.
⑤ 언론은 중립적 태도를 유지함으로써 대중을 올바른 방향으로 이끌어야 한다.

논설문의 비판적 독해

2 **다음 중 ㉠에 대한 반론을 제기한다고 할 때, 가장 적절한 것은?**

① 객관적 보도는 때로는 진실을 •은폐할 수도 있다.
② 주관적 보도는 객관적인 사실을 왜곡할 수 있다.
③ 주관적 보도는 사실에 대한 오해를 줄이는 길이다.
④ 주관적 보도가 오히려 진실에 더욱 가까울 수 있다.
⑤ 어떤 사실에 대해 이야기할 때 완벽하게 객관적인 시선은 없다.

내용 이해

3 **같은 사건을 보도하는 기사의 '리드'가 제각기 다른 이유로 가장 알맞은 것은?**

① 독자의 지식수준이 다르기 때문에
② 사건마다 보도해야 할 중요한 내용이 다르기 때문에
③ 사건 그 자체를 객관적으로 보도하려고 노력하기 때문에
④ 기사를 읽는 사람들의 경제적인 수준을 고려해야 하기 때문에
⑤ 국적, 이해관계 등에 따라 사건을 바라보는 관점에 차이가 있기 때문에

글의 구조 파악

4 **〈보기〉의 내용이 들어갈 위치로 가장 알맞은 것은?**

보기

윤 의사의 폭탄 투척을 정확히 이해하기 위해서는 이 사건에 이 같은 수많은 사실이 •횡적으로 •종적으로 얽혀 있다는 점을 우선 알아야 한다. 한 사건을 정확히 보도하는 데 만약 이와 같은 풍부한 지식이 필요하다면, 어떤 의미에서는 주관적 보도라고 하지 않을 수 없다. 정확한 보도를 하기 위해서는 고도의 사회 과학적 소양과 문학적, 철학적 소양이 필요하다.

① [가]의 앞　② [가]의 뒤　③ [나]의 뒤
④ [다]의 뒤　⑤ [라]의 뒤

5 [가]와 [다]의 공통점으로 알맞은 것은?

① 예시를 들어 자신의 주장을 뒷받침하고 있다.
② 자신의 의견과 반대되는 의견을 반박하고 있다.
③ 객관적 보도와 주관적 보도의 차이점을 밝히고 있다.
④ 전문가의 말을 인용하여 자신의 주장을 뒷받침하고 있다.
⑤ 구체적인 수치를 활용하여 자신의 주장을 강화하고 있다.

6 글쓴이의 관점을 고려할 때, 윤봉길 의사 사건을 주관적으로 보도한 기사에 사용되기에 적절하지 <u>않은</u> 단어는?

① 일제　② 장거
③ 탄압　④ 식민지
⑤ 테러리스트

7 글쓴이가 ⓑ와 같이 생각하는 이유는?

① 테러라고 보기에는 피해가 적으므로
② 윤봉길 의사는 우리나라 사람이므로
③ 역사적인 이해가 바탕이 되지 않았으므로
④ 정확하지 않은 내용을 포함하고 있으므로
⑤ 감추어야 할 사실을 겉으로 드러냈으므로

문제 속 낱말 쏙!

- 은폐(隱蔽) : 덮어 감추거나 가리어 숨김.
- 횡적(橫的) : 어떤 일이나 사물의 관계가 가로로 연결되어 있는 (것).
- 종적(縱的) : 어떤 일이나 사물의 관계가 상하(上下)로 연결되어 있는 (것).

실력 쑥쑥

확인 학습

04 능력에 따라 인재를 뽑아 주시옵소서 _정약용

가 신이 엎드려 생각하건대, 인재를 얻기 어렵게 된 지가 오랩니다. 온 나라의 훌륭한 영재를 발탁하더라도 오히려 부족할까 두려운데, 하물며 8, 9할을 버린단 말입니까.

발탁: 여러 사람 가운데 쓸 사람을 뽑음

▶ 많은 인재를 버리는 현실 개탄

나 ㉠ 천민이 그중에 버림받은 자이고 ㉡ 중인이 그중에 버림받은 자입니다. 평안도와 함경도 사람이 그중에 버림받은 자이고, ㉢ 황해도, 개성, 강화 사람이 그중에 버림받은 자입니다. 강원도와 전라도의 절반이 그중에 버림받은 자이고, 서얼이 그중에 버림받은 자이고, ㉣ 북인과 남인은 버린 것은 아니나 버린 것과 같으며, 그중에 버리지 않은 자는 오직 ㉤ 문벌 좋은 집 수십 가문뿐입니다. 이 가운데서도 사건으로 인해서 버림을 당한 자가 또한 많습니다.

▶ 신분적, 지역적, 당파적 차별로 인해 버림받은 인재

다 무릇 일체 버림을 당한 집안 사람들은 모두 스스로 포기하여 문학, 정사, 재정, 군사 등의 일에 마음을 쓰려 하지 않고, 오직 비분강개하여 슬픈 노래를 부르고 술을 마시며 스스로 방탕합니다. 이 때문에 인재도 마침내 일어나지 않습니다.

무릇: 대체로 헤아려 생각하건대

방탕: 주색잡기에 빠져 행실이 좋지 못함

사람들은 그들 집안에 인재가 일어나지 않는 것을 보고는, "저들은 진실로 버려야 마땅하다." 합니다. 아아, 이것이 어찌 본래부터 그런 것이겠습니까. 어찌 천지가 그 정기를 모으고 산천이 그 진기를 길러서 반드시 수십 집에만 산출시켜 주고, 그 더럽고 혼탁한 기운은 나머지 집안에 뿌려 준 것이겠습니까.

▶ 능력에 따라 인재를 등용해야 하는 이유

라 제일 좋은 방법은 중국의 제도와 같이 동서남북에 구애됨이 없게 하고 멀거나 가깝거나 귀하거나 천하거나 간에 가리는 것이 없게 하는 것입니다. 현명한 자는 매우 적고 어리석은 자는 매우 많으며 공정한 자는 매우 적고 사사로운 자는 매우 많으니, 말한다 하여도 시행되지 못하고 시행된다 하여도 또한 혼란이 있을 것입니다.

또한 한 가지 시행할 만한 법이 있으니, 10년마다 한 차례씩 무재이능과(茂才異能科)를 설치하는 것입니다. 서북 지방과 개성 · 강화의 중인 서류로부터 일반 천민에 이르기까지 무릇 경학에 밝고 행실을 닦으며 문학과 정사가 특별히 뛰어난 자가 있으면, 의정부와 홍문관 · 예문관 · 사헌부 · 사간원의 신하들로 하여금 각자 들은 대로 천거하게 하고, 또 관찰사와 같이 외방에 거주하는 신하들로 하여금 각자 아는 대로 천거하게 하는 것입니다.

홍문관: 조선 시대 임금에게 직언을 하던 관아

예문관: 고려 이래로 임금의 말이나 명령을 짓던 관청

천거: 어떤 일을 맡아 할 수 있는 사람을 그 자리에 쓰도록 소개하거나 추천함

▶ 능력에 따른 인재 등용을 위한 해결 방안

마 이렇게 나라의 풍속을 개혁하기 위해서는 출세 못한 인재를 일으키고 답답한 울분을 소통시키면 될 것이니, 이 방법보다 더 좋은 것은 없습니다. 이와 같이 하면 전에 비분강개하여 슬픈 노래를 부르고 술을 마시며 스스로 방탕하던 자들도 장차 모두 몸을 닦고 행실을 삼가며 문학과 정사 그리고 재정과 군사에 대한 일에 마음을 두게 될 것입니다. 그리하여 인재가 성하게 일어나 한 나라의 정채(精彩 : 생기가 넘치는 활발한 기상)가 갑자기 변해질 것입니다.

비분강개: 의롭지 못한 일이나 잘못되어 가는 세태가 슬프고 분하여 마음이 북받침

▶ 능력에 따른 인재 등용의 기대 효과

알맹이 콕콕

- 갈래 건의문, 상소문
- 성격 설득적, 논리적
- 제재 인재 등용
- 주제 능력에 따라 인재를 등용하기를 바람

핵심 이론 확인 문제

1 이 글은 임금에게 올리는 신하의 건의문이다. (○ , ×)

2 글쓴이는 인재가 지녀야 할 가장 중요한 요소가 무엇이라고 생각하는지 2음절로 쓰시오.

3 이 글에 나타난 문제 상황으로 알맞지 않은 것은?

① 나라의 백성들 중 8, 9할이 버림받고 있다.
② 버림받은 자들은 나랏일에 무관심해지고 있다.
③ 천민이나 서얼에게는 기회가 주어지지 않고 있다.
④ 버림받은 자들은 스스로 포기하여 방탕해지고 있다.
⑤ 천지가 그 정기를 몇몇 집안에만 뿌려 인재가 부족하다.

4 ㉠~㉤ 중 성격이 다른 하나는?

① ㉠ ② ㉡ ③ ㉢ ④ ㉣ ⑤ ㉤

건의문의 뜻 파악

1 이 글과 같이 개인이나 단체가 문제 상황을 해결하기 위해 당사자나 관련 단체에 의견을 밝히고 해결을 요구하는 글의 종류는?

① 설명문 ② 논설문 ③ 기사문 ④ 광고문 ⑤ 건의문

건의문의 특징 파악

2 이와 같은 글에 대한 설명으로 알맞지 않은 것은?

① 건의 내용이 이치에 합당해야 한다.
② 요구 사항은 한 가지만 제시해야 한다.
③ 문제적 상황이 명확하게 드러나야 한다.
④ 글쓴이의 편견이나 독단적인 의견은 배제해야 한다.
⑤ 단체와 관련된 건의는 구성원 전체에게 이익이 돌아가야 한다.

건의문의 구성 요소 파악

3 [가]~[마]에 나타나 있는 구성 요소끼리 묶은 것으로 알맞은 것은?

ⓐ 자신에 대한 소개 ⓑ 건의의 목적
ⓒ 해결 방안 ⓓ 기대 효과
ⓔ 끝인사 ⓕ 기록한 날짜와 서명

① ⓐ, ⓑ, ⓕ ② ⓐ, ⓔ, ⓕ ③ ⓑ, ⓒ, ⓓ
④ ⓒ, ⓓ, ⓔ ⑤ ⓓ, ⓔ, ⓕ

건의문을 쓰는 방법

4 글쓴이가 이 글을 쓰며 생각했을 법한 내용으로 적절하지 않은 것은?

①	계획하기	능력이 있음에도 불구하고 신분적, 지역적 차별로 인해 버림받고 있는 많은 인재들이 있음을 임금께 알려야지.
②	내용 생성하기	실제로 능력을 인정받지 못한 채 버림받은 사람들이 많은지 조사해 보고, 그들의 속마음을 들어 봐야겠군.
③	내용 조직하기	능력을 인정받지 못하고 버림받은 나의 체험을 먼저 제시하여 문제 상황을 실감 나게 보여 주어야겠어.
④	표현하기	건의 내용을 명확하게 제시하면서도, 신하로서 임금께 고하는 글이므로 정중한 표현을 사용해야지.
⑤	고쳐쓰기	능력에 따라 인재를 뽑아 달라는 핵심 내용에서 벗어난 부분은 없는지 다시 살펴봐야겠어.

5 [라]에 제시된 인재 등용에서의 해결 방안으로 볼 수 없는 것은?

① 중국의 제도를 본받자.
② 신분적, 지역적 차이에 따른 차별을 없애자.
③ 능력에 따른 인재 등용을 위한 제도를 시행하자.
④ 신하들이 제각기 천거한 사람들은 모두 등용하자.
⑤ 경학에 밝고 행실을 닦으며 문학과 정사에 능한 자를 뽑자.

6 [가]~[마] 중 글쓴이의 만민 평등 사상을 엿볼 수 있는 부분은?

① [가] ② [나]
③ [다] ④ [라]
⑤ [마]

7 [마]에 나타난 기대 효과가 아닌 것은?

① 인재가 성하게 일어나게 된다.
② 생기가 넘치는 나라로 변하게 된다.
③ 나라의 경제력과 군사력이 •부강하게 된다.
④ 버림받은 자들이 몸을 닦고 마음을 삼가게 된다.
⑤ 버림받은 자들이 다시 나랏일에 마음을 두게 된다.

문제 속 낱말 쏙!

• 부강(富强) : 부유하고 강함.

Ⅲ

문법

문법은 언어를 구성하고 움직이는 모든 정보와 규칙을 모은 것입니다.
문법을 공부하면 정확한 언어 표현으로 상대방과 원활하게 의사소통할 수 있습니다.
이 단원에서는 우리말 속에 숨어 있는 규칙을 이해하고,
올바른 언어생활을 하는 방법에 대해 알아봅니다.

❶ 언어의 본질

기초 튼튼 핵심 이론　언어의 자의성 | 언어의 사회성 | 언어의 역사성 | 언어의 창조성

실력 쑥쑥 확인 학습

❷ 국어의 음운

기초 튼튼 핵심 이론　음운의 체계 | 국어의 자음 체계 | 국어의 모음 체계 | 소리의 길이

실력 쑥쑥 확인 학습

❸ 품사

기초 튼튼 핵심 이론　품사의 분류 기준 | 품사의 형태상 분류 | 체언 | 관계언 | 용언 | 수식언 | 독립언

실력 쑥쑥 확인 학습

❹ 단어의 짜임

기초 튼튼 핵심 이론　형태소 | 단어 | 어근과 접사 | 단어의 형성 | 새말의 형성과 활용

실력 쑥쑥 확인 학습

❺ 어휘의 체계와 양상

기초 튼튼 핵심 이론　국어 어휘의 체계 | 어휘의 양상 | 어휘의 의미 관계

실력 쑥쑥 확인 학습

기초 튼튼 핵심 이론

1 언어의 본질

'언어'란?

생각이나 느낌을 나타내거나 전달하는 데에 쓰는 음성, 문자 등의 수단을 말한다. 모든 언어는 자의성, 사회성, 역사성, 창조성의 네 가지 특성을 지닌다.

1 언어의 자의성

• 언어가 나타내는 내용과 그것을 표현하는 형식 사이에는 필연적인 연관성이 없다.
• 어떤 내용을 전달하는 형식은 언어 사회마다 각각 다를 수 있다.

한국어 꽃[꼳] ←  → 일본어 はな[하나]
영어 flower[플라워] ← → 중국어 花[화]

2 언어의 사회성

• 언어는 그 언어를 사용하는 사람들 사이의 사회적 약속이므로, 형식과 내용 사이의 관계가 한번 정해지고 난 뒤에는 개인이 그것을 마음대로 바꿀 수 없다.
• 같은 언어를 사용하는 사람들끼리는 사회적 약속을 지켜야 원활하게 의사소통할 수 있다.

3 언어의 역사성

• 언어는 시간이 흐름에 따라 새로운 말이 생겨나기도 하고, 소리나 뜻이 달라지기도 하며, 이제까지 쓰이던 말이 사라지기도 한다.

언어의 생성	스마트폰, 인공 지능, 자율 주행, 블로그 등
언어의 변화	• 소리의 변화 : 뿌리([불휘] → [뿌리]), 물([믈] → [물]) • 의미의 변화 : 어리다(어리석다 → 나이가 적다) • 의미의 축소 : 얼굴(몸 전체의 모양새 → 머리의 앞부분) • 의미의 확대 : 영감(벼슬아치 → 나이가 많아 중년이 지난 남자)
언어의 소멸	즈믄(숫자 '천'의 옛말), 가람('강'의 옛말) 등

4 언어의 창조성

• 인간은 이미 알고 있는 말을 바탕으로 이전에 없었던 단어나 문장을 무한히 만들어서 사용할 수 있다.
• 동물이 본능에 의해 소리를 내거나 자신이 들은 소리를 모방하는 것과 달리 새로운 말을 창조해 내는 것은 인간만이 가진 고유의 특성이다.

확인 문제

1 모든 언어는 본질적으로 (   ), (   ), (   ), (   )(이)라는 네 가지 특성을 지닌다.

2 언어가 나타내는 내용과 그것을 표현하는 형식 사이에는 필연적인 연관성이 있다. (○ , ×)

3 다음에서 알 수 있는 언어의 본질은?

> 수영이는 외래어를 우리말로 바꿔야 한다며 스마트폰을 '슬기 전화'라고 부르기 시작했다. 하지만 아무도 '슬기 전화'가 무슨 뜻인지 알아듣지 못했다.

① 규칙성 ② 자의성
③ 역사성 ④ 창조성
⑤ 사회성

4 다음에서 알 수 있는 언어의 본질이 무엇인지 쓰시오.

> 과거에 '사랑'은 '좋아하는 마음'이라는 뜻뿐만 아니라 '생각'이라는 뜻도 가지고 있었다. 하지만 현재는 의미가 축소되어 '생각'이라는 뜻으로는 쓰이지 않는다.

5 인간은 동물과 달리 한 번도 들어 보지 못한 문장을 새로 만들어 낼 수 있는데, 이러한 특성을 '언어의 (   )'(이)라고 한다.

실력 쑥쑥 확인 학습

언어의 본질

정답과 해설 21쪽 ▶▶

1 다음과 관련한 언어의 본질을 쓰시오.

언어의 본질 이해

> 온(百) → 백, 즈믄(千) → 천, 가람(江) → 강

2 다음과 관련한 언어의 본질로 가장 적절한 것은?

언어의 본질 이해

> 꿀벌은 자신이 발견한 꿀의 위치와 방향을 춤으로써 나타낼 수는 있지만, “나는 꿀이 제일 좋아.”와 같은 표현은 할 수 없습니다.

① 자의성　② 창조성　③ 사회성
④ 역사성　⑤ 규칙성

3 다음에서 설명하는 언어의 본질을 쓰시오.

언어의 본질 이해

> ‘사랑’을 꼭 [사랑]이라고 불러야 할까요? 영어에서는 ‘love[러브]’, 일본어에서는 ‘あい[아이]’라고 하니까 꼭 [사랑]이라고 해야 할 이유는 없습니다. 어떤 의미와 그 말소리 사이에는 필연적인 연관성이 없는 것이지요.

4 언어의 역사성에 관한 예가 바르게 연결되지 않은 것은?

언어의 역사성

① 소멸 : 뫼(山), 미르(龍)
② 소멸 : [믈] → [물], [블] → [불]
③ 생성 : 텔레비전, 인터넷, 스마트폰
④ 변화 : (어리다) 어리석다 → 나이가 적다
⑤ 변화 : (어여쁘다) 불쌍히 여기다 → 예쁘다

② 국어의 음운

1 음운의 체계

(1) 음운

• 말의 뜻을 구별해 주는 소리의 가장 작은 단위를 말한다.

• 한 언어에서 의미를 구별해 주는 기능을 한다.

예 '물'은 'ㅁ + ㅜ + ㄹ'로, '불'은 'ㅂ + ㅜ + ㄹ'로 나누어지는데, 이 경우 'ㅁ'과 'ㅂ'은 말의 뜻을 다르게 만드는 음운에 해당한다.

• 언어마다 사용하는 구체적인 음운의 종류는 같지 않다.

(2) 음운의 종류

① 자음(19개) : 소리를 낼 때 목 안 또는 입안에서 장애를 받으며 나는 소리로, 모음 없이는 홀로 소리 날 수 없다.

② 모음(21개) : 소리를 낼 때 목 안 또는 입안에서 장애를 받지 않고 나오는 소리로, 자음 없이도 홀로 소리 날 수 있다.

2 국어의 자음 체계

(1) 발음 기관 단면도

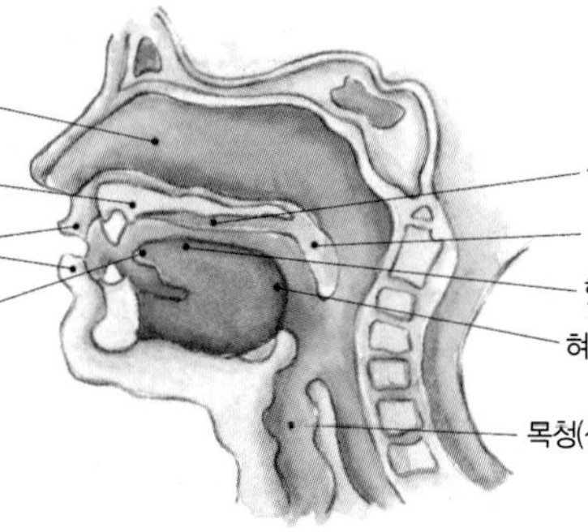

(2) 자음 체계표

소리 내는 방식 \ 소리 나는 위치			입술소리	잇몸소리	센입천장소리	여린입천장소리	목청소리
안울림 소리	파열음	예사소리	ㅂ	ㄷ		ㄱ	
		된소리	ㅃ	ㄸ		ㄲ	
		거센소리	ㅍ	ㅌ		ㅋ	
	파찰음	예사소리			ㅈ		
		된소리			ㅉ		
		거센소리			ㅊ		
	마찰음	예사소리		ㅅ			ㅎ
		된소리		ㅆ			
울림소리		비음(콧소리)	ㅁ	ㄴ		ㅇ	
		유음(흐름소리)		ㄹ			

확인 문제

1 다음 빈칸에 들어갈 알맞은 말을 쓰시오.

> 음운은 말의 ( )을/를 구별해 주는 소리의 가장 작은 단위이다.

2 다음 (1)과 (2)의 뜻을 구별해 주는 음운을 각각 찾아 쓰시오.

> (1) 남 – 님 (2) 강 – 방

3 다음 중 자음에 대한 설명으로 알맞지 않은 것은?

① 자음은 모두 19개이다.
② 자음은 음운의 한 종류이다.
③ 자음은 모음 없이는 홀로 소리 날 수 없다.
④ 자음은 소리 나는 위치에 따라 5가지로 나뉜다.
⑤ 자음은 소리를 낼 때 목 안 또는 입안에서 장애를 받지 않고 나오는 소리이다.

4 자음을 다음과 같이 분류한 기준으로 알맞은 것은?

> ㉠ ㄱ, ㄷ, ㅂ, ㅅ, ㅈ,
> ㉡ ㄲ, ㄸ, ㅃ, ㅆ, ㅉ
> ㉢ ㅋ, ㅌ, ㅍ, ㅊ

① 소리의 세기
② 입술의 모양
③ 발음 기관의 모양
④ 소리가 나는 위치
⑤ 목청의 울림 여부

정답과 해설 21쪽 ▶▶

3 국어의 모음 체계

(1) 단모음과 이중 모음

단모음 (10개)	발음할 때 입술 모양이나 혀의 위치가 변하지 않는 모음 (ㅏ, ㅐ, ㅓ, ㅔ, ㅗ, ㅚ, ㅜ, ㅟ, ㅡ, ㅣ)
이중 모음 (11개)	발음할 때 입술 모양이나 혀의 위치가 변하는 모음 (ㅑ, ㅒ, ㅕ, ㅖ, ㅘ, ㅙ, ㅛ, ㅝ, ㅞ, ㅠ, ㅢ)

(2) 단모음의 분류

① 입술 모양에 따른 분류
- 원순 모음 : 둥근 입술 모양으로 소리 나는 모음 (ㅗ, ㅚ, ㅜ, ㅟ)
- 평순 모음 : 평평한 입술 모양으로 소리 나는 모음 (ㅏ, ㅐ, ㅓ, ㅔ, ㅡ, ㅣ)

② 혀의 높낮이에 따른 분류
- 고모음 : 입이 조금 열려서 혀의 위치가 높은 모음 (ㅣ, ㅟ, ㅡ, ㅜ)
- 중모음 : 입이 조금 더 열려서 혀의 위치가 중간인 모음 (ㅔ, ㅚ, ㅓ, ㅗ)
- 저모음 : 입이 크게 열려서 혀의 위치가 낮은 모음 (ㅐ, ㅏ)

③ 혀의 위치에 따른 분류
- 전설 모음 : 혀의 최고점이 앞쪽에 있는 모음 (ㅣ, ㅔ, ㅐ, ㅟ, ㅚ)
- 후설 모음 : 혀의 최고점이 뒤쪽에 있는 모음 (ㅡ, ㅓ, ㅏ, ㅜ, ㅗ)

(3) 모음 체계표

혀의 최고점의 위치 / 입술 모양 / 혀의 높이	전설 모음		후설 모음	
	평순 모음	원순 모음	평순 모음	원순 모음
고모음	ㅣ	ㅟ	ㅡ	ㅜ
중모음	ㅔ	ㅚ	ㅓ	ㅗ
저모음	ㅐ		ㅏ	

4 소리의 길이

- 국어에서는 소리(모음)의 길이 차이에 따라 말의 뜻이 달라지기도 한다.
- 소리(모음)의 길이도 자음과 모음처럼 뜻을 구별해 주는 역할을 한다.

	짧은소리	긴소리		짧은소리	긴소리
눈	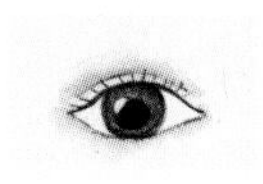 [눈]	 [눈 :]	발	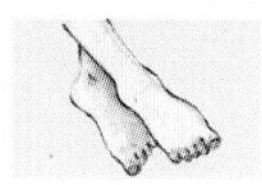 [발]	 [발 :]
밤	 [밤]	 [밤 :]	굴	 [굴]	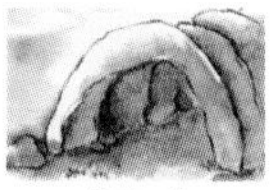 [굴 :]
말	 [말]	 [말 :]	솔	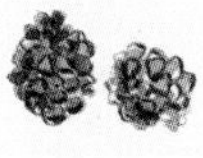 [솔]	 [솔 :]

확인 문제

5 다음 중 모음에 대한 설명으로 알맞지 않은 것은?

① 모음은 자음 없이 홀로 소리 날 수 있다.
② 모음에는 단모음 11개, 이중 모음 10개가 있다.
③ 단모음은 입술 모양에 따라 원순 모음과 평순 모음으로 나뉜다.
④ 단모음은 발음할 때 입술 모양이나 혀의 위치가 바뀌지 않는다.
⑤ 이중 모음은 발음할 때 입술 모양이나 혀의 위치가 움직이며 변한다.

6 다음과 같이 모음을 나눈 기준으로 알맞은 것은?

㉠ ㅣ, ㅟ, ㅡ, ㅜ
㉡ ㅔ, ㅚ, ㅓ, ㅗ

① 입술의 모양
② 목청의 떨림
③ 혀의 높낮이
④ 소리의 세기
⑤ 혀의 앞뒤 위치

7 다음 모음들을 발음할 때의 공통점을 쓰시오.

ㅣ, ㅔ, ㅐ, ㅟ, ㅚ

8 다음 밑줄 친 말 중, 소리의 길이가 나머지와 다른 것은?

① 밤사이에 눈이 많이 왔다.
② 찬물에 발을 담그니 시원했다.
③ 말을 많이 했더니 목이 아프다.
④ 양복에 묻은 먼지를 솔로 털어 냈다.
⑤ 할머니께서 간식으로 밤을 구워 주셨다.

실력 쑥쑥 확인 학습

국어의 음운

1 **다음 중 국어의 음운에 대한 설명으로 알맞은 것은?** 국어의 음운

① 자음은 독립적으로 소리 날 수 있다.
② 언어마다 사용하는 구체적인 음운의 종류는 동일하다.
③ 음운은 소리를 나타낼 뿐 말의 뜻을 구별해 주지는 못한다.
④ 음운이 소리가 나기 위해서는 반드시 모음이 포함되어야 한다.
⑤ 모음은 소리를 낼 때 목 안 또는 입안에서 장애를 받으면서 소리 난다.

2 **다음 중 자음과 소리 나는 위치를 연결한 것으로 알맞지 <u>않은</u> 것은?** 자음이 소리 나는 위치

① ㅎ : 목청소리 ② ㅃ : 입술소리 ③ ㅉ : 잇몸소리
④ ㅊ : 센입천장소리 ⑤ ㅇ : 여린입천장소리

3 **다음에 나타난 조건을 모두 만족시키는 자음을 쓰시오.** 국어의 자음 체계

ⓐ 혀의 뒷부분이 여린입천장에 닿아서 나는 소리
ⓑ 목청의 울림이 일어나지 않는 소리
ⓒ 크고 거친 느낌을 주는 소리

______

4 **다음 단어들 간의 차이를 만드는 요인으로 알맞은 것은?** 예사소리, 된소리, 거센소리의 구분

잘랑잘랑 – 짤랑짤랑 – 찰랑찰랑

① 소리의 세기 ② 소리의 길이 ③ 소리가 나는 위치
④ 파열음과 마찰음 ⑤ 콧소리와 흐름소리

5 **다음에 사용된 자음 중, 울림소리가 쓰인 횟수를 쓰시오.** 울림소리의 구분

알리알리 알랑성 알리알리 알라

______

정답과 해설 21쪽 ▶▶

6 다음 ⓐ, ⓑ에 들어갈 알맞은 모음을 각각 쓰시오.

국어의 모음 체계

혀의 최고점의 위치 / 입술 모양 / 혀의 높이	전설 모음		후설 모음	
	평순 모음	원순 모음	평순 모음	원순 모음
고모음				
중모음	ⓐ			
저모음			ⓑ	

7 다음 모음들을 분류한 기준으로 적절한 것은?

국어의 모음 체계

ㅏ, ㅐ, ㅓ, ㅔ, ㅡ, ㅣ : ㅗ, ㅚ, ㅜ, ㅟ

① 입술 모양　② 혀의 높낮이　③ 혀의 앞뒤 위치
④ 입을 벌리는 정도　⑤ 장애를 받는지의 여부

8 다음 밑줄 친 모음에 대한 설명으로 알맞은 것은?

단모음과 이중 모음

해야 솟아라. 해야 솟아라.

① 중모음에 속한다.　② 후설 모음에 속한다.　③ 전설 모음에 속한다.
④ 평순 모음에 속한다.　⑤ 이중 모음에 속한다.

9 다음 단어에 사용된 모음들의 공통점을 〈보기〉에서 골라 바르게 짝지은 것은?

모음의 분류

키위, 구름

보기

ㄱ. 단모음이다.
ㄴ. 둥근 입술 모양의 소리이다.
ㄷ. 혀의 높낮이가 가장 높은 자리에서 나는 소리이다.
ㄹ. 혀의 최고점의 위치를 기준으로 앞쪽에서 소리 난다.

① ㄱ, ㄴ　② ㄱ, ㄷ　③ ㄴ, ㄷ
④ ㄴ, ㄹ　⑤ ㄷ, ㄹ

10 다음 ㉠과 ㉡의 뜻을 다르게 만드는 요소가 무엇인지 쓰시오.

의미를 구별해 주는 요소

- 밤에 내린 ㉠눈으로 도로가 혼잡해졌다.
- 희경이의 얼굴에서 ㉡눈이 가장 예쁘다.

기초 튼튼 핵심 이론

③ 품사

‘품사’란?

공통된 성질을 띠는 단어끼리 묶어서 만든 단어의 갈래를 품사라고 한다. 국어의 품사는 분류 기준에 따라 여러 종류로 나뉜다.

1 품사의 분류 기준

(1) 분류의 기준

① 형태 : 문장에서 사용될 때 형태가 변하는지 여부에 따라 단어를 분류한다.

② 기능 : 단어가 문장에서 어떤 기능을 하는지에 따라 분류한다.

③ 의미 : 단어들이 가지는 공통된 의미에 따라 분류한다.

(2) 분류의 결과

형태에 따라	기능에 따라	의미에 따라
불변어	체언	명사
		대명사
		수사
	관계언	조사
	수식언	관형사
		부사
	독립언	감탄사
가변어	용언	동사
		형용사

2 품사의 형태상 분류

(1) **불변어** : 문장에서 사용될 때 형태가 변하지 않는 단어를 말한다.

예 마당에 꽃이 피었다. 꽃이 정말 예쁘다. 이 꽃은 빨간색이다.
→ 문장 안에서 형태가 변하지 않는 ‘꽃’은 불변어

(2) **가변어** : 문장에서 사용될 때 형태가 변하는 단어를 말한다.

예 나는 보통 열한 시에 잔다. 자는 시간을 줄여서 공부했다. 잠을 충분히 자야 피곤하지 않다.
→ 문장 안에서 형태가 변하는 ‘자다’는 가변어

3 체언

(1) **뜻** : 문장에서 주로 동작이나 상태의 주체(누가 / 무엇이) 또는 동작의 대상(누구를 / 무엇을)을 나타내는 말을 뜻한다.

(2) 특성

① 문장에서 사용될 때 형태가 변하지 않는다.

② 조사와 결합하여 쓰이거나 홀로 쓰인다.

확인 문제

1 단어를 공통된 성질에 따라 나눈 갈래를 무엇이라고 하는지 쓰시오.

2 다음 중 품사의 분류 기준이 되는 것을 모두 골라 기호를 쓰시오.

㉠ 기능 ㉡ 길이 ㉢ 소리
㉣ 의미 ㉤ 상태 ㉥ 형태

3 단어를 형태에 따라 분류했을 때 성격이 다른 하나는?

① 가다 ② 과연
③ 먹다 ④ 크다
⑤ 달리다

4 체언에 대한 설명으로 알맞지 않은 것은?

① 불변어에 속한다.
② 조사와 결합하지 않는다.
③ ‘이것’, ‘저것’, ‘여기’, ‘저기’는 체언이다.
④ 명사, 대명사, 수사를 통틀어 이르는 말이다.
⑤ 문장에서 동작이나 상태의 주체 또는 동작의 대상이 된다.

5 다음 빈칸에 들어갈 알맞은 말을 차례대로 쓰시오.

체언에는 명사, 대명사, 수사가 있다. 이 중 명사는 사람이나 사물, 추상적인 대상의 (　　)을/를 나타내는 단어이고, 대명사는 사람이나 사물, 장소의 이름을 (　　)하여 이르는 단어이다. 수사는 (　　)(이)나 순서를 나타내는 단어이다.

정답과 해설 22쪽 ▶▶

(3) 종류

① 명사

• 늘 푸른 소나무

• 나는 국어 과목이 제일 좋다.

뜻	사람이나 사물, 추상적인 대상의 이름을 나타내는 단어
예	엄마, 아빠, 친구, 사과, 하늘, 삶, 우정, 사랑 등

② 대명사

• 우리는 사이좋은 친구랍니다.

• 저기에 정류장이 있어요.

뜻	사람이나 사물, 장소의 이름을 대신하여 나타내는 단어
예	그녀, 나, 너희, 아무, 누구, 그곳, 저곳 등

③ 수사

• 공책이 하나, 연필이 하나

• 우리 셋은 가족이다.

뜻	수량이나 순서를 나타내는 단어
예	하나, 둘, 셋, 넷, 첫째, 둘째, 셋째 등

4 관계언

(1) 뜻 : 문장에 쓰인 단어들의 문법적 관계를 나타내는 기능을 하는 말로, 조사를 뜻한다.

(2) 특성

① 홀로 쓰이지 못하고 반드시 다른 단어에 붙어서 쓰인다.

② 문장에서 쓰일 때 형태가 변하지 않지만, 예외적으로 '이다'는 형태가 변한다.

확인 문제

6 품사의 종류가 나머지와 다른 하나는?

① 꿈 ② 파도
③ 우리 ④ 학교
⑤ 무지개

7 모든 조사는 문장에서 쓰일 때 형태가 변하지 않는다. (○ , ×)

8 다음을 통해 알 수 있는 조사의 특성으로 알맞은 것은?

> • 늑대가 여우를 물었다.
> • 늑대를 여우가 물었다.

① 수량이나 순서를 나타낸다.
② 문장에서 다른 말을 꾸며 준다.
③ 문장에서 대상의 상태를 나타낸다.
④ 사람이나 사물의 이름을 대신하여 나타낸다.
⑤ 문장에 쓰인 단어들의 문법적 관계를 나타낸다.

9 다음 문장에 쓰인 조사의 개수로 알맞은 것은?

> 오늘 학교에 가다 지훈이와 수진이를 만나서 함께 등교했다.

① 1개 ② 2개
③ 3개 ④ 4개
⑤ 5개

선생님, 질문 있어요!

'학생 한 명, 책 세 권'에서 '한', '세'도 수사인가요? 정답 26쪽

(3) 종류

• 조사

• 민희<u>가</u> 꽃<u>에</u> 물<u>을</u> 준다.

• 안녕, 너<u>도</u> 우리 반<u>이야</u>?

뜻	주로 체언 뒤에 붙어서 다른 말과의 문법적 관계를 나타내거나 특별한 뜻을 더해 주는 단어
예	이/가, 을/를, 의, 으로, 에서, 와/과, 이다, 은/는, 만, 도, 조차 등

5 용언

(1) **뜻** : 문장에서 '(누가 / 무엇이) 어찌하다.', '(누가 / 무엇이) 어떠하다.'와 같이 대상의 동작과 상태를 서술하는 말을 뜻한다.

(2) **특성** : 문장에서 쓰일 때 형태가 다양하게 변하는데, 이를 '활용(活用)'이라고 한다.

(3) 종류

① 동사

• 다 같이 밥을 <u>먹는다</u>.

• 아침마다 학교에 <u>간다</u>.

뜻	사람이나 사물의 움직임을 나타내는 단어
예	날다, 웃다, 뛰다, 걷다, 자다, 사다 등

② 형용사

• 겨울은 몹시 <u>춥다</u>.

• 고양이의 털이 <u>부드럽다</u>.

뜻	사람이나 사물의 상태나 성질을 나타내는 단어
예	예쁘다, 착하다, 아름답다, 좋다, 덥다, 아프다 등

확인 문제

10 용언은 문장에서 쓰일 때 형태가 다양하게 변하는데, 이를 (　　　　)(이)라고 한다.

11 다음 밑줄 친 단어 중 용언이 아닌 것은?

① 공 좀 <u>멀리</u> 던져 줘.
② 점심으로 뭘 <u>먹을까</u>?
③ 혜진이는 방금 집에 <u>갔어</u>.
④ 하늘은 <u>높고</u> 말은 살찐다.
⑤ 나는 떡볶이를 제일 <u>좋아한다</u>.

12 품사의 종류가 나머지와 다른 하나는?

① 입다　② 울다
③ 말하다　④ 멈추다
⑤ 차갑다

13 다음 중 형용사에 해당하는 단어를 모두 찾아 쓰시오.

> 웃다 녹다 맛있다 슬프다
> 서두르다 고민하다 진지하다

14 다음 중 동사가 사용되지 않은 문장은?

① 드디어 수업이 끝났다.
② 눈을 감고 음악을 들었다.
③ 아침부터 머리가 어지럽다.
④ 하늘에서 눈이 펑펑 내린다.
⑤ 배고파서 빵이라도 먹어야겠다.

정답과 해설 22쪽 ▸▸

6 수식언

(1) 뜻 : 문장에서 다른 단어를 꾸며 주는 말을 뜻한다.

(2) 특성 : 문장에서 쓰일 때 형태가 변하지 않으며, 생략되어도 대부분 문장이 성립된다.

(3) 종류

① 관형사

• 오늘 새 운동화를 신었다. • 어느 맛 아이스크림을 살까?

뜻	체언 앞에 놓여 체언을 자세하게 꾸며 주는 단어
예	이, 그, 저, 한, 모든, 어떤, 새, 헌 등

② 부사

• 늦기 전에 빨리 가자. • 장미가 정말 빨갛다.

뜻	용언 또는 다른 말 앞에 놓여 그 뜻을 분명하게 해 주는 단어
예	꽤, 매우, 많이, 가장, 아주, 너무, 잘, 정말, 과연, 아마 등

7 독립언

(1) 뜻 : 문장에서 다른 단어와 직접적인 관계를 맺지 않고 홀로 쓰이는 말을 뜻한다.

(2) 특성 : 문장에서 쓰일 때 형태가 변하지 않으며, 다른 성분과 결합하지 않는다.

(3) 종류

• 감탄사

• 어머나, 깜짝이야! • 네, 무엇을 도와드릴까요?

뜻	말하는 사람의 놀람, 느낌, 부름, 응답 등을 나타내는 단어
예	앗, 우아, 어머나, 어이쿠, 야, 예, 응, 네, 여보세요 등

확인 문제

15 관형사와 부사의 공통점으로 알맞은 것은?

① 반드시 다른 단어에 붙어 쓰인다.
② 문장에서 다른 단어를 꾸며 준다.
③ 문장에서 쓰일 때 형태가 달라진다.
④ 문장에서 생략할 수 없는 성분이다.
⑤ 말하는 사람의 놀람, 부름, 응답 등을 나타낸다.

16 다음 밑줄 친 단어 중 관형사가 아닌 것은?

① 너는 어떤 노래를 좋아하니?
② 모든 사람이 다 모인 것 같군.
③ 옛 친구를 만나니 기분이 좋다.
④ 요즘 들어 동생의 떼가 부쩍 늘었다.
⑤ 두껍아, 두껍아, 헌 집 줄게, 새 집 다오.

17 다음 문장에서 부사를 모두 찾아 쓰시오.

> 아마 지현이는 오이를 무척 싫어할걸.

18 감탄사는 조사와 결합하지 않는다. (○ , ×)

선생님, 질문 있어요!

'철수야, 밥 먹어라.'에서 '철수야'의 품사도 감탄사인가요? 정답 26쪽

실력 쑥쑥

확인 학습 품사

1 다음 중 품사에 대한 설명으로 알맞지 않은 것은? 품사의 분류

① 수식언에는 관형사와 부사가 있다.
② 품사는 기능, 형태, 의미에 따라 분류된다.
③ 수량이나 순서를 나타내는 수사는 관계언이다.
④ 느낌이나 부름, 대답을 나타내는 말을 감탄사라고 한다.
⑤ 동사와 형용사는 주로 서술어로 쓰이는 말로, 용언에 해당한다.

2 품사를 기능에 따라 분류하였을 때, 〈보기〉의 밑줄 친 단어를 포함하는 품사와 그 특징으로 알맞은 것은? 품사의 특징

보기

승환이는 야구를 아주 잘한다.

① 용언 : 문장의 주체를 서술한다.
② 독립언 : 문장에서 독립적으로 쓰인다.
③ 체언 : 문장에서 동작이나 상태의 주체를 나타낸다.
④ 수식언 : 문장에서 다른 단어를 꾸며 주는 역할을 한다.
⑤ 관계언 : 문장에 쓰인 단어들 간의 문법적 관계를 나타낸다.

3 다음에 해당되는 단어를 〈보기〉에서 찾아 쓰시오. 품사의 구분

보기

• 비가 보슬보슬 내린다.
• 그녀가 노래를 부른다.

(1) 사람이나 사물의 이름을 나타내는 말 : ____________
(2) 사람이나 사물의 이름을 대신 나타내는 말 : ____________
(3) 사람이나 사물의 움직임을 나타내는 말 : ____________

4 ㉠~㉤의 품사로 알맞지 않은 것은? 품사의 종류 파악

㉠정글 숲을 지나서 가자. ㉡엉금엉금 ㉢기어서 가자. 늪지대가 나타나면 악어 떼㉣가 ㉤나온다.

① ㉠ : 명사　② ㉡ : 부사　③ ㉢ : 형용사
④ ㉣ : 조사　⑤ ㉤ : 동사

5 **다음 중 관형사와 부사가 모두 쓰인 문장은?**

관형사와 부사의 구분

① 그 사람은 선생님이 되었다.
② 며칠 동안 비가 많이 내렸다.
③ 우리 마을에는 넓은 호수가 있다.
④ 앞으로 나아가지 못하고 제자리걸음만 한다.
⑤ 열심히 공부했는데 이런 성적을 받아 아쉽다.

6 **다음 문장에서 〈보기〉의 특성이 나타나는 단어를 모두 찾아 쓰시오.**

조사의 특성

동수는 오늘도 학교에 제일 먼저 왔다.

보기

주로 체언 뒤에 붙어서 다른 말과의 문법적 관계를 나타내거나 특별한 뜻을 더해 주는 역할을 한다.

7 **다음 문장의 밑줄 친 단어가 수사인 것은?**

수사와 관형사의 구분

① 책 세 권을 샀습니다.
② 빵 하나를 먹었습니다.
③ 편지를 한 통 부쳤습니다.
④ 손님이 열 분 오셨습니다.
⑤ 나무가 두 그루 서 있습니다.

8 **다음 밑줄 친 단어 중, 감탄사에 해당하지 않는 것은?**

감탄사의 구분

① 동수야, 참 잘했다.
② 아차, 실수를 했구나!
③ 네, 그 답이 맞습니다.
④ 여보게, 방으로 들어오게.
⑤ 어머나, 시냇물이 참 맑기도 해라!

9 **〈보기〉의 문장 속 단어를 (가)와 (나)로 분류한 기준을 2음절로 쓰시오.**

품사의 형태상 분류

보기

"저기에 보이는 빨간 신발이 너에게 주는 나의 선물이다."

(가) : 저기, 에, 신발, 이, 너, 에게, 나, 의, 선물
(나) : 보이는, 빨간, 주는, 이다

기초 튼튼 핵심 이론

④ 단어의 짜임

1 형태소

(1) 형태소의 뜻

뜻을 가진 가장 작은 말의 단위

예 어제 먹은 풋사과가 아주 달다.
→ 어제 / 먹- / -은 / 풋- / 사과 / 가 / 아주 / 달- / -다

(2) 형태소의 특징

① 더 작은 단위로 쪼개면 본래의 뜻을 잃어버린다.

예 사과 → 사 + 과 (×)

② 한 개 이상의 형태소가 모여 단어를 이룬다.

예 책 + 가방 → 책가방, 달- + -다 → 달다

(3) 형태소의 구분

① 홀로 쓰일 수 있느냐에 따라

남에게 예속되거나 의지하지 않고 스스로 섬

자립 형태소	다른 형태소의 도움 없이 홀로 쓰일 수 있는 형태소 예 어제, 사과, 아주
의존 형태소	홀로 쓰일 수 없어 항상 다른 형태소와 함께 쓰이는 형태소 예 먹-, -은, 풋-, 가, 달-, -다

② 실질적인 의미를 가지느냐에 따라

실질 형태소	실질적인 의미를 가지고 있는 형태소 예 어제, 먹-, 사과, 아주, 달-
형식 형태소	실질적인 의미를 가지지 못하고 실질 형태소에 붙어 문법적인 기능을 나타내는 형태소 예 -은, 풋-, 가, -다

2 단어

(1) 단어의 뜻

뜻을 지니면서 홀로 쓰일 수 있는 말. 또는 홀로 쓰이는 말 뒤에 붙어 쉽게 분리할 수 있는 말

예 영희는 밥을 잘 먹는다.
→ 영히 / 는 / 밥 / 을 / 잘 / 먹는다.

확인 문제

1 다음 빈칸에 들어갈 알맞은 말을 쓰시오.

> 뜻을 가진 가장 작은 말의 단위를 (   )(이)라고 한다.

2 다음 문장을 형태소의 종류에 따라 분석하시오.

> 동수가 새 구두를 신었다.

(1) 자립 형태소 :
(2) 의존 형태소 :
(3) 실질 형태소 :
(4) 형식 형태소 :

3 다음 중 형태소 분석이 바르지 않은 것은?

① 하늘 : 하, 늘
② 높다 : 높-, -다
③ 검다 : 검-, -다
④ 책가방 : 책, 가방
⑤ 푸르다 : 푸르-, -다

4 다음 중 의존 형태소로만 이루어진 단어는?

① 사과 ② 꽃밭
③ 비구름 ④ 눈사람
⑤ 누렇다

정답과 해설 23쪽 ▶▶

(2) 단어의 특성

① 자립성 : 조사를 제외한 단어는 문장 안에서 홀로 쓰일 수 있다.

예 영희, 밥, 잘, 먹는다

② 분리성 : 조사는 문장 안에서 홀로 쓰일 수 없지만, 홀로 쓰이는 말의 뒤에 붙어 쉽게 분리될 수 있다. 예 는, 을

(3) 단어와 형태소의 관계

단어는 하나 또는 그 이상의 형태소로 이루어진다.

한 개의 형태소	예 강, 산, 바다 등
두 개의 형태소	예 밤 + 나무 → 밤나무
세 개의 형태소	예 걸- + -었- + -다 → 걸었다
네 개의 형태소	예 뛰- + -었- + -겠- + -다 → 뛰었겠다

3 어근과 접사

(1) 어근

형태소가 결합하여 단어를 형성할 때, 단어의 실질적인 의미를 나타내는 부분

예 배, 하늘, 놀다, 햇과일, 사냥꾼

(2) 접사

어근에 붙어 어근에 특정한 의미나 기능을 더해 주는 부분

① 접사의 종류

접두사	어근의 앞에 붙는 접사 예 햇과일 (햇- + 과일)
접미사	어근의 뒤에 붙는 접사 예 사냥꾼 (사냥 + -꾼)

② 접사의 예

예	의미	쓰임
햇-	그 해에 새로 난	햇솜, 햇곡식
풋-	처음 나온, 덜 익은, 미숙한, 깊지 않은	풋귤, 풋사랑
알-	겉을 덮어 싼 것이나 딸린 것을 다 제거한, 진짜	알밤, 알토란
치-	위로 향하게	치솟다
맨-	다른 것이 없는	맨발, 맨땅
헛-	이유 없는, 보람 없는	헛수고
날-	말리거나 익히거나 가공하지 않은	날것, 날고기
덧-	거듭된, 겹쳐 신거나 입는	덧니, 덧신
-꾼	어떤 일을 전문적으로 또는 습관적으로 하는 사람	잔소리꾼
-보	그것을 특성으로 지닌 사람	잠보, 먹보
-질	그 도구를 가지고 하는 일	바느질
	그 신체 부위를 이용한 어떤 행위	주먹질
-장이	그것과 관련된 기술을 가진 사람	옹기장이
-쟁이	그것이 나타내는 속성을 많이 가진 사람	겁쟁이

확인 문제

5 다음 중 단어에 대한 설명으로 알맞지 않은 것은?

① 하나의 형태소로 이루어진 단어도 있다.
② 조사를 제외하고는 문장에서 홀로 쓰일 수 있다.
③ 세 개의 형태소가 결합하여 단어가 되기도 한다.
④ 문장을 구성하는 단위로 띄어쓰기의 기준이 된다.
⑤ 조사는 홀로 쓰이는 말의 뒤에 붙어서 쉽게 분리된다.

6 다음 빈칸에 들어갈 알맞은 말을 쓰시오.

> 형태소가 결합하여 단어를 형성할 때, 단어의 실질적인 의미를 나타내는 부분을 (   )(이)라고 한다.

7 다음 단어들의 어근으로 알맞지 않은 것은?

① 나무 : 나무
② 놀다 : 놀-
③ 맨발 : 발
④ 먹었다 : 먹-
⑤ 밤나무 : 나무

8 다음 중 접사를 포함하고 있지 않은 단어는?

① 안개꽃 ② 치뜨다
③ 날고기 ④ 선생님
⑤ 욕심쟁이

9 다음 중 접두사와 결합하여 만들어진 단어가 아닌 것은?

① 날고기 ② 맨손
③ 덧니 ④ 풋잠
⑤ 먹보

4 단어의 형성

- 단어
  - 단일어 — 하나의 어근으로 이루어진 단어
  - 복합어
    - 합성어 — 둘 이상의 어근이 결합하여 이루어진 단어
    - 파생어 — 어근과 접사가 결합하여 이루어진 단어 (접두사 + 어근, 어근 + 접미사)

(1) 단일어

- 하나의 어근(실질 형태소)으로만 이루어진 단어 예 꽃, 나무, 하늘 등
- 접사가 없이 '어간 + 어미'로 이루어진 단어도 단일어로 간주한다.
  예 먹다, 놀다, 가다 등

(2) 복합어

두 개 이상의 어근이 결합하거나 어근에 접사가 결합하여 이루어진 단어

① 합성어 : 어근과 어근이 결합하여 만들어진 단어

예

논밭(논 + 밭)

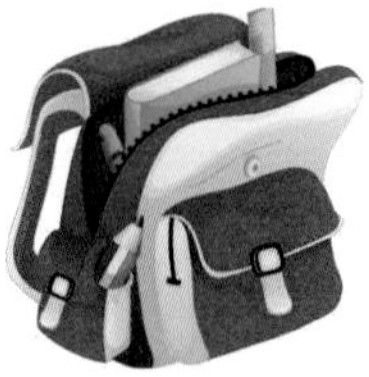

책가방(책 + 가방)

② 파생어 : 어근에 접사가 결합하여 만들어진 단어

예

햇밤(햇- + 밤)

멋쟁이(멋 + -쟁이)

(3) 합성어

① 결합 방식에 따라

대등: 서로 견주어 높고 낮음이나 낫고 못함이 없이 비슷하게

어근이 대등하게 결합하여 본래의 뜻을 유지하는 합성어(대등)	예 손발(손 + 발), 논밭(논 + 밭), 오가다(오- + 가-), 여닫다(열- + 닫-)
한 어근이 다른 어근을 꾸며 주는 합성어(수식)	예 책가방(책 + 가방), 손수건(손 + 수건), 군밤(굽- + 밤), 돌다리(돌 + 다리), 물고기(물 + 고기)
두 어근이 결합하여 새로운 의미를 만들어 내는 합성어(융합)	예 밤낮(늘, 항상), 피땀(노력, 정성), 바늘방석(불편하고 불안한 자리), 강산(국토)

② 형태 변화에 따라

결합할 때 어근의 변화가 없는 합성어	예 손가락(손 + 가락), 밥그릇(밥 + 그릇), 손수건(손 + 수건), 검붉다(검- + 붉-), 뛰놀다(뛰- + 놀-)
결합할 때 어근의 변화가 있는 합성어	예 마소(말 + 소), 달걀(닭 + 알), 이튿날(이틀 + 날), 군밤(굽- + 밤), 여닫다(열- + 닫-), 소나무(솔 + 나무)

확인 문제

10 다음 단어들의 공통적인 특성으로 알맞은 것은?

> 하늘, 놀다, 아주

① 어근에 접사가 결합한 말이다.
② 자립 형태소를 가지고 있는 말이다.
③ 형식 형태소를 가지고 있는 말이다.
④ 하나의 어근으로 이루어진 말이다.
⑤ 두 개의 어근으로 이루어진 말이다.

11 다음 중 단어의 형성 방법이 다른 하나는?

① 덧니 ② 먹보
③ 사냥꾼 ④ 군소리
⑤ 날짐승

12 다음 중 합성어의 결합 방식에 대한 분석으로 알맞지 않은 것은?

① 군밤 – 수식
② 피땀 – 융합
③ 물고기 – 수식
④ 오가다 – 대등
⑤ 바늘방석 – 수식

13 다음 중 어근의 형태가 변하면서 결합한 합성어는?

① 옷감 ② 손가락
③ 소나무 ④ 책가방
⑤ 검붉다

정답과 해설 23쪽 ▶▶

(4) 파생어

① 접사의 종류에 따라

접두사에 의한 파생어	예 맨손(맨- + 손), 치솟다(치- + 솟다)
접미사에 의한 파생어	예 심술꾸러기(심술 + -꾸러기), 욕심쟁이(욕심 + -쟁이)

② 품사의 변화 여부에 따라

어근의 품사 변화가 없는 파생어	예 헛- + 수고(명사) → 헛수고(명사) 사냥(명사) + -꾼 → 사냥꾼(명사)
어근의 품사 변화가 있는 파생어	예 지우-(동사) + -개 → 지우개(명사) 높-(형용사) + -이 → 높이(명사) 공부(명사) + -하다 → 공부하다(동사)

5 새말의 형성과 활용

(1) 새말의 뜻

사회가 변하면서 새롭게 생긴 말과 새로 들어온 말

(2) 새말이 만들어지는 이유

① 기존에 있던 말을 이용해서 새로 생겨난 개념을 표현하기 위해

예 혼밥족, 기계치

② 새롭게 만들어진 사물을 표현하기 위해

예 스마트폰, 노래방

③ 기존에 있던 말을 쓰기 편하게 줄여 쓰기 위해

예 강추(강력 추천), 문상(문화 상품권), 생파(생일 파티)

④ 외래어나 외국어를 우리말로 순화하기 위해

예 리플 → 댓글, 인터체인지 → 나들목

(3) 새말을 만드는 방법

합성의 방식	예 노래방(노래 + 방), 꽃미남(꽃 + 미남), 총알 배송(총알 + 배송)
파생의 방식	예 배낭족(배낭 + -족), 누리꾼(누리 + -꾼), 새내기(새 + -내기)

(4) 새말의 소멸

언어는 시대적 · 문화적 상황에 따라 '생성 → 변화 → 소멸'의 단계를 거치는데, 새말의 쓰임이 많지 않거나 그것을 대신하는 말이 나타나면 사라지게 된다.

(5) 새말의 활용 방법

국어의 어법에 어긋나는 방식으로 새말을 만들어 쓰거나, 외국어와 외래어를 무분별하게 결합하여 새말을 만드는 것은 우리말을 훼손할 수 있고, 세대나 집단 간의 의사소통에 장애를 가져올 수도 있으므로 바람직하지 않다.

확인 문제

14 다음 중 접사의 종류가 다른 하나는?

① 개떡 ② 맨땅
③ 걸레질 ④ 풋사랑
⑤ 알부자

15 다음 중 파생어가 아닌 것은?

① 넓이 ② 불장난
③ 지우개 ④ 덧버선
⑤ 고집쟁이

16 다음 빈칸에 들어갈 알맞은 말을 쓰시오.

> 사회가 변하면서 새롭게 등장한 말을 (　　　)(이)라고 한다.

17 다음 단어들이 만들어진 방법으로 알맞은 것은?

> 강추, 생파, 깜놀

① 어근과 어근의 결합
② 일반적인 파생의 방법
③ 외래어와 한자어의 결합
④ 기존 단어의 일부 글자 결합
⑤ 실질 형태소와 형식 형태소의 결합

18 다음 중 새말이 만들어지는 이유가 아닌 것은?

① 새로 생겨난 개념을 표현하기 위해서
② 사라지는 말을 다시 살려 쓰기 위해서
③ 새롭게 만들어진 사물을 표현하기 위해서
④ 기존에 쓰던 말을 편하게 줄여 쓰기 위해서
⑤ 외래어를 우리말로 순화하여 쓰기 위해서

실력 쑥쑥 확인 학습

단어의 짜임

1 다음 중 형태소와 단어에 대한 설명으로 알맞은 것은? 형태소와 단어의 구별

① 단어는 뜻을 가진 가장 작은 말의 단위이다.
② 단어는 반드시 두 개 이상의 형태소로 이루어진다.
③ 하나의 형태소는 하나 이상의 단어로 나뉠 수 있다.
④ 형태소는 더 작은 단위로 쪼개면 본래의 뜻을 잃어버린다.
⑤ 단어는 홀로 쓰일 수 있는지, 실질적인 의미를 가지고 있는지에 따라 분류할 수 있다.

2 다음 문장을 형태소로 바르게 분석한 것은? 형태소의 구분

> 나는 풋사과와 김밥을 먹었다.

① 자립 형태소 : 나, 는, 사과, 와, 김, 밥, 을
② 의존 형태소 : 풋–, 먹–, –었–, –다
③ 실질 형태소 : 나, 풋–, 사과, 김, 밥, 먹–, –었–
④ 형식 형태소 : 는, 와, 을, –다
⑤ 형태소 : 나, 는, 풋–, 사과, 와, 김, 밥, 을, 먹–, –었–, –다

3 다음 문장에 대한 설명으로 알맞지 않은 것은? 형태소의 구분

> 나는 어제 저녁을 일찍 먹었다.

① 7개의 단어로 나누어진다.
② 8개의 형태소로 나누어진다.
③ 5개의 어절로 이루어져 있다.
④ '는, 을'은 홀로 쓰일 수 없지만 단어이다.
⑤ '어제, 일찍'은 하나의 형태소이면서, 하나의 단어이다.

4 다음 중 단어 형성법에 대한 설명으로 알맞지 않은 것은? 국어의 단어 형성법

① 어근에 접사가 결합한 복합어로는 '햇밤', '먹보' 등이 있다.
② 어근과 어근이 결합하여 이루어진 단어를 합성어라고 한다.
③ 복합어는 '앞뒤'와 같은 합성어와 '햇밤'과 같은 파생어로 나뉜다.
④ 형태소가 결합하여 단어를 형성할 때, 실질적인 의미를 나타내는 부분을 '접사'라고 한다.
⑤ 어근이 대등하게 결합해서 본래의 뜻을 유지하는 합성어로는 '손발', '마소', '논밭' 등이 있다.

정답과 해설 24쪽 ▶▶

5 **다음 중 어근끼리 결합한 단어를 모두 골라 쓰시오.**

합성어와 파생어의 구별

알밤, 물병, 햇밤, 밤낮, 겁쟁이,
벌판, 오가다, 날고기, 옹기장이

6 **다음 중 밑줄 친 단어의 의미 결합 방식이 다른 하나는?**

합성어의 결합 방식

① 나는 어머니의 생신에 손수건을 선물했다.
② 아침부터 이슬비가 내려서 우산을 쓰고 학교에 갔다.
③ 국어 숙제를 해 오지 않았더니 수업 내내 바늘방석이었다.
④ 아버지께서 중국에 출장을 다녀오시면서 가죽신을 사 오셨다.
⑤ 할아버지 혼자 손수레를 끌고 가시는 것을 보고 가서 도와드렸다.

7 **다음 중 파생어를 포함하고 있지 않은 문장은?**

파생어의 구분

① 우리 집 뒷동산에 진달래꽃이 예쁘게 피었다.
② 내 친구는 웃을 때 보이는 덧니가 정말 귀엽다.
③ 추석에는 사과, 배, 감, 밤 등의 햇과일이 풍성하다.
④ 나는 잃어버린 책을 찾기 위해 온 방을 뒤졌지만 헛수고였다.
⑤ 형은 요즘 살을 빼기 위해 날음식 위주로 식단을 짜서 먹고 있다.

8 **다음을 새말을 만드는 방식에 따라 분류하여 쓰시오.**

새말의 생성 방법

배낭족, 노래방, 열공, 새내기,
스마트폰, 꽃미남, 셀카, 누리꾼, 생파

(1) 합성의 방식 :
(2) 파생의 방식 :
(3) 머리글자 합치기 :

기초 튼튼 핵심 이론

5 어휘의 체계와 양상

‘어휘’ 란?

공통된 성격의 단어들이 모여 만들어진 집합을 말한다.

1 국어 어휘의 체계

(1) **고유어** : 본디부터 우리말에 있었거나 우리말에 기초하여 새로 만들어진 말을 가리킨다. 예 어머니, 아버지, 나라, 하늘, 땅, 밥, 살랑살랑, 팔짝팔짝, 깡충깡충 등

(2) **한자어** : 한자에 기초하여 만들어진 말을 가리킨다.

예 국가(國家), 사회(社會), 학교(學校), 병원(病院), 친구(親舊) 등

(3) **외래어** : 다른 나라에서 들어왔지만 우리말처럼 쓰이는 말을 가리킨다.

예 버스(bus), 컴퓨터(computer), 인터넷(internet), 빵(pão) 등

2 어휘의 양상

(1) 지역 방언

- 산이나 큰 강 등의 지리적 요인에 따라 나뉘어 다르게 쓰는 말을 뜻한다.
- 같은 지역 방언을 사용하는 사람들 사이의 친밀감을 높여 주고, 해당 지역의 정서와 감정을 효과적으로 전달하게 해 준다.

- 경기도 : 상추, 상초, 상취, 상췌, 부루 …
- 강원도 : 생초, 생추, 부루, 불구, 불기, 풀기 …
- 전라남도 : 상추, 상초, 상치, 송추, 단장초 …
- 경상남도 : 상추, 쌍추, 부상추, 푸상추 …

(2) 사회 방언

- 세대, 성별, 직업 등의 사회적 요인에 따라 나뉘어 다르게 쓰는 말을 뜻한다.
- 같은 사회 방언을 사용하는 집단 내에서 의사소통의 효율성을 높여 주고 구성원들에게 소속감을 갖게 해 주는 반면, 해당 어휘를 모르는 사람들에게는 소외감을 줄 수 있다.
- 사회 방언의 예로는 전문어, 은어 등을 들 수 있다.

전문어	• 학술이나 기타 전문 분야에서 특별한 의미로 사용하는 말 • 간결한 언어로 복잡하고 어려운 내용을 명확하게 전달할 수 있음 예 소방 용어 : 기화열, 산화열, 난연성, 응집성, 발화점, 인화점 등
은어	• 어떤 계층이나 부류의 사람들이 다른 사람들이 알아듣지 못하도록 자기네 구성원들끼리만 사용하는 말 • 비밀을 유지하기 위한 암호의 성격을 지님 예 심마니들의 은어 : 내피(2년생 산삼), 산개(호랑이), 넙대(곰) 등

확인 문제

1 공통된 성격의 단어들이 모여 이루어진 집합을 가리키는 말을 쓰시오.

2 국어 어휘 체계를 이루는 어휘의 종류는 (　　　), (　　　), (　　　)이다.

3 다음 중 본디부터 우리말에 있던 어휘인 것은?

① 빵　② 사흘　③ 신문　④ 재킷　⑤ 학생

4 다음 단어들의 공통점으로 알맞은 것은?

텔레비전　택시　피아노　피자

① 비밀을 유지하기 위한 암호처럼 쓰인다.
② 연령이 높은 사람들에 의해 주로 사용된다.
③ 다른 나라에서 들어왔지만 우리말처럼 쓰인다.
④ 단어를 사용하는 사람들 사이의 친밀감을 높여 준다.
⑤ 특정 집단 사람들의 정서와 감정을 효과적으로 전달해 준다.

5 지역 방언은 직업, 성별, 연령 등의 요인에 따라 나뉘어 다르게 쓰는 말을 뜻한다. (○, ×)

정답과 해설 24쪽 ▶▶

3 어휘의 의미 관계

(1) 유의 관계

- 말소리는 다르지만 뜻이 비슷한 단어들 사이의 관계를 유의 관계라고 하고, 유의 관계를 이루는 단어들을 유의어라고 한다.

  예 친구 – 벗 / 선생님 – 스승님 / 잡다 – 쥐다

- 유의어끼리는 의미나 용법이 비슷하여 서로 바꾸어 쓸 수 있지만, 완전히 같은 단어는 아니므로 바꾸어 쓸 수 없는 경우도 있다.

  예 공을 잡다. (○) / 공을 쥐다. (○) vs 범인을 잡다. (○) / 범인을 쥐다. (×)

- 유의 관계에 있는 단어를 적절히 사용하면 표현에 변화를 주어 의미를 더욱 풍성하게 전달할 수 있다.

(2) 반의 관계

- 서로 반대되는 의미를 가진 단어들 사이의 관계를 반의 관계라고 하고, 반의 관계를 이루는 단어들을 반의어라고 한다. 예 밝다 ↔ 어둡다 / 여름 ↔ 겨울
- 반의 관계에 있는 단어들은 의미를 이루는 여러 요소 중에서 하나의 의미 요소만 달라야 한다.

  예 남자 ↔ 여자 : 사람이라는 공통점이 있으면서 '성별'이라는 의미 요소만 대립함

(3) 상하 관계

- 한 단어의 의미가 다른 단어의 의미에 포함될 때, 포함되는 단어를 하의어, 포함하는 단어를 상의어라고 하며 두 단어가 상하 관계에 있다고 한다.

  예 한식 : 비빔밥, 불고기, 김치

- 상의어는 일반적이고 포괄적인 의미를 가지고, 하의어는 개별적이고 한정적인 의미를 가진다.

(4) 다의 관계

- 두 가지 이상의 서로 관련된 뜻을 가진 단어를 다의어라고 하고, 각 문장에 사용된 이 단어들의 관계를 다의 관계라고 한다.

  예 눈(目) : 나는 눈이 크다. → 빛의 자극을 받아 물체를 볼 수 있는 감각 기관
  어두운 곳에서 책을 보다 눈이 나빠졌다. → 시력
  과연 그는 좋은 물건을 알아보는 눈이 있다. → 사물을 보고 판단하는 힘

- 관련이 있는 의미 중에서 기본적이고 핵심적인 의미를 중심 의미라고 하고 중심 의미가 확장되어 달라진 의미를 주변 의미라고 한다.

(5) 동음이의 관계

- 소리는 같으나 의미가 서로 다른 단어들 사이의 관계를 동음이의 관계라고 하고, 동음이의 관계를 이루는 단어들을 동음이의어라고 한다.

  예 배^1 : 사람이나 동물의 몸에서 위장, 창자, 콩팥 따위의 내장이 들어 있는 곳
  배^2 : 사람이나 짐 따위를 싣고 물 위로 떠다니도록 나무나 쇠 따위로 만든 물건
  배^3 : 배나무의 열매

확인 문제

6 유의어에 대한 설명으로 적절하지 <u>않은</u> 것은?

① 말소리는 다르지만 의미가 비슷한 단어들이다.
② 하나의 단어에 여러 개의 유의어가 있을 수 있다.
③ 유의어끼리는 문맥에 상관없이 바꾸어 사용할 수 있다.
④ 적절히 활용하면 의미를 더욱 풍성하게 전달할 수 있다.
⑤ 유의어 간에도 의미나 용법에서 미묘한 차이를 보인다.

7 한 단어의 의미가 다른 단어의 의미에 포함될 때, 포함되는 단어를 (　　　)(이)라고 하고 포함하는 단어를 (　　　)(이)라고 한다.

8 단어 사이에 반의 관계가 성립되지 <u>않는</u> 것은?

① 길다 : 짧다
② 가다 : 오다
③ 가깝다 : 멀다
④ 차갑다 : 뜨겁다
⑤ 올라가다 : 뛰어가다

9 다음 중 밑줄 친 단어 간의 관계가 나머지와 <u>다른</u> 하나는?

① 그는 고등어 한 <u>손</u>을 샀다.
② 밥 먹기 전에 <u>손</u>을 씻어라.
③ 모든 것은 내 <u>손</u>에 달렸다.
④ 반지가 내 <u>손</u>에 딱 맞는다.
⑤ 장사가 잘돼서 <u>손</u>이 모자란다.

선생님, 질문 있어요!

다의 관계와 동음이의 관계는 어떻게 구별하나요? 정답 26쪽

실력 쑥쑥 확인 학습

어휘의 체계와 양상

1 **어휘의 종류와 예시가 바르게 연결된 것은?** 국어 어휘의 체계

① 고유어 – 과학 ② 고유어 – 하늘 ③ 한자어 – 나이
④ 한자어 – 초콜릿 ⑤ 외래어 – 나라

2 **다음 중 어휘의 종류가 다른 하나는?** 국어 어휘의 체계

① 가을 ② 바다 ③ 바위 ④ 소리 ⑤ 자유

3 **〈보기〉를 통해 알 수 있는 지역 방언의 특징으로 알맞은 것은?** 지역 방언의 특징

보기

손님 : 당산역 가입시다.
기사 : 실례지만 고향이 어디십니까?
손님 : 부산인데예.
기사 : 참말로 반갑습니데이. 저도 고향이 부산입니더.

① 해당 방언을 모르는 사람들에게 소외감을 갖게 한다.
② 다른 사람들이 알아듣지 못하게 하는 것이 목적이다.
③ 어떤 대상을 부르는 말이 지역에 따라 매우 다양하다.
④ 중장년층이나 노년층보다는 청소년층이 많이 사용한다.
⑤ 같은 지역 방언을 쓰는 사람들 간의 친밀감을 높여 준다.

4 **전문어와 은어의 공통점으로 가장 적절한 것은?** 사회 방언의 특징

① 대부분 외래어로 이루어져 있다.
② 재미와 즐거움을 주는 기능을 한다.
③ 전문 분야에서 특별한 의미로 사용하는 말이다.
④ 일반 사람에게 어떠한 사실을 알리기 위해 사용한다.
⑤ 그 언어를 사용하는 집단이 아니면 의미를 이해하기 힘들다.

5 **어휘의 의미 관계에 대한 설명으로 적절하지 않은 것은?** 어휘의 의미 관계

① 반의 관계에 놓인 단어들은 서로 공통점도 가지고 있다.
② 다의 관계에 있는 단어의 의미는 서로 연관성을 가진다.
③ 상하 관계에서 상의어는 일반적이고 포괄적인 의미를 지닌다.
④ 동음이의 관계를 이용하면 단어들 사이의 포함 관계를 파악할 수 있다.
⑤ 유의 관계에 있는 단어를 적절히 사용하면 의미를 더 풍성하게 전달할 수 있다.

정답과 해설 25쪽 ▶▶

6 **다음 중 밑줄 친 단어 사이의 관계가 반의 관계가 아닌 것은?**

반의 관계

① 되로 주고 말로 받는다.
② 달면 삼키고, 쓰면 뱉는다.
③ 인생은 짧고, 예술은 길다.
④ 호미로 막을 것을 가래로 막는다.
⑤ 가는 말이 고와야 오는 말이 곱다.

7 **〈보기〉의 과제를 적절하게 수행하지 못한 것은?**

유의 관계와 반의 관계

보기

과제 : '오르다'가 들어간 예문을 찾고, 그 문장에 사용된 '오르다'의 유의어와 반의어를 정리하세요.

	예문	유의어	반의어
①	살이 오르다	찌다	빠지다
②	기온이 오르다	높아지다	낮아지다
③	버스에 오르다	타다	내리다
④	성적이 오르다	향상되다	하강하다
⑤	과일값이 오르다	인상되다	떨어지다

8 **상의어와 하의어의 사례로 적절하지 않은 것은?**

상하 관계

① 문학 : 시, 소설, 수필
② 과일 : 사과, 포도, 복숭아
③ 얼굴 : 낯, 안면, 이목구비
④ 동물 : 개, 고양이, 고슴도치
⑤ 악기 : 피아노, 바이올린, 피리

9 **다음 중 밑줄 친 단어가 기본적이고 핵심적인 의미로 사용된 것은?**

다의어의 중심 의미와 주변 의미

① 젊은이여, 높은 이상을 가져라.
② 지위가 높을수록 책임도 커진다.
③ 우리나라의 산 중에서 백두산이 가장 높다.
④ 야생 동물을 보호해야 한다는 목소리가 높다.
⑤ 그 회사는 성장 가능성이 높다는 평가를 받았다.

Ⅳ 어휘

어휘는 문장을 이루는 기본 단위로, 어휘를 많이 알수록 풍부하게 표현할 수 있습니다.
어휘 중에는 원래의 뜻과는 다른 새로운 뜻으로 굳어져 쓰이는 관용 표현이 있습니다.
관용 표현에는 관용어, 속담, 한자 성어 등이 포함됩니다.
이 단원에서는 관용어, 속담, 한자 성어의 개념을 알고, 꼭 알아야 할 관용 표현을 익힙니다.

❶ 관용어

❷ 속담

❸ 한자 성어

기초 튼튼 핵심 어휘

1 관용어

관용어란?

둘 이상의 단어가 결합하여 특수한 의미를 나타내는 어구를 말한다.

ㄱ

- **가슴에 새기다** : 잊지 않게 단단히 마음에 기억하다.
- **가슴이 내려앉다** : 몹시 놀라거나 맥이 풀리다. 슬픔으로 마음을 다잡기가 힘들다.
- **가슴이 뜨끔하다** : 자극을 받아 마음이 깜짝 놀라거나 양심의 가책을 받다.
- **간담이 서늘하다** : 몹시 놀라서 섬뜩하다.
- **간에 기별도 안 가다** : 먹은 것이 너무 적어 먹으나 마나 하다.
- **간을 졸이다** : 매우 걱정되고 불안스러워 마음을 놓지 못하다.
- **간이 콩알만 해지다** : 몹시 두려워지거나 무서워지다.
- **귀가 얇다** : 남의 말을 쉽게 받아들인다.
- **귀를 의심하다** : 믿기 어려운 이야기를 들어 잘못 들은 것이 아닌가 생각하다.
- **귀에 들어가다** : 누구에게 알려지다.
- **귀에 딱지가 앉다** : 같은 말을 여러 번 듣다.

ㄴ

- **낯을 못 들다** : 창피하여 남을 떳떳이 대하지 못하다.
- **낯이 있다** : 서로 얼굴을 알 만한 친분이 있다.
- **눈 깜짝할 사이** : 매우 짧은 순간.
- **눈만 뜨면** : 깨어 있을 때면 항상.
- **눈에 아른거리다** : 어떤 사람이나 일 따위에 관한 기억이 떠오르다.
- **눈에 익다** : 여러 번 보아서 익숙하다.
- **눈을 붙이다** : 잠을 자다.

ㄷ

- **뒤가 켕기다** : 약점이나 잘못이 있어 마음이 편하지 아니하다.
- **뒤를 맡기다** : 뒷일을 맡기다.
- **등을 돌리다** : 뜻을 같이하던 사람이나 단체와 관계를 끊고 배척하다.
- **등을 떠밀다** : 일을 억지로 시키거나 부추기다.
- **땅이 꺼지게** : 한숨을 쉴 때 몹시 깊고도 크게.

ㅁ

- **마음에 있다** : 무엇을 하거나 가지고 싶은 생각이 있다.
- **마음을 주다** : 마음을 숨기지 아니하고 기꺼이 내보이다.
- **마음이 통하다** : 서로 생각이 같아 이해가 잘되다.
- **말도 못 하다** : 매우 심하여 말로는 차마 나타내어 설명할 수 없다.
- **말을 맞추다** : 제삼자에게 같은 말을 하기 위하여 다른 사람과 말의 내용이 다르지 않게 하다.
- **말을 삼키다** : 하려던 말을 그만두다.
- **머리를 긁다** : 수줍거나 무안해서 어쩔 줄 모를 때 그 어색함을 무마하려고 머리를 긁적이다.
- **머리를 맞대다** : 어떤 일을 의논하거나 결정하기 위하여 서로 마주 대하다.
- **머리를 식히다** : 흥분되거나 긴장된 마음을 가라앉히다.

ㅂ

- **바람을 일으키다** : 사회적으로 많은 사람에게 영향을 미치다.
- **발 디딜 틈이 없다** : 복작거리어 혼잡스럽다.
- **발 벗고 나서다** : 적극적으로 나서다.
- **발 뻗고 자다** : 마음 놓고 편히 자다.
- **발을 끊다** : 오가지 않거나 관계를 끊다.
- **발이 넓다** : 사귀어 아는 사람이 많아 활동하는 범위가 넓다.
- **뼈를 깎다** : 몹시 견디기 어려울 정도로 고통스럽다.
- **뼈와 살이 되다** : 정신적으로 도움이 되다.

정답과 해설 25쪽 ▶▶

확인 문제

1 다음 관용어와 그 뜻을 바르게 선으로 연결하시오.

(1) 간담이 서늘하다 •	• ㉠ 하려던 말을 그만두다.
(2) 귀에 딱지가 앉다 •	• ㉡ 몹시 놀라서 •섬뜩하다.
(3) 눈에 익다 •	• ㉢ 같은 말을 여러 번 듣다.
(4) 등을 떠밀다 •	• ㉣ 여러 번 보아서 익숙하다.
(5) 말을 삼키다 •	• ㉤ 오가지 않거나 관계를 끊다.
(6) 머리를 식히다 •	• ㉥ 일을 억지로 시키거나 부추기다.
(7) 발을 끊다 •	• ㉦ 흥분되거나 긴장된 마음을 가라앉히다.

• 섬뜩하다 : 갑자기 소름이 끼치도록 무섭고 끔찍하다.

2 다음 뜻에 알맞은 관용어를 쓰시오.

뜻	관용어
(1) 약점이나 잘못이 있어 마음이 편하지 아니하다.	
(2) 사귀어 아는 사람이 많아 활동하는 범위가 넓다.	
(3) 어떤 일을 의논하거나 결정하기 위하여 서로 마주 대하다.	
(4) 믿기 어려운 이야기를 들어 잘못 들은 것이 아닌가 생각하다.	

3 대화의 빈칸에 들어갈 알맞은 관용어를 〈보기〉에서 찾아 기호를 쓰시오.

보기
㉠ 땅이 꺼지게　　㉡ 발 벗고 나서
㉢ 눈 깜짝할 사이　　㉣ 발 디딜 틈 없이

(1) 상아 : 오늘따라 왜 그렇게 (　　　　) 한숨을 쉬어?
기찬 : 깜빡하고 수학 공책을 집에 두고 왔어.

(2) 규림 : 연극 공연은 무사히 마쳤어?
민지 : 응. 오늘 극장에 사람들이 (　　　　) 많이 왔어.
규림 : 정말? 기분 좋았겠다.

4 다음 빈칸에 들어갈 적절한 관용어를 쓰시오.

기자 : 한 대형 인터넷 쇼핑몰에서 운동화와 운동복의 판매량이 크게 증가했다고 밝혔습니다. 그 이유는 달리기를 즐기는 사람들이 늘어났기 때문인데요. 특히 자신이 달린 양을 기록하고 다른 사람들과 •공유하게 해 주는 다양한 애플리케이션은 사람들 사이에서 달리기 (　　　　　　).

• 공유하다(共有--) : 두 사람 이상이 한 물건을 공동으로 소유하다.

기초 튼튼

핵심 어휘

ㅅ

- **속을 태우다** : 몹시 걱정이 되어 마음을 졸이다.
- **속이 보이다** : 엉큼한 마음이 들여다보이다.
- **속이 시원하다** : 좋은 일이 생기거나 나쁜 일이 없어져서 마음이 상쾌하다.
- **손에 땀을 쥐다** : 아슬아슬하여 마음이 조마조마하도록 몹시 애달다.
- **손에 익다** : 일이 손에 익숙해지다.
- **손에 잡히다** : 마음이 차분해져 일할 마음이 내키고 능률이 나다.
- **손을 맞잡다** : 서로 뜻을 같이 하여 긴밀하게 협력하다.
- **손이 크다** : 씀씀이가 크고 후하다. 수단이 좋고 많다.

ㅇ

- **어깨가 무겁다** : 무거운 책임을 져서 마음에 부담이 크다.
- **어깨가 움츠러들다** : 떳떳하지 못하거나 창피하고 부끄러운 기분을 느끼다.
- **어깨에 힘이 들어가다** : 거만한 태도를 취하게 되다.
- **얼굴에 씌어 있다** : 감정, 기분 따위가 얼굴에 나타나다.
- **얼굴을 내밀다** : 모임 따위에 모습을 나타내다.
- **얼굴이 반쪽이 되다** : 병이나 고통 따위로 얼굴이 몹시 수척해지다.
- **입만 아프다** : 여러 번 말하여도 받아들이지 아니하여 말한 보람이 없다.
- **입 밖에 내다** : 어떤 생각이나 사실을 말로 드러내다.
- **입을 모으다** : 여러 사람이 같은 의견을 말하다.
- **입이 궁금하다** : 배가 출출하여 무엇이 먹고 싶다.

ㅈ

- **좀이 쑤시다** : 마음이 들뜨거나 초조하여 가만히 있지 못하다.
- **주머니 사정이 나쁘다** : 쓸 자금이나 돈의 형편이 좋지 않다.
- **죽 끓듯 하다** : 화나 분통 따위의 감정을 참지 못하여 마음속이 부글부글 끓어오르다.
- **죽을 쑤다** : 어떤 일을 망치거나 실패하다.
- **죽이 되든 밥이 되든** : 일이 제대로 되든지 안 되든지 어쨌든.

ㅊ

- **찬물을 끼얹다** : 잘되어 가고 있는 일에 뛰어들어 분위기를 흐리거나 공연히 트집을 잡아 헤살을 놓다.
- **찬바람이 일다** : 마음이나 분위기가 살벌하여지다.
- **첫 단추를 끼우다** : 새로운 과정을 출발하거나 일을 시작하다.
- **첫 삽을 뜨다** : 건설 사업이나 그 밖에 어떤 일을 처음으로 시작하다.

ㅋ

- **코가 꿰이다** : 약점이 잡히다.
- **코가 납작해지다** : 몹시 무안을 당하거나 기가 죽어 위신이 뚝 떨어지다.
- **코가 높다** : 잘난 체하고 뽐내는 기세가 있다.

ㅍ

- **파리를 날리다** : 영업이나 사업 따위가 잘 안되어 한가하다.
- **팔을 걷어붙이다** : 어떤 일에 뛰어들어 적극적으로 일할 태세를 갖추다.
- **피도 눈물도 없다** : 조금도 인정이 없다.

ㅎ

- **하늘에 맡기다** : 운명에 따르다.
- **하늘을 찌르다** : 매우 높이 솟다. 기세가 몹시 세차다.
- **하늘이 캄캄하다** : 큰 충격을 받아 정신이 아찔하다.
- **혀를 내두르다** : 놀라거나 어이없어서 말을 못 하다.
- **혀를 차다** : 마음이 언짢거나 유감의 뜻을 나타내다.

5 다음 관용어와 그 뜻을 바르게 선으로 연결하시오.

(1) 손을 맞잡다 •　　• ㉠ 어떤 일을 망치거나 실패하다.
(2) 얼굴을 내밀다 •　　• ㉡ 모임 따위에 모습을 나타내다.
(3) 죽을 쑤다 •　　• ㉢ 잘난 체하고 뽐내는 기세가 있다.
(4) 찬바람이 일다 •　　• ㉣ 마음이나 분위기가 살벌하여지다.
(5) 코가 높다 •　　• ㉤ 놀라거나 어이없어서 말을 못 하다.
(6) 파리를 날리다 •　　• ㉥ 서로 뜻을 같이 하여 *긴밀하게 협력하다.
(7) 혀를 내두르다 •　　• ㉦ 영업이나 사업 따위가 잘 안되어 한가하다.

• 긴밀하다(緊密--) : 서로의 관계가 매우 가까워 빈틈이 없다.

6 다음 뜻에 알맞은 관용어를 쓰시오.

뜻	관용어
(1) 조금도 *인정이 없다.	
(2) 몹시 걱정이 되어 마음을 졸이다.	
(3) 큰 충격을 받아 정신이 아찔하다.	
(4) 여러 번 말하여도 받아들이지 아니하여 말한 보람이 없다.	

• 인정(人情) : 남을 동정하는 따뜻한 마음.

7 〈보기〉의 빈칸에 들어갈 관용어로 알맞은 것은?

보기

현수 : 지연아, 오랜만이야. 독감 걸렸다더니 이제 다 나은 거야?
지연 : 안녕, 현수야. 며칠 전만 해도 열도 나고 아팠는데 이제 괜찮아졌어.
현수 : 정말 많이 아팠나 보다. (　　　　　　　　　　).

① 손에 익었네.　　② 좀이 쑤시네.
③ 어깨가 무겁네.　　④ 코가 납작해졌네.
⑤ 얼굴이 반쪽이 됐네.

8 다음 상황에 알맞은 관용어를 골라 ○를 하시오.

지난 토요일, 꿈틀 중학교 학생들이 학교 주변을 청소하는 봉사 활동을 벌였다. 학생들은 학교 앞 거리와 공원에서 쓰레기를 줍고 먼지를 쓸었다. 학교 주변 *상인들은 (입을 모아서, 혀를 내두르며) 학생들을 칭찬했다. 몇몇 상인들은 (손에 잡히고, 팔을 걷어붙이고) 나서 학생들을 돕기도 했다.

• 상인(商人) : 장사를 직업으로 하는 사람.

기초 튼튼 핵심 어휘

❷ 속담

속담이란?

예로부터 민간에 전해 내려오는 말로, 오랜 역사적 생활 체험을 통해 얻은 교훈이나 경고를 담고 있다.

ㄱ

- **가는 날이 장날** : 일을 보러 가니 공교롭게 장이 서는 날이라는 뜻으로, 어떤 일을 하려고 하는데 뜻하지 않은 일을 공교롭게 당함을 이르는 말.
- **개똥도 약에 쓰려면 없다** : 평소에 흔하던 것도 막상 긴하게 쓰려고 구하면 없다는 말.
- **개밥에 도토리** : 개는 도토리를 먹지 아니하기 때문에 밥 속에 있어도 먹지 아니하고 남긴다는 뜻에서, 따돌림을 받아서 여럿의 축에 끼지 못하는 사람을 이르는 말.
- **고양이 쥐 생각** : 속으로는 해칠 마음을 품고 있으면서, 겉으로는 생각해 주는 척함을 이르는 말.
- **구슬이 서 말이라도 꿰어야 보배** : 아무리 훌륭하고 좋은 것이라도 다듬고 정리하여 쓸모 있게 만들어 놓아야 값어치가 있음을 이르는 말.
- **굴러온 돌이 박힌 돌 뺀다** : 새로 들어온 사람이 본래 터를 잡고 있었던 사람을 내쫓거나 해를 입힌다는 것을 이르는 말.
- **긁어 부스럼** : 아무렇지도 않은 일을 공연히 건드려서 걱정을 일으킨 경우를 이르는 말.
- **길고 짧은 것은 대어 보아야 안다** : 크고 작고, 이기고 지고, 잘하고 못하는 것은 실지로 겨루어 보거나 겪어 보아야 알 수 있다는 말.
- **꼬리가 길면 밟힌다** : 나쁜 일을 아무리 남모르게 한다고 해도 오래 두고 여러 번 계속하면 결국에는 들키고 만다는 것을 이르는 말.

ㄴ

- **낙숫물이 댓돌을 뚫는다** : 작은 힘이라도 꾸준히 계속하면 큰일을 이룰 수 있음을 이르는 말.
- **남의 손의 떡은 커 보인다** : 물건은 남의 것이 제 것보다 더 좋아 보이고 일은 남의 일이 제 일보다 더 쉬워 보임을 이르는 말.
- **낮말은 새가 듣고 밤말은 쥐가 듣는다** : 아무도 안 듣는 데서라도 말조심해야 한다는 말. 또는 아무리 비밀히 한 말이라도 반드시 남의 귀에 들어가게 된다는 말.
- **냉수 먹고 이 쑤시기** : 잘 먹은 체하며 이를 쑤신다는 뜻으로, 실속은 없으면서 무엇이 있는 체함을 이르는 말.

ㄷ

- **달도 차면 기운다** : 세상의 온갖 것이 한번 번성하면 다시 쇠하기 마련이라는 말.
- **닭 잡아먹고 오리 발 내놓기** : 옳지 못한 일을 저질러 놓고 엉뚱한 수작으로 속여 넘기려 하는 일을 이르는 말.
- **돌다리도 두들겨 보고 건너라** : 잘 아는 일이라도 세심하게 주의를 하라는 말.
- **돼지에 진주 목걸이** : 값어치를 모르는 사람에게는 보물도 아무 소용 없음을 이르는 말.
- **뛰는 놈 위에 나는 놈 있다** : 아무리 재주가 뛰어나다 하더라도 그보다 더 뛰어난 사람이 있다는 뜻으로, 스스로 뽐내는 사람을 경계하여 이르는 말.

ㅁ

- **마른하늘에 날벼락** : 뜻하지 아니한 상황에서 뜻밖에 입는 재난을 이르는 말.
- **말 타면 경마 잡히고 싶다** : 사람의 욕심이란 한이 없다는 말.
- **말 한마디에 천 냥 빚도 갚는다** : 말만 잘하면 어려운 일이나 불가능해 보이는 일도 해결할 수 있다는 말.
- **먼 사촌보다 가까운 이웃이 낫다** : 이웃끼리 서로 친하게 지내다 보면 먼 곳에 있는 일가보다 더 친하게 되어 서로 도우며 살게 된다는 것을 이르는 말.
- **모기 보고 칼 뽑기** : 시시한 일로 소란을 피움을 이르는 말. 또는 보잘것없는 작은 일에 어울리지 않게 엄청나게 큰 대책을 씀을 이르는 말.
- **목마른 놈이 우물 판다** : 제일 급하고 일이 필요한 사람이 그 일을 서둘러 하게 되어 있다는 말.

정답과 해설 25쪽 ▶▶

확인 문제

1 다음 뜻에 알맞은 속담을 쓰시오.

뜻	속담
(1) 잘 아는 일이라도 세심하게 주의를 하라는 말.	
(2) 뜻하지 아니한 상황에서 뜻밖에 입는 재난을 이르는 말.	
(3) 제일 급하고 일이 필요한 사람이 그 일을 서둘러 하게 되어 있다는 말.	
(4) 아무렇지도 않은 일을 •공연히 건드려서 걱정을 일으킨 경우를 이르는 말.	

• 공연히(空然–) : 아무 까닭이나 실속이 없게.

2 대화의 빈칸에 들어갈 알맞은 속담을 쓰시오.

(1) 재경 : 이런, 비가 너무 많이 내린다. 돗자리 접어야겠어.
세진 : (   )(이)라더니, 왜 나들이를 나오니까 비가 오는 거야?

(2) 언니 : 너 어제 내 방에 들어가서 일기장 몰래 봤지?
동생 : 그게 무슨 소리야? 난 내 수학책이 거기 있나 해서 들어가 본 거야.
언니 : (   ) 거야? 네 수학책이 내 방에 왜 있니?

(3) 영우 : 내일 축구 경기에서 보나마나 프랑스가 이길 거야. 프랑스는 세계적인 축구 강팀이니까.
정아 : 글쎄. (   )(라)고 하잖아. 경기를 해 보기 전에는 누가 이길지 모르지.

3 다음 뜻에 알맞은 속담을 〈보기〉에서 찾아 기호를 쓰시오.

보기

㉠ 고양이 쥐 생각
㉡ 달도 차면 기운다
㉢ 돼지에 진주 목걸이
㉣ 낙숫물이 댓돌을 뚫는다
㉤ 굴러온 돌이 박힌 돌 뺀다

(1) 세상의 온갖 것이 한번 번성하면 다시 •쇠하기 마련이라는 말. (   )
(2) 값어치를 모르는 사람에게는 보물도 아무 소용 없음을 이르는 말. (   )
(3) 작은 힘이라도 꾸준히 계속하면 큰일을 이룰 수 있음을 이르는 말. (   )
(4) 속으로는 해칠 마음을 품고 있으면서, 겉으로는 생각해 주는 척함을 이르는 말. (   )
(5) 새로 들어온 사람이 본래 터를 잡고 있었던 사람을 내쫓거나 해를 입힌다는 것을 이르는 말. (   )

• 쇠하다(衰––) : 힘이나 세력이 점점 줄어서 약해지다.

기초 튼튼
핵심 어휘

ㅂ

- **배보다 배꼽이 더 크다** : 배보다 거기에 붙은 배꼽이 더 크다는 뜻으로, 기본이 되는 것보다 덧붙이는 것이 더 많거나 큰 경우를 이르는 말.
- **병 주고 약 준다** : 남을 해치고 나서 약을 주며 그를 구원하는 체한다는 뜻으로, 교활하고 음흉한 자의 행동을 이르는 말.
- **비 온 뒤에 땅이 굳어진다** : 비에 젖어 질척거리던 흙도 마르면서 단단하게 굳어진다는 뜻으로, 어떤 시련을 겪은 뒤에 더 강해짐을 이르는 말.
- **빛 좋은 개살구** : 겉보기에는 먹음직스러운 빛깔을 띠고 있지만 맛은 없는 개살구라는 뜻으로, 겉만 그럴듯하고 실속이 없는 경우를 이르는 말.

ㅅ

- **새도 가지를 가려서 앉는다** : 새조차도 앉을 때 가지를 고르고 가려서 앉는다는 뜻으로, 친구를 사귀거나 직업을 택하는 데에도 신중하게 잘 가려서 택해야 한다는 말.
- **소 뒷걸음질 치다 쥐 잡기** : 소가 뒷걸음질 치다가 우연히 쥐를 잡게 되었다는 뜻으로, 우연히 공을 세운 경우를 이르는 말.
- **십 년이면 강산도 변한다** : 세월이 흐르게 되면 모든 것이 다 변하게 됨을 이르는 말.
- **쓴 약이 더 좋다** : 비판이나 꾸지람이 당장에 듣기에는 좋지 아니하지만 잘 받아들이면 본인에게 이로움을 이르는 말.

ㅇ

- **아니 땐 굴뚝에 연기 날까** : 원인이 없으면 결과가 있을 수 없음을 이르는 말. 또는 실제 어떤 일이 있기 때문에 말이 남을 이르는 말.
- **아 해 다르고 어 해 다르다** : 같은 내용의 이야기라도 이렇게 말하여 다르고 저렇게 말하여 다르다는 말.
- **우물 안 개구리** : 넓은 세상의 형편을 알지 못하는 사람을 이르는 말. 또는 견식이 좁아 저만 잘난 줄로 아는 사람을 비꼬는 말.
- **입은 비뚤어져도 말은 바로 해라** : 상황이 어떻든지 말은 언제나 바르게 하여야 함을 이르는 말.

ㅈ

- **자라 보고 놀란 가슴 솥뚜껑 보고 놀란다** : 어떤 사물에 몹시 놀란 사람은 비슷한 사물만 보아도 겁을 냄을 이르는 말.
- **제 논에 물 대기** : 자기에게만 이롭도록 일을 하는 경우를 이르는 말.
- **쥐구멍에도 볕 들 날 있다** : 몹시 고생을 하는 삶도 좋은 운수가 터질 날이 있다는 말.
- **지렁이도 밟으면 꿈틀한다** : 아무리 눌려 지내는 미천한 사람이나, 순하고 좋은 사람이라도 너무 업신여기면 가만있지 아니한다는 말.

ㅋ

- **코에 걸면 코걸이 귀에 걸면 귀걸이** : 정당한 근거와 원인을 밝히지 아니하고 제게 이로운 대로 이유를 붙이는 경우를 이르는 말.
- **콩 심은 데 콩 나고 팥 심은 데 팥 난다** : 모든 일은 근본에 따라 거기에 걸맞은 결과가 나타나는 것임을 이르는 말.
- **콩으로 메주를 쑨다 하여도 곧이듣지 않는다** : 아무리 사실대로 말하여도 믿지 아니함을 이르는 말.

ㅍ

- **피는 물보다 진하다** : 혈육의 정이 깊음을 이르는 말.
- **핑계 없는 무덤이 없다** : 아무리 큰 잘못을 저지른 사람도 그것을 변명하고 이유를 붙일 수 있다는 말.

ㅎ

- **하늘은 스스로 돕는 자를 돕는다** : 하늘은 스스로 노력하는 사람을 성공하게 만든다는 뜻으로, 어떤 일을 이루기 위해서는 자신의 노력이 중요함을 이르는 말.
- **호랑이에게 물려 가도 정신만 차리면 산다** : 아무리 위급한 경우를 당하더라도 정신만 똑똑히 차리면 위기를 벗어날 수가 있다는 말.
- **호박이 넝쿨째로 굴러떨어졌다** : 뜻밖에 좋은 물건을 얻거나 행운을 만났다는 말.

정답과 해설 25쪽 ▶▶

4 다음 뜻에 알맞은 속담을 쓰시오.

뜻	속담
(1) 뜻밖에 좋은 물건을 얻거나 행운을 만났다는 말.	
(2) 몹시 고생을 하는 삶도 좋은 운수가 터질 날이 있다는 말.	
(3) 세월이 흐르게 되면 모든 것이 다 변하게 됨을 이르는 말.	
(4) 상황이 어떻든지 말은 언제나 바르게 하여야 함을 이르는 말.	
(5) 같은 내용의 이야기라도 이렇게 말하여 다르고 저렇게 말하여 다르다는 말.	

5 빈칸에 들어갈 알맞은 속담을 쓰시오.

(1) 꿈틀 중학교에 •재학 중인 김진철 학생이 오늘 열린 수영 대회의 중학부 자유형 200m에서 금메달을 차지했다. 김진철 학생은 작년에 예선 탈락이라는 시련을 겪었다. 하지만 (   )(라)는 말이 있듯이 그 후로 더욱 열심히 연습해서 좋은 성과를 만들어 냈다.

• 재학(在學) : 학교에 소속되어 있음.

(2) 지난달에 문을 연 ○○ 예술 박물관이 •외관은 화려한 데 비해 전시하는 예술품이 많지 않아 (   )(라)는 비판을 받고 있다. 이 박물관으로 현장 학습을 다녀온 학생들에게 인터뷰를 요청했는데, 학생들은 박물관을 둘러보는 데 30분도 채 걸리지 않았다고 입을 모았다.

• 외관(外觀) : 겉으로 드러난 모양.

6 다음 속담에 알맞은 뜻을 〈보기〉에서 찾아 기호를 쓰시오.

보기

㉠ 아무리 사실대로 말하여도 믿지 아니함을 이르는 말.
㉡ 모든 일은 근본에 따라 거기에 걸맞은 결과가 나타나는 것임을 이르는 말.
㉢ 어떤 사물에 몹시 놀란 사람은 비슷한 사물만 보아도 겁을 냄을 이르는 말.
㉣ 아무리 위급한 경우를 당하더라도 정신만 똑똑히 차리면 위기를 벗어날 수가 있다는 말.
㉤ 정당한 근거와 원인을 밝히지 아니하고 제게 이로운 대로 이유를 붙이는 경우를 이르는 말.

(1) 코에 걸면 코걸이 귀에 걸면 귀걸이 (   )
(2) 콩 심은 데 콩 나고 팥 심은 데 팥 난다 (   )
(3) 자라 보고 놀란 가슴 솥뚜껑 보고 놀란다 (   )
(4) 호랑이에게 물려 가도 정신만 차리면 산다 (   )
(5) 콩으로 메주를 쑨다 하여도 곧이듣지 않는다 (   )

기초 튼튼 핵심 어휘

❸ 한자 성어

한자 성어란?

중국의 옛이야기에서 유래되어 생긴 말로, 비유적인 내용을 통해 삶의 이치와 교훈을 전달한다.

ㄱ

- **가담항설 (街 거리 가 | 談 말씀 담 | 巷 거리 항 | 說 말씀 설)** : 거리나 사람들 사이에서 떠도는 소문.
- **가렴주구 (苛 가혹할 가 | 斂 거둘 렴 | 誅 벨 주 | 求 구할 구)** : 세금을 가혹하게 거두어들이고, 무리하게 재물을 빼앗음을 이르는 말.
- **감탄고토 (甘 달 감 | 呑 삼킬 탄 | 苦 쓸 고 | 吐 토할 토)** : 달면 삼키고 쓰면 뱉는다는 뜻으로, 자신의 비위에 따라서 사리의 옳고 그름을 판단함을 이르는 말.
- **곡학아세 (曲 굽을 곡 | 學 배울 학 | 阿 언덕 아 | 世 인간 세)** : 학문을 굽히어 세상에 아첨한다는 뜻으로, 정도를 벗어난 학문으로 세상 사람에게 아첨함을 이르는 말.
- **괄목상대 (刮 비빌 괄 | 目 눈 목 | 相 서로 상 | 對 대할 대)** : 눈을 비비고 상대편을 본다는 뜻으로, 남의 학식이나 재주가 놀랄 만큼 부쩍 늚을 이르는 말.
- **금란지교 (金 쇠 금 | 蘭 난초 란 | 之 어조사 지 | 交 사귈 교)** : 단단하기가 황금과 같고 아름답기가 난초 향기와 같은 사귐이라는 뜻으로, 우정이 깊은 사귐을 이르는 말.

ㄴ

- **남가일몽 (南 남녘 남 | 柯 가지 가 | 一 한 일 | 夢 꿈 몽)** : 남쪽 가지에서의 꿈이라는 뜻으로, 덧없는 꿈이나 한때의 헛된 부귀영화를 이르는 말.
- **낭중지추 (囊 주머니 낭 | 中 가운데 중 | 之 어조사 지 | 錐 송곳 추)** : 주머니 속의 송곳이라는 뜻으로, 재능이 뛰어난 사람은 숨어 있어도 저절로 사람들에게 알려짐을 이르는 말.
- **내우외환 (內 안 내 | 憂 근심 우 | 外 바깥 외 | 患 근심 환)** : 내부에서 일어나는 근심과 외부로부터 받는 근심이라는 뜻으로, 나라 안팎의 여러 가지 어려운 사태를 이르는 말.

ㄷ

- **다기망양 (多 많을 다 | 岐 갈림길 기 | 亡 망할 망 | 羊 양 양)** : 갈림길이 많아 찾는 양을 결국 잃고 말았다는 뜻으로, 학문의 길이 여러 갈래이어서 진리를 찾기가 어려움을 이르는 말.
- **다다익선 (多 많을 다 | 多 많을 다 | 益 더할 익 | 善 착할 선)** : 많으면 많을수록 더욱 좋음.
- **동고동락 (同 한가지 동 | 苦 쓸 고 | 同 한가지 동 | 樂 즐길 락)** : 괴로울 때나 즐거울 때나 항상 함께함.
- **동상이몽 (同 한가지 동 | 床 평상 상 | 異 다를 이 | 夢 꿈 몽)** : 같은 자리에 자면서 다른 꿈을 꾼다는 뜻으로, 겉으로는 같이 행동하면서도 속으로는 각각 딴생각을 하고 있음을 이르는 말.
- **두문불출 (杜 막을 두 | 門 문 문 | 不 아닐 불 | 出 날 출)** : 집에만 있고 바깥출입을 아니함. 또는 집에서 은거하면서 관직에 나가지 아니하거나 사회의 일을 하지 아니함을 비유적으로 이르는 말.

ㅁ

- **마이동풍 (馬 말 마 | 耳 귀 이 | 東 동녘 동 | 風 바람 풍)** : 동풍이 말의 귀를 스쳐 간다는 뜻으로, 남의 말을 귀담아듣지 아니하고 지나쳐 흘려버림을 이르는 말.
- **막역지우 (莫 없을 막 | 逆 거스릴 역 | 之 어조사 지 | 友 벗 우)** : 서로 거스름이 없는 친구라는 뜻으로, 허물이 없이 아주 친한 친구를 이르는 말.
- **망운지정 (望 바랄 망 | 雲 구름 운 | 之 어조사 지 | 情 뜻 정)** : 자식이 객지에서 고향에 계신 어버이를 생각하는 마음.
- **면종복배 (面 낯 면 | 從 좇을 종 | 腹 배 복 | 背 등 배)** : 겉으로는 복종하는 체하면서 내심으로는 배반함.
- **목불인견 (目 눈 목 | 不 아닐 불 | 忍 참을 인 | 見 볼 견)** : 눈앞에 벌어진 상황 따위를 눈 뜨고는 차마 볼 수 없음.

정답과 해설 25쪽 ▶▶

확인 문제

1 다음 뜻에 알맞은 한자 성어를 쓰시오.

뜻	한자 성어
(1) 괴로울 때나 즐거울 때나 항상 함께함.	
(2) 겉으로는 복종하는 체하면서 내심으로는 배반함.	
(3) 세금을 •가혹하게 거두어들이고, 무리하게 재물을 빼앗음을 이르는 말.	
(4) 남쪽 가지에서의 꿈이라는 뜻으로, 덧없는 꿈이나 한때의 헛된 부귀영화를 이르는 말.	

• 가혹하다(苛酷--) : 몹시 모질고 혹독하다.

2 대화의 빈칸에 들어갈 알맞은 한자 성어를 쓰시오.

(1) 철규 : 민수는 오늘도 축구하러 안 왔어?
정민 : 응. 한번 •추리 소설에 빠지더니 책 읽느라고 (   )하고 있어.

(2) 주희 : 체육복 가지고 왔어?
유정 : 웬 체육복? 오늘은 체육 수업이 없는 날인데.
주희 : 수업 시간표가 바뀌었다고 그렇게 말해 줬는데, 내 말은 (   )이었구나.

(3) 우림 : 너 영우랑 사귄다며?
정희 : 뭐? 그 말은 어디서 들은 거야? 전혀 사실이 아닌데.
우림 : 옆 반에 갔다가 우연히 들은 거야. (   )이었구나.

• 추리(推理) : 알고 있는 것을 바탕으로 알지 못하는 것을 미루어서 생각함.

3 〈보기〉를 읽고 글쓴이의 상황에 어울리는 한자 성어를 고르시오. (정답 2개)

보기

20△△년 ○월 ○○일

한국을 떠나온 지도 벌써 한 달이 흘렀다. 낯선 사람들 사이에서 공부하다 보니 외롭기도 하고, 내가 살던 곳이 그립기도 하다. 무엇보다 어머니, 아버지가 너무 보고 싶다. 이제 한국은 무더운 여름일 텐데, 잘 계신지 모르겠다.

나는 요즘 수업을 듣느라 매일 바쁘게 지낸다. 지식을 쌓을수록 뿌듯함이 커진다. 그런데 혼자 공부하다 궁금한 것이 생겨 인터넷에 검색해 보면, 정보가 너무 많아서 오히려 혼란스러울 때가 있다. 어떨 때는 정반대의 내용이 한꺼번에 검색돼서 어떤 것이 맞는 내용인지 한참 고민하기도 한다. 올바른 지식을 얻는 것은 정말 어려운 일 같다.

① 감탄고토(甘呑苦吐)
② 금란지교(金蘭之交)
③ 다기망양(多岐亡羊)
④ 다다익선(多多益善)
⑤ 망운지정(望雲之情)

기초 튼튼

핵심 어휘

ㅂ

- **박장대소 (拍 칠 박 | 掌 손바닥 장 | 大 클 대 | 笑 웃을 소)** : 손뼉을 치며 크게 웃음.
- **배은망덕 (背 등 배 | 恩 은혜 은 | 忘 잊을 망 | 德 덕 덕)** : 남에게 입은 은덕을 저버리고 배신하는 태도가 있음.
- **백중지세 (伯 맏 백 | 仲 버금 중 | 之 어조사 지 | 勢 형세 세)** : 서로 우열을 가리기 힘든 형세.
- **분골쇄신 (粉 가루 분 | 骨 뼈 골 | 碎 부술 쇄 | 身 몸 신)** : 뼈를 가루로 만들고 몸을 부순다는 뜻으로, 정성으로 노력함을 이르는 말.

ㅅ

- **사필귀정 (事 일 사 | 必 반드시 필 | 歸 돌아갈 귀 | 正 바를 정)** : 모든 일은 반드시 바른길로 돌아감.
- **소탐대실 (小 작을 소 | 貪 탐낼 탐 | 大 클 대 | 失 잃을 실)** : 작은 것을 탐하다가 큰 것을 잃음.
- **수어지교 (水 물 수 | 魚 물고기 어 | 之 어조사 지 | 交 사귈 교)** : 물이 없으면 살 수 없는 물고기와 물의 관계라는 뜻으로, 아주 친밀하여 떨어질 수 없는 사이를 비유적으로 이르는 말.
- **순망치한 (脣 입술 순 | 亡 망할 망 | 齒 이 치 | 寒 찰 한)** : 입술이 없으면 이가 시리다는 뜻으로, 서로 이해관계가 밀접한 사이에 어느 한쪽이 망하면 다른 한쪽도 그 영향을 받아 온전하기 어려움을 이르는 말.
- **십시일반 (十 열 십 | 匙 숟가락 시 | 一 한 일 | 飯 밥 반)** : 밥 열 술이 한 그릇이 된다는 뜻으로, 여러 사람이 조금씩 힘을 합하면 한 사람을 돕기 쉬움을 이르는 말.

ㅇ

- **안하무인 (眼 눈 안 | 下 아래 하 | 無 없을 무 | 人 사람 인)** : 눈 아래에 사람이 없다는 뜻으로, 건방지고 뽐내는 태도로 다른 사람을 업신여김을 이르는 말.
- **와신상담 (臥 누울 와 | 薪 섶 신 | 嘗 맛볼 상 | 膽 쓸개 담)** : 불편한 섶에 몸을 눕히고 쓸개를 맛본다는 뜻으로, 원수를 갚거나 마음먹은 일을 이루기 위하여 온갖 어려움과 괴로움을 참고 견딤을 이르는 말.
- **유구무언 (有 있을 유 | 口 입 구 | 無 없을 무 | 言 말씀 언)** : 입은 있어도 말은 없다는 뜻으로, 변명할 말이 없거나 변명을 못함을 이르는 말.
- **인과응보 (因 인할 인 | 果 실과 과 | 應 응할 응 | 報 갚을 보)** : 선을 행하면 선의 결과가, 악을 행하면 악의 결과가 반드시 뒤따름.
- **일거양득 (一 한 일 | 擧 들 거 | 兩 두 양 | 得 얻을 득)** : 한 가지 일을 하여 두 가지 이익을 얻음.

ㅈ

- **작심삼일 (作 지을 작 | 心 마음 심 | 三 석 삼 | 日 날 일)** : 단단히 먹은 마음이 사흘을 가지 못한다는 뜻으로, 결심이 굳지 못함을 이르는 말.
- **점입가경 (漸 점점 점 | 入 들 입 | 佳 아름다울 가 | 境 지경 경)** : 들어갈수록 점점 재미가 있음.
- **조변석개 (朝 아침 조 | 變 변할 변 | 夕 저녁 석 | 改 고칠 개)** : 아침저녁으로 뜯어고친다는 뜻으로, 계획이나 결정 따위를 일관성이 없이 자주 고침을 이르는 말.
- **주마가편 (走 달릴 주 | 馬 말 마 | 加 더할 가 | 鞭 채찍 편)** : 달리는 말에 채찍질한다는 뜻으로, 잘하는 사람을 더욱 장려함을 이르는 말.

ㅎ

- **하석상대 (下 아래 하 | 石 돌 석 | 上 위 상 | 臺 대 대)** : 아랫돌 빼서 윗돌 괴고 윗돌 빼서 아랫돌 괸다는 뜻으로, 임시변통으로 이리저리 둘러맞춤을 이르는 말.
- **함구무언 (緘 봉할 함 | 口 입 구 | 無 없을 무 | 言 말씀 언)** : 입을 다물고 아무 말도 하지 아니함.
- **형설지공 (螢 반딧불이 형 | 雪 눈 설 | 之 어조사 지 | 功 공 공)** : 반딧불 · 눈과 함께 하는 노력이라는 뜻으로, 고생을 하면서 부지런하고 꾸준하게 공부하는 자세를 이르는 말.
- **혼비백산 (魂 넋 혼 | 飛 날 비 | 魄 넋 백 | 散 흩을 산)** : 혼백이 어지러이 흩어진다는 뜻으로, 몹시 놀라 넋을 잃음을 이르는 말.

정답과 해설 25쪽 ▶▶

4 다음 뜻에 알맞은 한자 성어를 쓰시오.

뜻	한자 성어
(1) 작은 것을 탐하다가 큰 것을 잃음.	
(2) 선을 행하면 선의 결과가, 악을 행하면 악의 결과가 반드시 뒤따름.	
(3) 뼈를 가루로 만들고 몸을 부순다는 뜻으로, 정성으로 노력함을 이르는 말.	
(4) 입은 있어도 말은 없다는 뜻으로, 변명할 말이 없거나 변명을 못함을 이르는 말.	
(5) 아랫돌 빼서 윗돌 괴고 윗돌 빼서 아랫돌 괸다는 뜻으로, •임시변통으로 이리저리 둘러맞춤을 이르는 말.	

• 임시변통(臨時變通) : 갑자기 터진 일을 우선 간단하게 둘러맞추어 처리함.

5 빈칸에 들어갈 알맞은 한자 성어를 쓰시오.

(1) 논에 제초제를 뿌리는 대신 오리를 키워 잡초를 •제거하는 농가가 늘고 있다. 이 농사법을 이용하면 오리의 배설물에 의해 땅이 기름져지고, 사람들은 제초제가 묻지 않은 건강한 농작물을 먹게 되는 (   )의 효과를 거둘 수 있다.

(2) 오늘은 유빈이와 영화를 보러 가기로 한 날이다. 사실은 어제 만나기로 했었는데, 유빈이가 약속을 한차례 미뤘었다. 막 집을 나서려는데 유빈이에게서 전화가 왔다. 유빈이는 갑자기 영화를 다음 주에 보자고 말했다. 나는 유빈이의 (   )에 화를 내고 말았다.

• 제거하다(除去--) : 없애 버리다.

6 대화의 빈칸에 들어갈 알맞은 한자 성어를 쓰시오.

(1) **가을** : 오늘 아침에 운동했어?
여름 : 아니. 늦잠 자는 바람에 못 했어.
가을 : 매일 아침마다 운동하겠다고 결심하더니, (   )(이)네.

(2) **석호** : 너 오늘 무슨 일 있지? 말해 봐.
가람 : …….
석호 : 아이고, 답답해. 그렇게 (   )하고 있으면 내가 도와줄 수가 없잖아.

(3) **정수** : 어젯밤에 책을 읽다가 밤을 새웠어.
수아 : 대단한걸. 책은 재미있었어?
정수 : 응. 책장을 넘길수록 내용이 (   )이어서 시간 가는 줄 몰랐어.

일일 테스트

본문 학습이 끝난 후 실력을 평가해 볼 수 있는 테스트지입니다.
본문에서 학습한 필수 개념과 예시를 떠올리며 문제를 풀어 보고,
채점 후 틀린 문제가 있으면 꼼꼼하게 복습하여 중학교 국어 시험에 대비합니다.

Ⅰ 문학

❶ 시 (1), (2)
❷ 소설 (1), (2)
❸ 수필
❹ 희곡 · 시나리오

Ⅱ 비문학

❶ 설명하는 글
❷ 설득하는 글 (1), (2)

Ⅲ 문법

❶ 언어의 본질
❷ 국어의 음운
❸ 품사 (1), (2)
❹ 단어의 짜임
❺ 어휘의 체계와 양상

일일 테스트 1 시 – (1)

| 이름: | 점수:

01 시를 읽을 때 얻을 수 있는 즐거움과 거리가 먼 것은?
① 심상을 파악하는 즐거움
② 말의 가락을 느끼는 즐거움
③ 함축된 의미를 파악하는 즐거움
④ 새로운 지식과 사실을 배우는 즐거움
⑤ 시에 사용된 표현 방법을 파악하는 즐거움

02 시의 종류에 대한 설명으로 알맞지 않은 것은?
① 정형시 : 정해진 형식에 맞추어 쓴 시
② 자유시 : 일정한 형식 없이 자유롭게 쓴 시
③ 서정시 : 개인의 느낌이나 생각, 감정을 쓴 시
④ 산문시 : 줄글의 형식을 빌려 운율을 느낄 수 없는 시
⑤ 서사시 : 역사적 사건이나 신화, 전설 등을 이야기 구조로 길게 쓴 시

03 시인이 시를 통해 말하고자 하는 중심 생각을 무엇이라고 하는지 쓰시오.

____

[04~09] 다음 구절에 해당하는 심상을 쓰시오.

04 새벽 종이 울리네 (　　　)

05 아버지의 서느런 옷자락 (　　　)

06 봄 산에 가득한 진달래 향기 (　　　)

07 쓴 것만 알아 쓴 줄 모르는 어머니 (　　　)

08 허공에 쭈빗쭈빗 흩날리는 진눈깨비 (　　　)

09 금빛 게으른 울음 (　　　)

[10~11] 괄호 안의 말 중 알맞은 것에 ○를 하시오.

10 시 속에서 말하는 이로, 시인의 정서와 사상을 효과적으로 드러내기 위해 설정한 이를 (관찰자, 화자)라고 한다.

11 시의 분위기, 운율을 형성하고 의미를 강조하기 위해 시인이 의도적으로 어법에 맞지 않는 표현을 사용하는 것을 (시적 허용, 변화법)이라고 한다.

12 시의 표현 방법과 그 예를 바르게 연결하시오.

(1) 직유법 •	• ㉠ 세상은 그 얼마나 아름다운가.
(2) 은유법 •	• ㉡ (사랑하는 사람이 떠나려고 하는 슬픈 상황에서) 죽어도 아니 눈물 흘리우리다.
(3) 의인법 •	• ㉢ 빨간 장미가 미소 짓는다.
(4) 반복법 •	• ㉣ 솜사탕 같은 구름
(5) 과장법 •	• ㉤ 눈물이 바다를 이룬다.
(6) 반어법 •	• ㉥ 내 마음은 호수요.
(7) 설의법 •	• ㉦ 가자, 가자, 숲으로 가자.

13 시조에 대한 설명으로 알맞지 않은 것은?
① 3음보의 음보율을 이룬다.
② 종장의 첫 음보는 3음절로 고정된다.
③ 3 · 4조 또는 4 · 4조의 음수율을 이룬다.
④ 3장 6구 45자 내외의 기본적인 형태를 갖는다.
⑤ 평시조는 유교적 사상이나 자연에서 느끼는 한가로운 삶을 주로 다룬다.

이름: 점수:

01 시에 대한 설명으로 알맞은 것은?
① 타당한 근거를 들어 주장하는 글이다.
② 새로운 정보를 제공하는 실용적인 글이다.
③ 특정 장소에서 보고 들은 내용을 쓴 글이다.
④ 글쓴이의 체험을 바탕으로 한 사실적인 글이다.
⑤ 생각이나 느낌을 함축적인 언어로 표현한 글이다.

02 시의 운율을 형성하는 요소로 알맞지 않은 것은?
① 일정한 글자 수의 반복
② 의성어나 의태어의 사용
③ 유사하거나 같은 음운의 반복
④ 후각적 심상과 청각적 심상 사용
⑤ 같거나 유사한 문장 구조의 반복

[03~05] 괄호 안의 말 중 알맞은 것에 ○를 하시오.

03 시어는 (정보 전달, 정서 표현)에 중점을 두는 언어이다.

04 시어는 (일상 언어, 문학 용어)를 세련되게 갈고 다듬은 언어이다.

05 시어는 (사전적, 함축적) 의미를 지닌다.

06 시의 심상과 그 예를 바르게 연결하시오.
(1) 시각적 심상 • • ㉠ 달콤한 피아노 소리
(2) 청각적 심상 • • ㉡ 싸늘한 겨울바람
(3) 후각적 심상 • • ㉢ 쌉싸래한 봄나물
(4) 미각적 심상 • • ㉣ 하얀 백설기
(5) 촉각적 심상 • • ㉤ 호루라기 소리
(6) 공감각적 심상 • • ㉥ 밥 짓는 냄새

[07~12] 다음 구절에 사용된 표현 방법을 〈보기〉에서 골라 쓰시오.

보기
직유법, 의인법, 은유법, 대구법, 도치법, 설의법
역설법, 반어법, 영탄법, 풍유법, 과장법, 점층법

07 햇살이 불처럼 뜨거워 (　　　)

08 뒷문 밖에는 갈잎의 노래 (　　　)

09 깨알만 한 글씨 (　　　)

10 오오! 그날이 오면 (　　　)

11 밤은 푸른 안개에 싸인 호수 (　　　)

12 아버지는 당나귀에게 / 짚을 한 키 담아 주고,
어머니는 애기에게 / 젖을 한 모금 먹이고 (　　　)

13 다음 설명에 해당하는 문학 양식을 쓰시오.

개화기 이후부터 현재까지 창작되는 시조로, 시행의 배열 방법과 주제가 다양하다.

____

14 다음 시조에서 반드시 글자 수를 지켜야 하는 부분을 찾아 쓰시오.

노래 만든 사람 시름도 많고 많다.
일러 다 못 일러 불러서 풀었던가.
진실로 풀릴 것이면 나도 불러 보리라. – 신흠

____

일일 테스트 ② 소설 - (1)

| 이름: | 점수:

01 소설에 대한 설명으로 알맞은 것은?

① 작가가 직접 체험한 일을 쓴 글이다.
② 독자에게 정보를 전달할 목적으로 쓴 글이다.
③ 현실에서 있음 직한 일을 소재로 하여 쓴 글이다.
④ 타당한 근거를 들어 독자를 설득하기 위해 쓴 글이다.
⑤ 일상어를 운율이 있는 언어로 세련되게 다듬어 쓴 글이다.

[02~04] 괄호 안의 말 중 알맞은 것에 ○를 하시오.

02 작품 속에 등장하는 인물들이 겪거나 일으키는 일들을 (구성, 사건)이라고 한다.

03 사건이 일어나는 시간과 공간을 (배경, 갈등)이라고 한다.

04 작가가 작품을 통해 나타내고자 하는 중심 생각을 (문체, 주제)라고 한다.

[05~06] 〈보기〉를 읽고 물음에 답하시오.

보기

어느덧 아침이 밝아 오니, 심청이 아버지 진지나 마지막 지어 드리리라 하고 문을 열고 나서니, 벌써 뱃사람들이 사립문 밖에서,

"오늘이 배 떠나는 날이오니 쉬이 가게 해 주시오."

하니, 심청이 이 말을 듣고 얼굴빛이 없어지고 손발에 맥이 풀리며 목이 메고 정신이 어지러워 뱃사람들을 겨우 불러,

"여보시오 선인네들, 나도 오늘이 배 떠나는 날인 줄 이미 알고 있으나, 내 몸 팔린 줄을 우리 아버지가 아직 모르십니다. 만일 아시게 되면 지레 야단이 날 테니, 잠깐 기다리면 진지나 마지막으로 지어 잡수시게 하고 말씀 여쭙고 떠나겠어요." / 하니 뱃사람들이, "그리하시지요." / 하였다.

– 〈심청전〉

05 〈보기〉의 등장인물을 모두 쓰시오.

____

06 〈보기〉의 시간적 배경을 쓰시오.

____

[07~11] 다음에서 설명하는 소설의 구성 단계를 각각 쓰시오.

07 갈등이 깊어지고 긴장감이 높아진다. (   )

08 갈등이 해소되고 인물의 운명이 결정된다. (   )

09 인물과 배경이 소개되고 사건이 시작된다. (   )

10 갈등이 최고조에 이른다. (   )

11 갈등이 표면적으로 드러나고 사건이 본격적으로 전개된다. (   )

[12~15] 다음에서 설명하는 시점을 각각 쓰시오.

12 작품 속 등장인물인 '나'가 주인공의 이야기를 관찰하여 전달한다. (   )

13 작품 밖의 서술자인 작가가 객관적인 입장에서 인물의 행동을 관찰하여 전달한다. (   )

14 작품 밖의 서술자인 작가가 신과 같은 위치에서 인물의 행동과 심리를 파악하여 전달한다. (   )

15 작품 속 등장인물인 '나'가 자신의 이야기를 전달한다. (   )

16 고전 소설에 대한 설명으로 알맞은 것은?

① 사건의 필연성이 강조된다.
② 권선징악이 주제인 경우가 많다.
③ 작가 관찰자 시점을 주로 사용한다.
④ 주인공이 대부분 비극적인 결말을 맞이한다.
⑤ 대부분 개성적이고 입체적인 인물이 등장한다.

| 이름: | 점수:

01 소설을 읽는 방법으로 알맞지 <u>않은</u> 것은?

① 인물이 처한 상황을 상상하며 읽는다.
② 앞으로 전개될 내용을 예측하며 읽는다.
③ 작품 속의 역사적 상황을 이해하며 읽는다.
④ 허위나 과장된 표현은 없는지 찾아보며 읽는다.
⑤ 작가가 말하고자 하는 바가 무엇인지 생각하며 읽는다.

02 〈보기〉에서 드러나는 갈등의 유형으로 알맞은 것은?

> 보기
>
> 논둑에서 벌떡 일어나 한풀 죽은 장인님 앞으로 다가서며,
> "난 갈 테야유, 그동안 사경 쳐 내슈, 뭐."
> "너, 사위로 왔지 어디 머슴 살러 왔니?"
> "그러면 얼찐 성례를 해 줘야 안 하지유. 밤낮 부려만 먹구 해 준다 해 준다……."
> "글쎄 내가 안 하는 거냐? 그년이 안 크니까……."
>
> – 김유정, 〈봄 · 봄〉

① 인물의 내적 갈등이 드러난다.
② 갈등이 뚜렷하게 드러나지 않는다.
③ 인물과 인물 간의 외적 갈등이 드러난다.
④ 인물과 사회 간의 외적 갈등이 드러난다.
⑤ 인물과 운명 간의 외적 갈등이 드러난다.

03 인물 유형과 그 설명을 바르게 연결하시오.

(1) 주동 인물 •	• ㉠ 집단을 대표하는 인물
(2) 반동 인물 •	• ㉡ 성격의 변화가 없는 인물
(3) 평면적 인물 •	• ㉢ 주동 인물과 대립하는 인물
(4) 입체적 인물 •	• ㉣ 독특한 개성을 지닌 인물
(5) 전형적 인물 •	• ㉤ 사건과 행위의 주체가 되는 인물
(6) 개성적 인물 •	• ㉥ 성격의 변화가 있는 인물
(7) 중심인물 •	• ㉦ 작품에서 비중이 큰 인물
(8) 주변 인물 •	• ㉧ 작품에서 보조적인 인물

[04~06] 빈칸에 들어갈 알맞은 말을 쓰시오.

04 소설은 현실 세계에서 일어날 수 있는 일을 작가가 (　　　　　)하여 꾸며 낸 허구적인 글이다.

05 소설에서 뒤에 일어날 사건을 독자들이 미리 짐작할 수 있도록 알려 주는 장치를 (　　　　　)(이)라고 한다.

06 작가의 개성이 드러나는 문장 표현 방식을 (　　　　　)(이)라고 한다.

07 고전 소설과 현대 소설의 일반적 특징을 비교한 것으로 알맞지 <u>않은</u> 것은?

	구분	고전 소설	현대 소설
①	주제	권선징악	다양함
②	시점	전지적 작가 시점	다양한 시점
③	사건	비현실적	현실적
④	구성	다양한 구성	일대기적 구성
⑤	인물	전형적, 평면적	개성적, 입체적

08 설화에 대한 설명으로 알맞지 <u>않은</u> 것은?

① 태영 : 사람들의 입에서 입으로 전해 내려오는 옛날이야기를 설화라고 해.
② 승훈 : 설화에는 전설, 민담, 신화가 있는데, 비현실적인 내용이 주로 나타나.
③ 기원 : 단군 신화, 동명왕 신화 등은 신적 존재나 영웅에 대한 이야기를 담고 있어.
④ 혜영 : 전설은 주로 행복한 결말, 민담은 주로 비극적 결말이 나타난다는 차이점이 있어.
⑤ 원재 : 민담은 흥미와 교훈 위주의 이야기로, 구체적인 배경이 제시되지 않는 특징이 있지.

일일 테스트 3 수필

| 이름: | 점수:

[01~03] 괄호 안의 말 중 알맞은 것에 ○를 하시오.

01 수필은 누구나 쓸 수 있는 (전문적, 비전문적)인 글이다.

02 수필의 글쓴이는 자신의 체험에 대한 생각이나 느낌을 (객관적, 주관적)으로 드러낸다.

03 수필 속의 '나'는 (허구적 인물, 글쓴이 자신)이다.

[04~06] 다음에 해당하는 수필의 종류를 쓰시오.

04 글쓴이가 일상생활에서 얻은 느낌, 생각 등을 자유롭게 쓴 수필 (　　　)

05 사회적인 문제에 대한 글쓴이의 생각을 논리적이고 객관적으로 쓴 수필 (　　　)

06 정해진 대상에게 안부, 소식을 적어 보내는 실용적인 글 (　　　)

07 밑줄 친 부분과 관련 있는 편지글의 형식은?

> 선생님께
> 선생님 안녕하세요? 어느덧 가을이 되어 쌀쌀한 바람이 붑니다. 중학생이 되니 성적에 대한 고민 때문에 밤에 잠이 잘 안 옵니다. 잘할 거라고 생각했었는데 마음대로 되지 않아 힘듭니다. 그래서인지 늘 저에게 잘할 수 있다고 용기를 주셨던 선생님이 생각납니다. 조만간 찾아뵙겠습니다. 안녕히 계세요.
> 10월 13일
> 제자 희주 올림

① 호칭　② 안부 인사　③ 사연
④ 끝인사　⑤ 쓴 사람

[08~10] 빈칸에 들어갈 알맞은 말을 쓰시오.

08 설은 (　　　)의 한 양식이다.

09 설에는 비유나 (　　　) 표현이 많이 사용된다.

10 설은 설득적이고 (　　　)인 내용을 담고 있다.

11 [가]와 [나]에 해당하는 설의 구성 방식을 각각 쓰시오.

> [가] 이번에 수리하려고 본 즉 비가 샌 지 오래된 것은 그 서까래, 추녀, 기둥, 들보가 모두 썩어서 못 쓰게 되었던 까닭으로 수리비가 엄청나게 들었고, 한 번밖에 비를 맞지 않았던 한 칸의 재목들은 완전하여 다시 쓸 수 있었던 까닭으로 그 비용이 많이 들지 않았다.
> [나] 나는 이에 느낀 것이 있었다. 사람의 몸에 있어서도 마찬가지라는 사실을. 잘못을 알고서도 바로 고치지 않으면 곧 그 자신이 나쁘게 되는 것이 마치 나무가 썩어서 못 쓰게 되는 것과 같으며, 잘못을 알고 고치기를 꺼리지 않으면 해(害)를 받지 않고 다시 착한 사람이 될 수 있으니, 저 집의 재목처럼 말끔하게 다시 쓸 수 있는 것이다.
> – 이규보, 〈이옥설〉

12 다음 중 일기문의 성격으로 적절하지 않은 것은?

① 고백적　② 비공개적　③ 체험적
④ 객관적　⑤ 자아 성찰적

13 다음 설명에 알맞은 기행문의 요소를 쓰시오.

(1) 여행의 경로 (　　　)
(2) 여행하면서 보고 들은 내용 (　　　)
(3) 보고, 듣고, 경험한 사실에 대한 글쓴이의 생각이나 느낌 (　　　)

4 희곡 · 시나리오

| 이름: | 점수:

[01~02] 다음 설명을 읽고 맞으면 ○를, 틀리면 ×를 하시오.

01 희곡은 무대 상연(공연)을 목적으로 하는 연극의 대본이다. (　　　)

02 시나리오는 무대 상연과 영화의 상영을 전제로 하는 대본이다. (　　　)

[03~06] 괄호 안의 말 중 알맞은 것에 ○를 하시오.

03 희곡은 작가가 꾸며 낸 (사실적, 허구적)인 글이다.

04 희곡은 주로 (인물의 행동과 대사, 서술자의 서술)에 의해 사건이 전개된다.

05 희곡은 시나리오에 비해 공간적, 시간적 제약을 (받지 않는다, 받는다).

06 희곡은 생동감을 주기 위해 (현재형, 과거형)으로 표현한다.

[07~09] 다음 설명에 해당하는 희곡의 구성 요소를 〈보기〉에서 골라 쓰시오.

보기

사건, 독백, 방백, 해설, 배경, 인물, 대화, 지시문

07 첫머리에서 등장인물, 무대 장치, 배경 등을 설명함 (　　　)

08 관객에게는 들리지만 무대 위 다른 인물들에게는 들리지 않는 것으로 약속하고 하는 말 (　　　)

09 무대 장치, 조명, 등장인물의 행동, 말투 등을 지시함 (　　　)

10 희곡의 구성 단계와 그 설명을 바르게 연결하시오.

(1) 발단 • 　　• ㉠ 갈등 해결의 실마리
(2) 전개 • 　　• ㉡ 사건의 시작
(3) 절정 • 　　• ㉢ 갈등의 해소
(4) 하강 • 　　• ㉣ 갈등의 최고조
(5) 대단원 • 　　• ㉤ 갈등의 심화

11 시나리오의 용어에 대한 설명으로 알맞지 않은 것은?

① S# : 시나리오의 장면 번호
② 내레이션 : 화면 밖에서 들려오는 설명 형식의 대사
③ F.O. : 화면이 처음에 어두웠다가 점차 밝아지는 기법
④ Ins. : 화면과 화면 사이에 다른 화면을 끼워 넣는 기법
⑤ 몽타주 : 따로따로 촬영한 화면을 떼어 붙여 편집하는 기법

12 다음 중 시나리오의 구성 요소와 관계가 없는 것은?

① 대사 : 배우들끼리 주고받는 말이나 혼잣말
② 장 : 장면이 변하지 않고 이어지는 사건의 한 토막
③ 해설 : 첫머리에서 등장인물, 장소, 시간 등을 제시한 부분
④ 장면 번호 : 장면의 극 중 순서, 시간의 흐름, 장소의 이동 등을 나타내는 번호
⑤ 지시문 : 인물의 행동, 표정, 말투 및 조명, 음향 효과, 카메라의 위치 등을 제시한 부분

13 희곡과 시나리오의 공통점으로 알맞지 않은 것은?

① 인생의 진실을 추구한다.
② 시간적, 공간적 제약이 크다.
③ 대립과 갈등이 주된 내용이다.
④ 직접적인 심리 묘사가 불가능하다.
⑤ 대사와 행동을 통해 사건이 전개된다.

일일 테스트 1 설명하는 글

| 이름: | 점수:

[01~02] **빈칸에 들어갈 알맞은 말을 쓰시오.**

01 설명문이란 (   )을/를 목적으로 하여, 어떤 대상에 대한 지식이나 정보 등을 독자들이 (   ) 하기 쉽도록 체계적으로 풀어 쓴 글이다.

02 설명문은 일반적으로 '(   ) – (   ) – (   )'(으)로 구성된다.

[03~06] **설명문에 대한 설명으로 맞으면 ○를, 틀리면 ×를 하시오.**

03 비문학적인 글이다. (   )

04 글쓴이의 정서를 파악하며 읽어야 한다. (   )

05 있는 그대로의 사실을 객관적으로 다루는 글이다. (   )

06 주로 글쓴이의 개인적인 의견을 전달한다. (   )

[07~10] **다음 설명에 해당하는 설명문의 특성을 〈보기〉에서 골라 쓰시오.**

보기

객관성, 명료성, 사실성, 체계성, 평이성

07 정확한 지식이나 정보를 사실에 근거하여 전달한다. (   )

08 일정한 순서에 따라 내용을 짜임새 있게 전개한다. (   )

09 뜻이 분명하게 전달되도록 정확하고 간결하게 표현한다. (   )

10 글쓴이의 주관적인 의견을 내세우지 않고 객관적인 입장에서 설명한다. (   )

11 다음 설명문을 쓰는 방법 중 '내용 조직하기'에 해당하는 것은?

① 무엇에 대해 쓸 것인지 정한다.
② 설명문을 읽을 예상 독자를 분석한다.
③ 뜻이 분명하게 전달되도록 간결하고 정확하게 표현한다.
④ '처음 – 중간 – 끝'의 3단 구성으로 짜임새 있게 구성한다.
⑤ 수집한 자료에서 주제와 관련 있는 자료를 골라 내용을 선정한다.

12 다음 중 '분석'의 방법을 사용하여 대상을 설명한 것은?

① 아이스크림을 너무 많이 먹어서 배탈이 났다.
② 형태소는 뜻을 가진 가장 작은 말의 단위이다.
③ 세포는 세포막, 세포질, 핵 등으로 구성되어 있다.
④ 동해안은 수심이 깊은 반면 서해안은 수심이 얕다.
⑤ 배는 용도에 따라 여객선, 유조선, 탐사선, 화물선 등으로 나뉜다.

13 ㉠~㉥을 설명문의 구성 단계별로 분류하여 쓰시오.

㉠ 설명 대상 소개
㉡ 읽는 이의 관심 유도
㉢ 여러 가지 설명 방법을 사용하여 설명
㉣ 대상에 대한 구체적인 설명
㉤ 글을 쓰게 된 동기 제시
㉥ 본문에서 설명한 내용을 간단하게 요약·정리·마무리

(1) 처음(머리말) : ____________________
(2) 중간(본문) : ____________________
(3) 끝(맺음말) : ____________________

② 설득하는 글 – (1)

| 이름: | 점수:

[01~03] 빈칸에 들어갈 알맞은 말을 쓰시오.

01 논설문은 글쓴이가 어떤 문제에 대하여 자신의 주장이나 (　　　　)을/를 내세우고, 이를 타당한 (　　　　)을/를 들어 논리적으로 전개해 나가는 글이다.

02 논설문은 일반적으로 '(　　　) – (　　　) – (　　　)'(으)로 구성된다.

03 논설문은 독자를 (　　　　)하는 것을 목적으로 하는 글이다.

[04~07] 다음 설명에 해당하는 논설문의 특성을 〈보기〉에서 골라 쓰시오.

보기
주관성, 신뢰성, 타당성, 체계성, 명료성

04 근거는 출처가 분명하고 믿을 만한 것이어야 한다. (　　　　)

05 글쓴이의 주관적인 생각과 주장이 드러나야 한다. (　　　　)

06 주장을 뒷받침하는 근거가 이치에 맞고 논리적이어야 한다. (　　　　)

07 논리 전개가 3단 구성에 따라 짜임새 있게 이루어져야 한다. (　　　　)

08 논설문을 읽는 방법으로 알맞지 않은 것은?
① 각 문단의 중심 내용을 파악한다.
② 글쓴이의 관점과 주장을 파악한다.
③ 주장에 대한 근거가 타당한지 판단한다.
④ 글쓴이의 주장을 무조건 비판하고 반박한다.
⑤ 글에 대한 자신의 생각과 입장을 정리하며 읽는다.

09 ㉠~㉦을 논설문의 구성 단계별로 분류하여 쓰시오.

㉠ 문제 제기
㉡ 주장의 요약 및 정리
㉢ 주장의 구체적인 전개
㉣ 글을 쓴 동기, 목적 제시
㉤ 독자의 관심과 흥미 유발
㉥ 타당한 근거나 이유 제시
㉦ 앞으로의 전망과 과제 제시 및 당부

(1) 서론 : ____________________
(2) 본론 : ____________________
(3) 결론 : ____________________

10 〈보기〉는 논설문의 구성 단계 중 어떤 부분에 해당하는지 쓰시오.

보기
지금까지 살펴본 바와 같이 통신 언어는 컴퓨터 통신이라는 특수한 분야에서 사용되는 언어이므로 사회 방언의 하나로 볼 수 있다. 이러한 사회 방언을 지나치게 사용하면 다른 사람과의 의사소통에 장애를 불러일으키고 자신의 의사를 정확하게 전달하지 못하게 된다. 따라서 책임감 있게 언어를 사용하는 자세가 필요하다.

____

일일 테스트 2 설득하는 글 – (2)

이름: | 점수:

01 〈보기〉의 빈칸에 들어갈 알맞은 말을 쓰시오.

보기

건의문이란 문제 상황에 대한 해결 방안을 제시함으로써 독자가 문제를 해결하기 위해 행동하도록 (   )하는 글이다.

____

[02~06] 다음 설명에 해당하는 건의문의 특성을 〈보기〉에서 골라 쓰시오.

보기

공익성, 공정성, 명료성, 실현 가능성, 합리성

02 건의하는 내용이 분명하고 명확하게 제시되어야 한다. (   )

03 단체와 관련된 문제 상황일 경우, 구성원 다수에게 이익이 돌아가야 한다. (   )

04 글쓴이의 편견, 독단, 선입견 등을 배제하여야 한다. (   )

05 건의하는 내용이 이론이나 이치에 합당해야 한다. (   )

06 건의 내용이 구체적으로 실현 가능한 것이어야 한다. (   )

[07~09] 다음은 건의문에 대한 설명이다. 맞으면 ○를, 틀리면 ×를 하시오.

07 자신의 의견을 주장한다는 면에서는 설명문과 유사하다. (   )

08 건의문을 쓸 때에는 읽는 이와의 관계를 고려하여 형식이나 내용을 달리해야 한다. (   )

09 일반적으로 '처음 – 가운데 – 끝'으로 구성된다. (   )

[10~15] 〈보기〉를 활용하여 다음 물음에 답하시오.

보기

㉠ 계획하기　　㉡ 내용 생성하기
㉢ 고쳐쓰기　　㉣ 내용 조직하기
㉤ 표현하기

10 건의문을 쓰는 절차에 맞게 〈보기〉의 기호를 순서대로 나열하시오.
(   ) → (   ) → (   ) → (   ) → (   )

11 건의문을 쓸 때 건의 내용과 관련된 자료를 수집하는 단계의 기호를 쓰시오. (   )

12 건의문을 쓸 때 '지나치게 감정에 호소하거나 상대를 불편하게 하는 표현은 없는가?', '문제의 본질에서 벗어난 내용은 없는가?' 등을 점검하는 단계의 기호를 쓰시오. (   )

13 건의문을 쓸 때 글을 쓰게 된 계기, 문제 상황, 해결 방안, 근거 및 기대 효과가 잘 드러나도록 글을 구성하는 단계의 기호를 쓰시오. (   )

14 건의문을 쓸 때 건의 내용을 명확하고 정중하게 표현하는 단계의 기호를 쓰시오. (   )

15 건의문을 쓸 때 예상 독자를 분석하고, 글의 목적을 정하는 단계의 기호를 쓰시오. (   )

16 건의문을 읽는 방법으로 적절하지 않은 것은?
① 글쓴이가 제기한 문제 상황을 파악한다.
② 글쓴이가 글을 쓴 목적이 무엇인지 판단한다.
③ 글쓴이의 건의 내용이 타당한 것인지 판단한다.
④ 건의 내용이 누구보다 나에게 도움이 되는 것인지 판단한다.
⑤ 해결 방안이 그 문제를 해결하는 데 적절한 것인지 판단한다.

일일 테스트

1 언어의 본질

| 이름: | 점수:

01 제시된 문장과 관련된 언어의 본질을 각각 쓰시오.

(1) '바다'를 꼭 [바다]라고 해야 하는 것은 아니다. (　　　)

(2) '장미'를 '봉봉'이라고 하고, '볼펜'을 '부잉'이라고 했더니 친구가 알아듣지 못했다. (　　　)

(3) '영감'은 옛날에는 '높은 벼슬아치'라는 뜻이었는데 지금은 '나이 많은 사람'을 가리킨다. (　　　)

(4) 아이들은 '밥'과 '주다'라는 두 가지 말을 배운 뒤에 이를 활용하여 '밥 주세요.'와 같이 배운 적이 없는 새로운 문장을 만들어 낼 수 있다. (　　　)

02 다음 빈칸에 들어갈 말을 쓰시오.

> 과거에 '뫼'라는 말은 '산'을 뜻하는 우리의 고유어였다. 그러나 '산'이라는 한자어가 들어오면서 점차 덜 쓰이게 되었고, 현재는 거의 사용하지 않는 말이 되었다. 이와 같이 언어도 시간이 흐름에 따라 변화를 겪게 되는데, 이러한 특징을 '언어의 (　　　　)'이라고 한다.

03 다음 중 '언어의 자의성'에 대한 예시로 알맞은 것은?

① '어리석다'의 옛말은 '어리다'였다.
② 누리꾼, 블로그 등의 말이 새로 생겨났다.
③ 우리는 '꽃'이라는 낱말로 수없이 많은 문장을 만들어 낼 수 있다.
④ 우리 사회에서 '침대'를 혼자서 '사진'이라고 한다면 다른 사람들과 의사소통을 할 수 없다.
⑤ 한국어에서는 '사람'이라는 대상을 '사람[사람]'이라고 표현하지만, 영어에서는 'man[맨]', 중국어에서는 '人[런]'이라고 표현한다.

04 다음 내용과 관련 깊은 언어의 본질은?

> "누가 개를 개라고 했느냐고? 네가 그런 거야, 니콜라스. 너와 나와 이 반에 있는 아이들과 이 학교와 이 마을과 이 주와 이 나라의 모든 사람이. 우리 모두 그렇게 하자고 약속한 거야."

① 자의성　② 역사성　③ 사회성
④ 기호성　⑤ 창조성

05 다음 내용과 관련 있는 언어의 본질을 쓰시오.

> 꿀벌은 '8'자 모양의 춤을 추어서 다른 꿀벌에게 꿀이 있는 위치뿐만 아니라, 그 꿀의 품질까지도 알려 준다. 그러나 "난 꿀이 제일 좋아."와 같은 표현은 할 수 없다.

[06~09] 다음은 언어의 본질에 대한 설명이다. 맞으면 ○를, 틀리면 ×를 하시오.

06 인간은 이미 알고 있던 말로 새 단어와 문장을 무한히 만들어 낼 수 있다. (　　　)

07 언어가 나타내는 내용과 그것을 표현하는 형식 사이에는 필연적인 연관성이 있다. (　　　)

08 한 단어가 지닌 의미는 시간이 아무리 지나도 달라지지 않는다. (　　　)

09 언어는 그 언어를 사용하는 사람들 사이의 약속이므로 개인이 마음대로 바꿀 수 없다. (　　　)

2 국어의 음운

이름: 점수:

01 국어의 음운에 대한 설명으로 알맞은 것은?

① 모음은 단모음 9개와 이중 모음 11개로 이루어져 있다.
② 자음 중에서는 'ㄴ, ㄹ, ㅁ'만이 울림소리에 해당한다.
③ 소리를 낼 때 발음 기관의 장애를 받지 않는 음운을 자음이라고 한다.
④ 안울림소리는 입을 벌리는 정도에 따라 예사소리, 된소리, 거센소리로 나뉜다.
⑤ 단모음은 혀의 최고점의 위치에 따라 전설 모음과 후설 모음으로 나눌 수 있다.

02 다음 중 사용된 음운의 개수가 다른 하나는?

① 산 ② 약 ③ 공 ④ 꿈 ⑤ 불

03 다음 중 자음에 관한 설명으로 알맞지 않은 것은?

① 자음은 19개로, 모음 없이는 홀로 소리 날 수 없다.
② 'ㄲ, ㄸ, ㅃ, ㅆ, ㅉ'은 소리의 세기가 강한 된소리이다.
③ 'ㅋ, ㅌ, ㅍ'은 'ㄲ, ㄸ, ㅃ'보다 소리의 성질과 느낌이 더 거칠다.
④ 국어의 자음은 소리 나는 위치에 따라 예사소리, 된소리, 거센소리로 나뉜다.
⑤ 자음을 발음할 때 목청의 울림 여부에 따라 울림소리와 안울림소리로 나뉜다.

04 국어의 모음에 대한 설명으로 알맞지 않은 것은?

① 'ㅡ, ㅓ, ㅏ, ㅜ, ㅗ'는 후설 모음이다.
② 'ㅏ → ㅓ → ㅡ'는 발음할 때 혀의 높이가 점점 낮아진다.
③ 'ㅣ, ㅔ, ㅐ, ㅟ, ㅚ'는 혀의 최고점이 앞쪽에 있는 모음이다.
④ 'ㅔ'는 'ㅣ'보다 입이 더 열려서 혀의 높이가 낮아지고, 'ㅐ'는 'ㅔ'보다 입이 더 크게 열려서 혀의 높이가 더 낮아진다.
⑤ 'ㅑ, ㅕ, ㅛ, ㅠ'는 발음할 때 입술 모양이나 혀의 위치가 고정되어 있지 않고 움직이는 모음이다.

05 다음 중 단모음으로만 이루어진 단어는?

① 야식 ② 예술 ③ 무의식
④ 쇠고기 ⑤ 월드컵

06 〈보기〉의 설명에 따라 모음을 분류한 것은?

보기

모음은 소리를 낼 때 입술을 둥글게 하여 소리 내는 모음(원순 모음)과 그렇지 않은 모음(평순 모음)으로 나눌 수 있다.

① ㅔ, ㅚ, ㅓ, ㅗ : ㅐ, ㅏ
② ㅣ, ㅟ, ㅡ, ㅜ : ㅔ, ㅚ, ㅓ, ㅗ
③ ㅏ, ㅓ, ㅗ, ㅜ : ㅑ, ㅕ, ㅛ, ㅠ
④ ㅟ, ㅚ, ㅜ, ㅗ : ㅣ, ㅔ, ㅐ, ㅡ, ㅓ, ㅏ
⑤ ㅣ, ㅔ, ㅐ, ㅟ, ㅚ : ㅡ, ㅓ, ㅏ, ㅜ, ㅗ

07 다음에 해당하는 자음을 〈보기〉에서 찾아 쓰시오.

보기

ㄱ, ㄲ, ㄴ, ㄷ, ㄸ, ㄹ, ㅁ, ㅂ, ㅃ, ㅅ, ㅆ, ㅇ, ㅈ, ㅉ, ㅊ, ㅋ, ㅌ, ㅍ, ㅎ

(1) 윗잇몸과 혀끝에서 나는 소리를 모두 쓰시오.
(2) 여린입천장과 혀의 뒷부분에서 나는 소리를 모두 쓰시오.
(3) 센입천장과 혓바닥에서 나는 소리를 모두 쓰시오.
(4) 두 입술에서 나는 소리를 모두 쓰시오.
(5) 목청 사이에서 나는 소리를 모두 쓰시오.

08 다음 중 받침을 소리 낼 때 목청의 울림이 일어나지 않는 단어는?

① 감기 ② 국밥 ③ 노란색
④ 아리랑 ⑤ 진달래

09 다음의 조건을 모두 충족하는 단어는?

- 초성 : 센입천장에서 나는 예사소리
- 중성 : 후설 모음, 평순 모음, 중모음
- 종성 : 여린입천장에서 나는 울림소리

① 떡 ② 밥 ③ 정 ④ 종 ⑤ 죽

일일 테스트 3 품사 – (1)

| 이름: | 점수:

[01~03] 품사에 대한 설명으로 맞으면 ○를, 틀리면 ×를 하시오.

01 품사는 형태 변화 여부에 따라 불변어와 가변어로 나뉜다. (　　　)

02 명사, 대명사, 조사를 합쳐 체언이라고 한다. (　　　)

03 문장에서 다른 단어를 꾸며 주는 역할을 하는 말은 수식언이다. (　　　)

[04~12] 다음 설명에 해당하는 품사의 명칭을 〈보기〉에서 골라 쓰시오.

보기

명사, 대명사, 수사, 동사, 형용사,
관형사, 부사, 조사, 감탄사

04 사람이나 사물의 상태나 성질을 나타내는 단어 (　　　)

05 놀람, 느낌, 부름 등을 나타내는 단어 (　　　)

06 사람이나 사물의 움직임을 나타내는 단어 (　　　)

07 사람이나 사물, 장소의 이름을 대신하여 가리키는 단어 (　　　)

08 주로 뒤에 오는 용언을 자세하게 꾸며 주는 단어 (　　　)

09 구체적인 대상이나, 추상적인 대상의 이름을 나타내는 단어 (　　　)

10 주로 뒤에 오는 체언을 자세하게 꾸며 주는 단어 (　　　)

11 주로 체언 뒤에 붙어 다른 말과의 문법적인 관계를 나타내거나 특별한 뜻을 더해 주는 단어 (　　　)

12 수량이나 순서를 나타내는 단어 (　　　)

13 다음 문장에서 관형사와 부사를 각각 찾아 쓰시오.

나는 한 그루의 사과나무를 꼭 심겠다.

(1) 관형사 : ______________________

(2) 부사 : ______________________

14 다음 중 품사에 대한 설명으로 알맞지 않은 것은?

① 동사 : 주로 서술어로 쓰이며 형태가 변한다.
② 명사 : 기능에 따라 체언으로 분류되며 형태가 변하지 않는다.
③ 관형사 : 체언을 꾸며 주는 역할을 하며 형태가 변하지 않는다.
④ 조사 : 주로 체언 뒤에 붙어 쓰이며 '이다'를 제외하고는 형태가 변하지 않는다.
⑤ 감탄사 : 문장과 직접적인 연관을 맺지 않고 독립적으로 쓰이며 형태가 변한다.

15 〈보기〉의 ㉠~㉤에 대한 설명으로 알맞은 것은?

보기

㉠ 그녀, 나, 우리
㉡ 강아지, 토끼, 사랑, 슬픔
㉢ 서글프다, 기쁘다, 파랗다
㉣ 먹다, 공부하다, 자다
㉤ 응, 이봐, 어이쿠, 아뿔싸

① ㉠ : 사람이나 사물, 추상적인 대상의 이름을 나타낸다.
② ㉡ : 사람, 사물, 장소 등의 이름을 대신하여 나타낸다.
③ ㉢ : 말하는 이의 대답이나 느낌 등을 나타낸다.
④ ㉣ : 사람이나 사물의 움직임을 나타낸다.
⑤ ㉤ : 사람이나 사물의 상태나 성실을 나타낸다.

일일 테스트 3 품사 – (2)

| 이름: | 점수:

01 다음 단어를 형태가 바뀌는지 여부에 따라 나눌 때, 나머지와 <u>다른</u> 하나는?

① 이것 ② 하나 ③ 모든
④ 놀랍다 ⑤ 제주도

02 〈보기〉에서 체언에 해당되는 단어를 모두 고르시오.

보기
신난다, 우리, 갑자기, 온갖, 거북이, 굉장히, 먹어라, 셋, 아차, 하얗다

____

03 다음 밑줄 친 단어 중에서 품사가 <u>다른</u> 하나는?

① 열심히 <u>달리니</u> 땀이 난다.
② 겨울이 되니 날씨가 <u>차갑구나</u>.
③ 새가 <u>날아가는</u> 모습이 아름답다.
④ 어머니가 아이에게 노란 옷을 <u>입힌다</u>.
⑤ 비가 오니 색안경을 <u>찾는</u> 손님이 없다.

04 〈보기〉 속 문장에 쓰인 조사의 개수는?

보기
지금이 가장 빠른 때이다.

① 2개 ② 3개 ③ 4개
④ 5개 ⑤ 6개

05 다음 중 부사가 사용되지 <u>않은</u> 문장은?

① 김치찌개가 매우 맵다.
② 시험 문제가 특히 어렵다.
③ 모든 사람들은 꿈이 있다.
④ 일찍 일어나는 학생이 되자.
⑤ 어제는 가랑비가 보슬보슬 내렸다.

06 다음 밑줄 친 단어와 품사가 알맞게 연결되지 <u>않은</u> 것은?

① 정호는 자전거를 잘 <u>탄다</u>. – 동사
② <u>야</u>, 거기 너 잠깐만 기다려. – 감탄사
③ 강과 하늘이 참 맑고 <u>푸르구나</u>. – 형용사
④ 감나무에 빨간 감 <u>하나</u>가 남아 있다. – 수사
⑤ 고속 철도는 정말 <u>빠른</u> 교통수단이다. – 관형사

07 다음 밑줄 친 단어 중 품사가 <u>다른</u> 하나는?

① <u>야</u>, 너 거기 서!
② <u>그래</u>, 네 말대로 할게.
③ <u>아차</u>, 네 이름 잊어버렸는데.
④ <u>어머</u>, 물을 쏟아서 정말 미안해.
⑤ <u>지현아</u>, 오늘 영화 보러 가지 않을래?

08 다음 단어들의 공통점으로 알맞지 <u>않은</u> 것은?

먹다, 뛰다, 읽다, 덥다, 즐겁다, 슬프다

① 기능상 용언에 속한다.
② 기본형이 '–다'로 끝난다.
③ 주로 관형사의 꾸밈을 받는다.
④ 문장의 주체를 서술하는 역할을 한다.
⑤ 문장 속에서 형태가 변하는 가변어이다.

일일 테스트 ④ 단어의 짜임

Ⅲ. 문법

| 이름: | 점수:

01 다음 빈칸에 알맞은 말을 각각 쓰시오.

(1) 뜻을 가진 가장 작은 말의 단위를 (　　　　　)(이)라고 한다.

(2) 뜻을 지니면서 홀로 쓰일 수 있는 말, 또는 홀로 쓰이는 말 뒤에 붙어서 쉽게 분리할 수 있는 말을 (　　　　　)(이)라고 한다.

(3) 형태소가 결합하여 단어를 형성할 때, 단어의 실질적인 의미를 나타내는 부분을 (　　　　　)(이)라고 하고, 이에 붙어서 특정한 의미나 기능을 더해 주는 부분을 (　　　　　)(이)라고 한다.

(4) 하나의 어근으로 이루어진 단어를 (　　　　　)(이)라고 한다.

(5) 복합어 중 어근과 어근이 결합하여 이루어진 단어를 (　　　　　)(이)라고 하고, 어근에 접사가 결합하여 이루어진 단어를 (　　　　　)(이)라고 한다.

02 다음 문장에서 홀로 쓰일 수 있는 형태소를 모두 찾아 쓰시오.

> 누나는 엄마를 닮아서 참 좋다.

03 다음 문장에서 실질적인 뜻을 지니고 있으나, 홀로 쓰일 수 없는 형태소를 모두 찾아 쓰시오.

> 오늘 수업이 끝나면 교문 앞에서 만나자.

04 다음 문장을 단어 단위로 나눈 결과가 적절한 것은?

① 영미 / 는 / 학생 / 이다.
② 공기 / 가 / 맑아 / 서 / 좋다.
③ 우리 / 는 / 같은 / 학년이다.
④ 낙엽이 / 우수수 / 떨어집니다.
⑤ 코스모스 / 가 / 활짝 / 피었 / 습니다.

05 다음 문장을 단어로 나누어 쓰시오.

> 미술관 옆에 동물원이 있다.

06 다음 중 밑줄 친 부분이 실질적인 의미를 가지고 있는 단어는?

① 덮<u>개</u>　② <u>넓</u>이　③ <u>맨</u>발
④ <u>풋</u>과일　⑤ <u>햇</u>나물

07 다음 중 낱말의 형성법이 <u>다른</u> 하나는?

① 군밤　② 풋고추　③ 날고기
④ 지우개　⑤ 헛수고

08 다음 중 두 어근의 관계가 나머지와 <u>다른</u> 하나는?

① 산길　② 쇠못　③ 뛰놀다
④ 책가방　⑤ 가죽신

09 다음 중 파생의 방법이 나머지와 <u>다른</u> 하나는?

① 먹보　② 알밤　③ 풋사랑
④ 헛소문　⑤ 맨주먹

10 다음과 유사한 방식으로 만들어진 새말은?

> 꽃미남

① 아점　② 컴맹　③ 열공
④ 누리꾼　⑤ 노래방

5 어휘의 체계와 양상

| 이름: | 점수:

[01~03] 다음 단어가 고유어, 한자어, 외래어 중 어떤 어종에 속하는지 쓰시오.

01 라디오, 토마토, 레몬, 온라인, 요구르트, 넥타이
( )

02 강, 산, 양말, 태풍, 포도, 시계 ( )

03 동아리, 소나기, 무지개, 항아리, 다짐, 노래
( )

04 지역 방언에 대한 설명으로 알맞은 것은?

① 복잡하고 어려운 내용을 간결한 언어로 전달할 수 있다.
② 청소년들의 줄임말이나 유행어도 지역 방언의 한 갈래이다.
③ 다른 지역 사람들과의 의사소통을 방해하므로 표준어로 통일해야 한다.
④ 지역 방언이 형성되는 데 가장 큰 영향을 주는 요인은 세대와 성별이다.
⑤ 지역 방언을 통해 그 방언이 사용되는 지역의 특색과 정서를 함께 전달할 수 있다.

05 〈보기〉와 같은 말이 생기게 된 원인으로 적절한 것은?

보기

> 청과물 시장에서 숫자를 세는 방법
> 먹주(=1), 대(=2), 삼패(=3), 을씨(=4), 을씨본(=5), 살(=6), 살본(=7), 땅(=8), 땅본(=9), 주(=10)

① 자신의 지식을 과시하기 위해
② 집단의 비밀을 유지하기 위해
③ 어휘를 풍부하게 사용하기 위해
④ 상대방에게 재미와 감동을 주기 위해
⑤ 사람들에게 정보를 정확하게 전달하기 위해

[06~10] 다음 설명에 해당하는 어휘의 의미 관계를 〈보기〉에서 골라 쓰시오.

보기

> 유의 관계, 반의 관계, 상하 관계
> 다의 관계, 동음이의 관계

06 서로 반대되는 의미를 가진 단어들 사이의 관계
( )

07 말소리는 다르지만 뜻이 비슷한 단어들 사이의 관계
( )

08 한 단어의 의미가 다른 단어의 의미를 포함하는 관계
( )

09 말소리는 같지만 의미 사이의 연관성이 없는 단어들 사이의 관계 ( )

10 둘 이상의 의미를 가진 단어가 여러 문맥에서 나타내는 의미들 사이의 관계 ( )

11 〈보기〉의 밑줄 친 단어의 반의어로 가장 적절한 것은?

보기

> 열쇠로 자물쇠를 <u>열다</u>.

① 닫다 ② 떼다 ③ 맺다
④ 벗기다 ⑤ 채우다

12 다음 밑줄 친 단어가 〈보기〉의 밑줄 친 단어와 동일한 의미로 사용된 것은?

보기

> 지하철을 <u>타다</u>.

① 말을 <u>타다</u>. ② 산을 <u>타다</u>.
③ 용돈을 <u>타다</u>. ④ 커피를 <u>타다</u>.
⑤ 가야금을 <u>타다</u>.

일일 테스트 1 관용어 - (1)

이름: | 점수:

[01~05] 다음 뜻풀이에 해당하는 관용어를 완성하시오.

01 □□가 무겁다

→ 무거운 책임을 져서 마음에 부담이 크다.

02 첫 □□를 끼우다

→ 새로운 과정을 출발하거나 일을 시작하다.

03 좀이 □□□

→ 마음이 들뜨거나 초조하여 가만히 있지 못하다.

04 □가 납작해지다

→ 몹시 무안을 당하거나 기가 죽어 위신이 뚝 떨어지다.

05 □□을 끼얹다

→ 잘되어 가고 있는 일에 뛰어들어 분위기를 흐리거나 공연히 트집을 잡아 헤살을 놓다.

[06~10] 다음 관용어의 뜻풀이를 완성하시오.

06 뼈와 살이 되다

→ 정신적으로 □□이 되다.

07 낯이 있다

→ 서로 얼굴을 알 만한 □□이 있다.

08 눈에 아른거리다

→ 어떤 사람이나 일 따위에 관한 □□이 떠오르다.

09 가슴이 뜨끔하다

→ 자극을 받아 마음이 깜짝 놀라거나 □□의 가책을 받다.

10 말을 맞추다

→ 제삼자에게 같은 말을 하기 위하여 다른 사람과 말의 내용이 □□□ 않게 하다.

[11~15] 관용어의 쓰임을 고려하여 빈칸에 들어갈 알맞은 단어를 쓰시오.

11 그는 정의를 위해 항상 □ 벗고 나서는 사람이다.

12 그녀가 꿈을 이루기 위해서는 □를 깎는 노력이 필요해.

13 반 아이들이 함께 □□를 맞대고 새로운 규칙을 만들었다.

14 아슬아슬하고 위태로운 곡예를 보고 있노라니 나도 모르게 □에 땀을 쥐게 되었다.

15 한 대기업의 비리에 대한 기사를 접한 소비자들은 그 기업의 제품에 □을 돌렸다.

정답	01 어깨 02 단추 03 쑤시다 04 코 05 찬물 06 도움 07 친분 08 기억 09 양심 10 다르지 11 발 12 뼈 13 머리 14 손 15 등

1 관용어 – (2)

| 이름: | 점수:

[01~05] **다음 뜻풀이에 해당하는 관용어를 완성하시오.**

01 ☐이 콩알만 해지다

→ 몹시 두려워지거나 무서워지다.

02 ☐☐☐ 사정이 나쁘다

→ 쓸 자금이나 돈의 형편이 좋지 않다.

03 ☐이 넓다

→ 사귀어 아는 사람이 많아 활동하는 범위가 넓다.

04 팔을 ☐☐☐☐☐

→ 어떤 일에 뛰어들어 적극적으로 일할 태세를 갖추다.

05 ☐ 끓듯 하다

→ 화나 분통 따위의 감정을 참지 못하여 마음속이 부글부글 끓어오르다.

[06~10] **다음 관용어의 뜻풀이를 완성하시오.**

06 하늘에 맡기다

→ ☐☐에 따르다.

07 입을 모으다

→ 여러 사람이 같은 ☐☐을 말하다.

08 바람을 일으키다

→ 사회적으로 많은 사람에게 ☐☐을 미치다.

09 손이 크다

→ ☐☐☐가 크고 후하다. 수단이 좋고 많다.

10 머리를 긁다

→ 수줍거나 무안해서 어쩔 줄 모를 때 그 ☐☐☐을 무마하려고 머리를 긁적이다.

[11~15] **관용어의 쓰임을 고려하여 빈칸에 들어갈 알맞은 단어를 쓰시오.**

11 나는 ☐가 얇아서 다른 사람의 제안에 금세 마음이 끌린다.

12 그 배우는 영화 속에서 피도 ☐☐도 없는 악인을 연기했다.

13 우리의 싸움을 본 동네 사람들은 ☐를 차며 고개를 흔들었다.

14 회의가 길어지자 머리를 ☐☐☐ 위해 잠시 밖으로 나와 바람을 쐬었다.

15 그가 식당 메뉴에 불만이 있음은 식단표를 보는 그 ☐☐에 씌어 있었다.

정답	01 간　02 주머니　03 발　04 걷어붙이다　05 죽　06 운명　07 의견　08 영향　09 씀씀이　10 어색함　11 귀　12 눈물　13 혀　14 식히기　15 얼굴

일일 테스트 ② 속담 –(1)

| 이름: | 점수:

[01~04] 다음 뜻풀이에 해당하는 속담을 완성하시오.

01 핑계 없는 □□이 없다

→ 아무리 큰 잘못을 저지른 사람도 그것을 변명하고 이유를 붙일 수 있다는 말.

02 닭 잡아먹고 □□ 발 내놓기

→ 옳지 못한 일을 저질러 놓고 엉뚱한 수작으로 속여 넘기려 하는 일을 이르는 말.

03 □□가 길면 밟힌다

→ 나쁜 일을 아무리 남모르게 한다고 해도 오래 두고 여러 번 계속하면 결국에는 들키고 만다는 것을 이르는 말.

04 가는 날이 □□

→ 일을 보러 가니 공교롭게 장이 서는 날이라는 뜻으로, 어떤 일을 하려고 하는데 뜻하지 않은 일을 공교롭게 당함을 이르는 말.

[05~09] 다음 속담의 뜻풀이를 완성하시오.

05 피는 물보다 진하다

→ □□의 정이 깊음을 이르는 말.

06 말 타면 경마 잡히고 싶다

→ 사람의 □□이란 한이 없다는 말.

07 냉수 먹고 이 쑤시기

→ 잘 먹은 체하며 이를 쑤신다는 뜻으로, □□은 없으면서 무엇이 있는 체함을 이르는 말.

08 낮말은 새가 듣고 밤말은 쥐가 듣는다

→ 아무도 안 듣는 데서라도 □□□해야 한다는 말. 또는 아무리 비밀히 한 말이라도 반드시 남의 귀에 들어가게 된다는 말.

09 하늘은 스스로 돕는 자를 돕는다

→ 하늘은 스스로 □□하는 사람을 성공하게 만든다는 뜻으로, 어떤 일을 이루기 위해서는 자신의 노력이 중요함을 이르는 말.

[10~14] 속담의 쓰임을 고려하여 빈칸에 들어갈 알맞은 단어를 쓰시오.

10 □□□에도 볕 들 날이 있다더니, 고생만 하던 숙희에게도 행운이 찾아왔다.

11 배보다 □□이 더 크다고, 요즘은 밥보다 후식으로 먹는 음료가 더 비싸다니까.

12 □도 차면 기운다고, 우리나라에서 최고라던 그 영화배우의 인기가 예전 같지 않다.

13 한두 번 하는 일도 아닌데 실수를 하다니, 그러게 내가 □□□도 두들겨 보고 건너라고 했잖아.

14 낙숫물이 □□을 뚫는다더니, 평소 꾸준히 달리기 연습을 하던 정현이가 마라톤에 참가하여 코스를 완주하였다.

정답 01 무덤 02 오리 03 꼬리 04 장날 05 혈육 06 욕심 07 실속 08 말조심 09 노력 10 쥐구멍 11 배꼽 12 달 13 돌다리 14 댓돌

일일 테스트 2 속담 – (2)

| 이름: | 점수:

[01~04] 다음 뜻풀이에 해당하는 속담을 완성하시오.

01 개똥도 □에 쓰려면 없다
→ 평소에 흔하던 것도 막상 긴하게 쓰려고 구하면 없다는 말.

02 □ □□□에 천 냥 빚도 갚는다
→ 말만 잘하면 어려운 일이나 불가능해 보이는 일도 해결할 수 있다는 말.

03 구슬이 서 말이라도 꿰어야 □□
→ 아무리 훌륭하고 좋은 것이라도 다듬고 정리하여 쓸모 있게 만들어 놓아야 값어치가 있음을 이르는 말.

04 먼 사촌보다 □□□ 이웃이 낫다
→ 이웃끼리 서로 친하게 지내다 보면 먼 곳에 있는 일가보다 더 친하게 되어 서로 도우며 살게 된다는 것을 이르는 말.

[05~09] 다음 속담의 뜻풀이를 완성하시오.

05 콩으로 메주를 쑨다 하여도 곧이듣지 않는다
→ 아무리 □□대로 말하여도 믿지 아니함을 이르는 말.

06 돼지에 진주 목걸이
→ □□□를 모르는 사람에게는 보물도 아무 소용없음을 이르는 말.

07 자라 보고 놀란 가슴 솥뚜껑 보고 놀란다
→ 어떤 사물에 몹시 놀란 사람은 비슷한 사물만 보아도 □을 냄을 이르는 말.

08 소 뒷걸음질 치다 쥐 잡기
→ 소가 뒷걸음질 치다가 □□□ 쥐를 잡게 되었다는 뜻으로, 우연히 공을 세운 경우를 이르는 말.

09 개밥에 도토리
→ 개는 도토리를 먹지 아니하기 때문에 밥 속에 있어도 먹지 아니하고 남긴다는 뜻에서, □□□을 받아서 여럿의 축에 끼지 못하는 사람을 이르는 말.

[10~14] 속담의 쓰임을 고려하여 빈칸에 들어갈 알맞은 단어를 쓰시오.

10 우리 팀이 예선에서 떨어지다니, 이게 무슨 마른하늘에 □□□이냐.

11 굴러온 돌이 □□ □ 뺀다더니, 새로 온 김 대리 때문에 내가 밀려나게 생겼다.

12 남의 □의 □은 커 보인다더니, 내 것보다 옆집 아이의 장난감이 더 좋아 보인다.

13 경품 추첨으로 최신형 자동차에 당첨된 그는 호박이 □□□로 굴러떨어졌다며 기뻐했다.

14 □ 주고 □ 준다더니, 사람들 앞에서 내 단점들을 나열하던 은주가 그래도 성격은 좋다며 나를 달래 주었다.

정답 01 약 02 말 한마디 03 보배 04 가까운 05 사실 06 값어치 07 겁 08 우연히 09 따돌림 10 날벼락 11 박힌 돌 12 손, 떡 13 넝쿨째 14 병, 약

일일 테스트 ② 속담 – (3)

이름: | 점수:

[01~05] 다음 뜻풀이에 해당하는 속담을 완성하시오.

01 제 □에 물 대기
→ 자기에게만 이롭도록 일을 하는 경우를 이르는 말.

02 십 년이면 □□도 변한다
→ 세월이 흐르게 되면 모든 것이 다 변하게 됨을 이르는 말.

03 아니 땐 굴뚝에 □□ 날까
→ 원인이 없으면 결과가 있을 수 없음을 이르는 말. 또는 실제 어떤 일이 있기 때문에 말이 남을 이르는 말.

04 우물 안 □□□
→ 넓은 세상의 형편을 알지 못하는 사람을 이르는 말. 또는 견식이 좁아 저만 잘난 줄로 아는 사람을 비꼬는 말.

05 □□ 보고 칼 뽑기
→ 시시한 일로 소란을 피움을 이르는 말. 또는 보잘것없는 작은 일에 어울리지 않게 엄청나게 큰 대책을 씀을 이르는 말.

[06~09] 다음 속담의 뜻풀이를 완성하시오.

06 콩 심은 데 콩 나고 팥 심은 데 팥 난다
→ 모든 일은 □□에 따라 거기에 걸맞은 결과가 나타나는 것임을 이르는 말.

07 호랑이에게 물려 가도 정신만 차리면 산다
→ 아무리 위급한 경우를 당하더라도 정신만 똑똑히 차리면 □□를 벗어날 수가 있다는 말.

08 빛 좋은 개살구
→ 겉보기에는 먹음직스러운 빛깔을 띠고 있지만 맛은 없는 개살구라는 뜻으로, 겉만 그럴듯하고 □□이 없는 경우를 이르는 말.

09 비 온 뒤에 땅이 굳어진다
→ 비에 젖어 질척거리던 흙도 마르면서 단단하게 굳어진다는 뜻으로, 어떤 □□을 겪은 뒤에 더 강해짐을 이르는 말.

[10~14] 속담의 쓰임을 고려하여 빈칸에 들어갈 알맞은 단어를 쓰시오.

10 목마른 놈이 □□ 판다고, 급한 쪽이 먼저 연락하게 되어 있다.

11 □□□도 밟으면 꿈틀하는데, 그 사람이 순하긴 해도 그렇게 막 대하다가는 큰코다칠지도 몰라.

12 네가 농구를 잘한다지만 □고 □□ 것은 대어 보아야 아는 것이니 오늘 여기서 실력을 겨뤄 보자.

13 네가 대표 선발전에서는 1위를 했지만, □□ 놈 위에 □□ 놈 있는 걸 기억하고 국제 대회를 준비해야 해.

14 그는 법이란 □에 걸면 □□□ 귀에 걸면 귀걸이라 생각해서 잘못을 저질러 놓고도 무조건 자신에게 유리한 쪽으로 해석하는 경향이 있다.

정답 01 논 02 강산 03 연기 04 개구리 05 모기 06 근본 07 위기 08 실속 09 시련 10 우물 11 지렁이 12 길, 짧은 13 뛰는, 나는 14 코, 코걸이

Ⅳ. 어휘

일일 테스트 ③ 한자 성어 – (1)

| 이름: | 점수:

[01~04] **다음 뜻풀이에 알맞은 한자 성어를 쓰시오.**

01 □□□□

→ 손뼉을 치며 크게 웃음.

02 □□□□

→ 단단히 먹은 마음이 사흘을 가지 못한다는 뜻으로, 결심이 굳지 못함을 이르는 말.

03 □□□□

→ 아랫돌 빼서 윗돌 괴고 윗돌 빼서 아랫돌 괸다는 뜻으로, 임시변통으로 이리저리 둘러맞춤을 이르는 말.

04 □□□□

→ 집에만 있고 바깥출입을 아니함. 또는 집에서 은거하면서 관직에 나가지 아니하거나 사회의 일을 하지 아니함을 비유적으로 이르는 말.

[05~08] **다음 한자 성어의 뜻풀이를 완성하시오.**

05 감탄고토

→ 달면 삼키고 쓰면 뱉는다는 뜻으로, 자신의 □□에 따라서 사리의 옳고 그름을 판단함을 이르는 말.

06 금란지교

→ 단단하기가 황금과 같고 아름답기가 난초 향기와 같은 사귐이라는 뜻으로, □□이 깊은 사귐을 이르는 말.

07 낭중지추

→ 주머니 속의 □□이라는 뜻으로, 재능이 뛰어난 사람은 숨어 있어도 저절로 사람들에게 알려짐을 이르는 말.

08 형설지공

→ 반딧불·눈과 함께 하는 노력이라는 뜻으로, 고생을 하면서 부지런하고 꾸준하게 □□하는 자세를 이르는 말.

[09~13] **제시된 초성을 활용하여 문맥에 알맞은 한자 성어를 쓰시오.**

09 그는 높은 지위에 오르더니 사람들을 함부로 대하며 [ㅇ][ㅎ][ㅁ][ㅇ]으로 굴었다.

10 으슥한 산길을 걷던 승현이는 갑자기 수풀에서 튀어나온 토끼에 [ㅎ][ㅂ][ㅂ][ㅅ]했다.

11 답답한 마음에 무슨 변명이라도 해 보라고 다그쳤지만 그는 [ㅇ][ㄱ][ㅁ][ㅇ]일 따름이었다.

12 그 사람은 못된 짓을 그렇게 많이 하더니 [ㅅ][ㅍ][ㄱ][ㅈ]으로 결국 법적 처벌을 받았다는군.

13 그들은 야구팀 동료로 함께 훈련하고 있지만, 각자 계획과 목표가 달라 서로 [ㄷ][ㅅ][ㅇ][ㅁ]을 하고 있다.

정답 01 박장대소 02 작심삼일 03 하석상대 04 두문불출 05 비위 06 우정 07 송곳 08 공부 09 안하무인 10 혼비백산 11 유구무언 12 사필귀정 13 동상이몽

③ 한자 성어 – (2)

| 이름: | 점수:

[01~05] 다음 뜻풀이에 알맞은 한자 성어를 쓰시오.

01 □□□□

→ 많으면 많을수록 더욱 좋음.

02 □□□□

→ 서로 거스름이 없는 친구라는 뜻으로, 허물이 없이 아주 친한 친구를 이르는 말.

03 □□□□

→ 눈을 비비고 상대편을 본다는 뜻으로, 남의 학식이나 재주가 놀랄 만큼 부쩍 늚을 이르는 말.

04 □□□□

→ 밥 열 술이 한 그릇이 된다는 뜻으로, 여러 사람이 조금씩 힘을 합하면 한 사람을 돕기 쉬움을 이르는 말.

05 □□□□

→ 내부에서 일어나는 근심과 외부로부터 받는 근심이라는 뜻으로, 나라 안팎의 여러 가지 어려운 사태를 이르는 말.

[06~09] 다음 한자 성어의 뜻풀이를 완성하시오.

06 백중지세

→ 서로 □□을 가리기 힘든 형세.

07 분골쇄신

→ 뼈를 가루로 만들고 몸을 부순다는 뜻으로, 정성으로 □□함을 이르는 말.

08 가담항설

→ 거리나 사람들 사이에서 떠도는 □□.

09 곡학아세

→ 학문을 굽히어 세상에 □□한다는 뜻으로, 정도를 벗어난 학문으로 세상 사람에게 □□함을 이르는 말

[10~14] 제시된 초성을 활용하여 문맥에 알맞은 한자 성어를 쓰시오.

10 왕의 포악한 정치가 계속되자 [ㅁ][ㅈ][ㅂ][ㅂ]하는 신하들이 점점 늘어갔다.

11 [ㄷ][ㄱ][ㅁ][ㅇ]이라더니, 학문의 길은 끝이 없어 어떻게 공부해야 할지 모르겠다.

12 우리는 평생 동안 힘든 일, 즐거운 일을 함께 겪으며 [ㄷ][ㄱ][ㄷ][ㄹ]하기로 맹세했다.

13 기껏 도와준 사람에게 은혜는 갚지 못할망정 화를 입히는 [ㅂ][ㅇ][ㅁ][ㄷ]한 사람들이 있다.

14 감독은 그 배우에게 연기가 좋다고 칭찬하면서, 감정 표현이 더 잘 드러나도록 신경 써 달라고 [ㅈ][ㅁ][ㄱ][ㅍ]하였다.

정답 01 다다익선 02 막역지우 03 괄목상대 04 십시일반 05 내우외환 06 우열 07 노력 08 소문 09 아첨 10 면종복배 11 다기망양 12 동고동락 13 배은망덕 14 주마가편

3 한자 성어 – (3)

| 이름: | 점수:

[01~05] 다음 뜻풀이에 알맞은 한자 성어를 쓰시오.

01 □□□□

→ 작은 것을 탐하다가 큰 것을 잃음.

02 □□□□

→ 입을 다물고 아무 말도 하지 아니함.

03 □□□□

→ 눈앞에 벌어진 상황 따위를 눈 뜨고는 차마 볼 수 없음.

04 □□□□

→ 동풍이 말의 귀를 스쳐 간다는 뜻으로, 남의 말을 귀담아듣지 아니하고 지나쳐 흘려버림을 이르는 말.

05 □□□□

→ 물이 없으면 살 수 없는 물고기와 물의 관계라는 뜻으로, 아주 친밀하여 떨어질 수 없는 사이를 비유적으로 이르는 말.

[06~09] 다음 한자 성어의 뜻풀이를 완성하시오.

06 점입가경

→ 들어갈수록 점점 □□가 있음.

07 순망치한

→ □□이 없으면 □가 시리다는 뜻으로, 서로 이해관계가 밀접한 사이에 어느 한쪽이 망하면 다른 한쪽도 그 영향을 받아 온전하기 어려움을 이르는 말.

08 남가일몽

→ 덧없는 꿈이나 한때의 헛된 □□□□를 이르는 말.

09 조변석개

→ □□□□으로 뜯어고친다는 뜻으로, 계획이나 결정 따위를 일관성이 없이 자주 고침을 이르는 말.

[10~14] 제시된 초성을 활용하여 문맥에 알맞은 한자 성어를 쓰시오.

10 ㄱㄹㅈㄱ를 일삼는 탐관오리들의 횡포를 견디다 못한 농민들이 봉기를 일으켰다.

11 추석날 고향에 갈 수 없었던 은수는 어머니께 전화를 드리는 것으로 ㅁㅇㅈㅈ을 달랬다.

12 우리 팀은 작년의 예선 탈락의 수모를 씻고 올해는 우승하고자 ㅇㅅㅅㄷ의 노력을 기울여 왔다.

13 직접 만든 목공예품을 온라인으로 판매하면서 취미 생활도 하고 용돈도 버는데 그야말로 ㅇㄱㅇㄷ이다.

14 선행을 한 사람이 상을 받고, 잘못을 저지른 사람이 법적인 처벌을 받는 것은 ㅇㄱㅇㅂ에 따른 결과이다.

정답 01 소탐대실 02 함구무언 03 목불인견 04 마이동풍 05 수어지교 06 재미 07 입술, 이 08 부귀영화 09 아침저녁 10 가렴주구 11 망운지정 12 와신상담 13 일거양득 14 인과응보

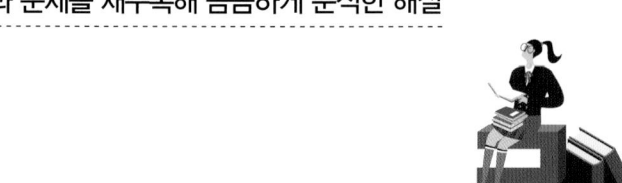

예비 중~중1용 국어 실력 향상의 길잡이

중학 국어

기초 완성

정답과 해설

꿈을담는틀

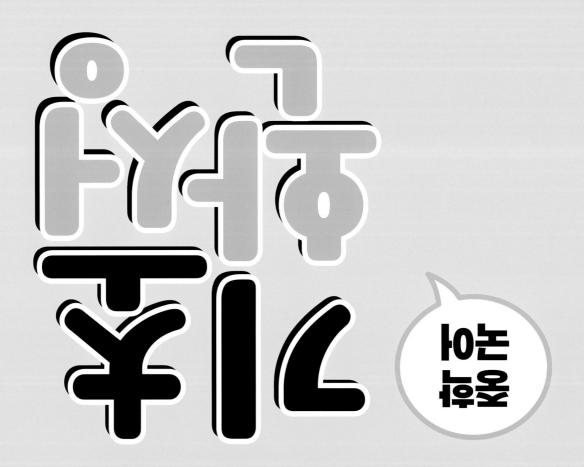

빠른 정답

글의 전개 방법 및 표현 방법

p. 10 ~ 15

확인 문제 1 ① 2 ② 3 ㉠ 4 ①, ③ 5 과정 6 ③ 7 정의 8 ㉡ 9 ② 10 ③, ⑤ 11 ②, ⑤ 12 ④ 13 ⑤ 14 ③ 15 (1) 도치법 (2) 과장법 (3) 역설법 (4) 직유법 (5) 의인법

(I) 문학

① 시

기초 튼튼 핵심 이론

p. 18 ~ 23

확인 문제 1 ①, ④ 2 (1) 정형시, 자유시, 산문시 / 서정시, 서사시, 극시 (2) 자유시 (3) 서정시 (4) 극시 3 자유시, 서정시 4 운율, 심상, 주제 5 ②, ④ 6 (1) 시각적 심상 (2) 공감각적 심상 (3) 촉각적 심상 (4) 청각적 심상 7 촉각적 심상 8 ③ 9 ③ 10 ㉡ 11 해학적 어조 12 ③ 13 수미 상관 14 선경 후정 15 ③ 16 (1) 상징 (2) 강조 17 ⑤ 18 반복법 19 (1) ○ (2) × 20 머언 21 ① 22 날마다 23 (1) 평 (2) 사 (3) 사 24 ②

실력 쑥쑥 확인 학습

01 내 마음은

p. 24 ~ 25

알맹이 콕콕 1 마음 2 비유 3 각운

핵심 이론 확인 문제 1 × 2 은유법 3 ④ 4 호수, 촛불, 나그네, 낙엽 5 ③ 6 ○ 7 ① 8 ①

1 ⑤ 2 ③ 3 ① 4 ③

02 엄마야 누나야 | 돌담에 속삭이는 햇발

p. 26 ~ 27

알맹이 콕콕 1 소망 2 민요 3 하늘 4 우리말

핵심 이론 확인 문제 1 강변 2 소년(어린 남자아이) 3 수미 상관 4 봄 길 5 ④ 6 ① 7 4, 4, 봄 하늘 8 ⑤

1 ③ 2 ② 3 ⑤ 4 ③

03 비 | 담쟁이

p. 28 ~ 29

알맹이 콕콕 1 생동감 2 반복 3 담쟁이 4 극복 5 대조

핵심 이론 확인 문제 1 맨종아리들, 맨발들, 작은 발들 2 ③ 3 ④ 4 티눈 5 벽 6 ② 7 ⑤

1 ③ 2 ③ 3 ④ 4 ④

04 뭣버들 가려 꺾어 | 봉선화

p. 30 ~ 31

알맹이 콕콕 1 도치법 2 자연물 3 시각적 4 과거 5 그리움

핵심 이론 확인 문제 1 × 2 뭣버들 3 ④ 4 연시조 5 봉선화 6 시각적 심상 7 ⑤ 8 ② 9 하얀 손/가락 가락이/연붉은/그 손톱을

1 ⑤ 2 밤비에, 세세한, 손톱에, 지금은 3 ③ 4 ⑤

② 소설

기초 튼튼 핵심 이론

p. 32 ~ 37

확인 문제 1 소설 2 (1) × (2) × (3) ○ 3 (1) 옛날 어느 마을 (2) 영미, 유미 (3) 개그맨 공채 시험에 한 팀으로 도전하였지만 떨어짐 4 (1) ㉣ (2) ㉢ (3) ㉤ (4) ㉠ (5) ㉡ 5 (1) ○ (2) × 6 (1) 주동 인물 (2) 전형적 인물 7 ㉠, ㉢, ㉤ 8 갈등 9 (1) × (2) ○ 10 (1) 외 (2) 내 (3) 외 11 복선 12 배경 13 ⑤ 14 피란민, 폭격, 인민군 15 서술자 16 ① 17 (1) 1인칭 관찰자 시점 (2) 작가 관찰자(3인칭 관찰자) 시점 18 (1) 1인칭 주인공 시점 (2) 전지적 작가 시점 19 1894년 갑오개혁 20 (1) ○ (2) × (3) × (4) ○ 21 (1) 권선징악 (2) 행복 (3) 일대기적 22 ①, ③

빠른 정답

실력 쑥쑥 확인 학습

01 동백꽃 p. 38 ~ 39

알맹이 콕콕 1 해학 2 나 3 점순이

핵심 이론 확인 문제 1 동백꽃 2 굵은 감자 세 개 3 ○ 4 ⑤ 5 관심 6 ④ 7 ③

1 ① 2 ⑤ 3 ④ 4 ⑤

02 자전거 도둑 p. 40 ~ 41

알맹이 콕콕 1 순진 2 시각 3 비양심 4 비판

핵심 이론 확인 문제 1 자전거 2 도둑놈 꼴 3 ○ 4 ⑤ 5 ① 6 ④ 7 도둑놈 두목 8 누런 똥빛

1 ③ 2 ③ 3 ④ 4 ③

03 수난이대 p. 42 ~ 43

알맹이 콕콕 1 전쟁 2 수난 3 사투리

핵심 이론 확인 문제 1 국수 2 ○ 3 ⑤ 4 ④ 5 ○ 6 ③

1 ④ 2 ① 3 ④ 4 ④

04 홍길동전 | 아기 장수 우투리 p. 44 ~ 45

알맹이 콕콕 1 영웅 2 신분 3 지리산 4 구어체 5 시간

핵심 이론 확인 문제 1 소인, 대감 2 ⑤ 3 전설 4 ○

1 ④ 2 ③ 3 ④ 4 ①

③ 수필

기초 튼튼 핵심 이론

p. 46 ~ 47

확인 문제 1 수필 2 ② 3 중수필 4 ③ 5 첫머리(서두), 사연(본문), 끝맺음(결미) 6 ② 7 ④, ⑤ 8 여정 9 ②

실력 쑥쑥 확인 학습

01 꼴찌에게 보내는 갈채 p. 48 ~ 49

알맹이 콕콕 1 꼴찌 2 최선 3 감동

핵심 이론 확인 문제 1 ○ 2 라디오방 3 ③ 4 ③ 5 ④ 6 ③ 7 연대감

1 ③ 2 ② 3 ② 4 ③

02 이옥설 | 사서를 백여 번 읽었더라면 p. 50 ~ 51

알맹이 콕콕 1 집수리 2 유추 3 출세 4 독서

핵심 이론 확인 문제 1 × 2 ② 3 ⑤ 4 ②

1 ⑤ 2 ② 3 ③ 4 ⑤

03 안네의 일기 | 별빛과 이야기를 나누는 곳 p. 52 ~ 53

알맹이 콕콕 1 은신처 2 일기장 3 천문대 4 감상

핵심 이론 확인 문제 1 ○ 2 일기장 3 일상 4 ⑤ 5 × 6 ④

1 ① 2 ⑤ 3 ⑤ 4 ③ 5 ⑤

④ 희곡 · 시나리오

기초 튼튼 핵심 이론

p. 54 ~ 55

확인 문제 1 ④ 2 ㉠ 막 ㉡ 장 3 (1) 독백 (2) 방백 (3) 지시문(지문) 4 수정 5 (1) ○ (2) × (3) ○ (4) ○ 6 지시문(지문) 7 (1) E. (2) S# (3) 내레이션 8 ③

실력 쑥쑥 확인 학습

01 들판에서 p. 56 ~ 57

알맹이 콕콕 1 우의 2 갈등 3 화해 4 날씨

핵심 이론 확인 문제 1 × 2 막이 오른다. 3 ② 4 ③ 5 나누어진 들판 6 ⑤ 7 민들레꽃 8 ②

1 ⑤ 2 ③ 3 ② 4 ④

02 반올림 - 유리 구두를 찾아서 p. 58 ~ 59

알맹이 콕콕 1 새 침대 2 사랑 3 내레이션

핵심 이론 확인 문제 1 ○ 2 ① 3 ④ 4 눈물 5 ③ 6 ① 7 스스로 행복을 만들어 나가겠다.

1 ④, ⑤ 2 ③ 3 ② 4 ④

Ⅱ 비문학

① 설명하는 글

기초 튼튼 핵심 이론

p. 62 ~ 63

확인 문제 1 ② 2 ⑤ 3 ③ 4 ③ 5 (1) 정의 (2) 인과 (3) 대조 6 ①, ② 7 분류 8 ⑤

실력 쑥쑥 확인 학습

01 명절의 유래 p. 64 ~ 65

핵심 이론 확인 문제 1 명절의 유래 2 설날, 한식, 단오, 추석 3 × 4 ① 5 끝 6 ① 7 한식 8 ④

1 ② 2 ① 3 ② 4 ③ 5 ⑤

02 음식의 팔방미인, 소금 p. 66 ~ 67

핵심 이론 확인 문제 1 역할 2 ① 3 ⑤ 4 × 5 ⑤ 6 ① 7 일석이조(一石二鳥) 8 5g

1 ④ 2 ⑤ 3 ③ 4 ④

03 동물들의 의사소통 p. 68 ~ 69

핵심 이론 확인 문제 1 어치, 얼룩말, 시클리드 2 마음 상태, 사회적 지위 3 ○ 4 ④ 5 ② 6 ①, ③ 7 제인 구달 8 ②

1 ⑤ 2 ④ 3 ④ 4 ⑤

04 천 년을 가는 한지의 비밀 p. 70 ~ 71

핵심 이론 확인 문제 1 양지 2 닥풀 3 ② 4 ④ 5 ④ 6 × 7 ③ 8 살아 있는 종이

1 ⑤ 2 ④ 3 ② 4 ③

빠른 정답

② 설득하는 글

기초 튼튼 핵심 이론

p. 72 ~ 73

확인 문제 1 ㉡ → ㉢ → ㉠ 2 (1) 신뢰성 (2) 명료성 (3) 체계성
3 ② 4 ② 5 ㉣ 6 ②

실력 쑥쑥 확인 학습

01 도시에서 농사를 짓자

p. 74 ~ 75

핵심 이론 확인 문제 1 농사 2 ○ 3 작은 정원 4 ④ 5 ⑤
6 ① 7 ④

1 ③ 2 ⑤ 3 ④ 4 ⑤

02 누가 별들을 훔쳐 갔나

p. 76 ~ 77

핵심 이론 확인 문제 1 공해 2 × 3 ② 4 ③ 5 ③ 6 ②
7 × 8 인간

1 ② 2 ④ 3 ④ 4 ⑤

03 신문과 진실

p. 78 ~ 79

핵심 이론 확인 문제 1 주관적 2 ○ 3 ② 4 ④ 5 ①
6 ⑤ 7 ③

1 ④ 2 ② 3 ⑤ 4 ④

04 능력에 따라 인재를 뽑아 주시옵소서

p. 80 ~ 81

핵심 이론 확인 문제 1 ○ 2 능력 3 ⑤ 4 ⑤ 5 ④ 6 ③
7 ③

1 ⑤ 2 ② 3 ③ 4 ③

(Ⅲ) 문법

① 언어의 본질

기초 튼튼 핵심 이론

p. 84

확인 문제 1 자의성, 사회성, 역사성, 창조성 2 × 3 ⑤ 4 역사성 5 창조성

실력 쑥쑥 확인 학습

p. 85

1 역사성 2 ② 3 자의성 4 ②

② 국어의 음운

기초 튼튼 핵심 이론

p. 86 ~ 87

확인 문제 1 뜻 2 (1) ㅏ – ㅣ (2) ㄱ – ㅂ 3 ⑤ 4 ① 5 ②
6 ③ 7 혀의 최고점의 위치가 앞쪽에 놓인다. 8 ②

실력 쑥쑥 확인 학습

p. 88 ~ 89

1 ④ 2 ③ 3 ㅋ 4 ① 5 14회 6 ⓐ : ㅔ, ⓑ : ㅏ 7 ①
8 ⑤ 9 ② 10 소리의 길이

③ 품사

기초 튼튼 핵심 이론

p. 90 ~ 93

확인 문제 1 품사 2 ㉠, ㉣, ㉥ 3 ② 4 ② 5 이름, 대신, 수량 6 ③ 7 × 8 ⑤ 9 ③ 10 활용 11 ① 12 ⑤
13 맛있다, 슬프다, 진지하다 14 ③ 15 ② 16 ④ 17 아마, 무척 18 ○

실력 쑥쑥 확인 학습

p. 94 ~ 95

1 ③ 2 ④ 3 (1) 비, 노래 (2) 그녀 (3) 내린다, 부른다 4 ③ 5 ⑤ 6 는, 도, 에 7 ② 8 ① 9 형태

④ 단어의 짜임

기초 튼튼 핵심 이론

p. 96 ~ 99

확인 문제 1 형태소 2 (1) 동수, 새, 구두 (2) 가, 를, 신–, –었–, –다 (3) 동수, 새, 구두, 신– (4) 가, 를, –었–, –다 3 ① 4 ⑤ 5 ④ 6 어근 7 ⑤ 8 ① 9 ⑤ 10 ④ 11 ⑤ 12 ⑤ 13 ③ 14 ③ 15 ② 16 새말 17 ④ 18 ②

실력 쑥쑥 확인 학습

p. 100 ~ 101

1 ④ 2 ⑤ 3 ② 4 ④ 5 물병, 밤낮, 벌판, 오가다 6 ③ 7 ① 8 (1) 노래방, 스마트폰, 꽃미남 (2) 배낭족, 새내기, 누리꾼 (3) 열공, 셀카, 생파

⑤ 어휘의 체계와 양상

기초 튼튼 핵심 이론

p. 102 ~ 103

확인 문제 1 어휘 2 고유어, 한자어, 외래어 3 ② 4 ③ 5 × 6 ③ 7 하의어, 상의어 8 ⑤ 9 ①

실력 쑥쑥 확인 학습

p. 104 ~ 105

1 ② 2 ⑤ 3 ⑤ 4 ⑤ 5 ④ 6 ④ 7 ④ 8 ③ 9 ③

(Ⅳ) 어휘

① 관용어

p. 108 ~ 111

확인 문제 1 (1) ㉡ (2) ㉢ (3) ㉣ (4) ㉥ (5) ㉠ (6) ㉦ (7) ㉤ 2 (1) 뒤가 켕기다 (2) 발이 넓다 (3) 머리를 맞대다 (4) 귀를 의심하다 3 (1) ㉠ (2) ㉣ 4 바람을 일으켰습니다 5 (1) ㉥ (2) ㉡ (3) ㉠ (4) ㉣ (5) ㉢ (6) ㉦ (7) ㉤ 6 (1) 피도 눈물도 없다 (2) 속을 태우다 (3) 하늘이 캄캄하다 (4) 입만 아프다 7 ⑤ 8 입을 모아서, 팔을 걷어붙이고

② 속담

p. 112 ~ 115

확인 문제 1 (1) 돌다리도 두들겨 보고 건너라 (2) 마른하늘에 날벼락 (3) 목마른 놈이 우물 판다 (4) 긁어 부스럼 2 (1) 가는 날이 장날 (2) 닭 잡아먹고 오리 발 내놓을 (3) 길고 짧은 것은 대어 보아야 안다 3 (1) ㉡ (2) ㉢ (3) ㉣ (4) ㉠ (5) ㉤ 4 (1) 호박이 넝쿨째로 굴러떨어졌다 (2) 쥐구멍에도 볕 들 날 있다 (3) 십 년이면 강산도 변한다 (4) 입은 비뚤어져도 말은 바로 해라 (5) 아 해 다르고 어 해 다르다 5 (1) 비 온 뒤에 땅이 굳어진다 (2) 빛 좋은 개살구 6 (1) ㉤ (2) ㉡ (3) ㉢ (4) ㉣ (5) ㉠

③ 한자 성어

p. 116 ~ 119

확인 문제 1 (1) 동고동락 (2) 면종복배 (3) 가렴주구 (4) 남가일몽 2 (1) 두문불출 (2) 마이동풍 (3) 가담항설 3 ③, ⑤ 4 (1) 소탐대실 (2) 인과응보 (3) 분골쇄신 (4) 유구무언 (5) 하석상대 5 (1) 일거양득 (2) 조변석개 6 (1) 작심삼일 (2) 함구무언 (3) 점입가경

※ 일일 테스트의 정답은 해설과 함께 27~32쪽에 제시되어 있습니다.

정답과 해설

글의 전개 방법 및 표현 방법

p. 10 ~ 15

확인 문제 1 ① 2 ② 3 ㉠ 4 ①, ③ 5 과정 6 ③ 7 정의 8 ㉡ 9 ② 10 ③, ⑤ 11 ②, ⑤ 12 ④ 13 ⑤ 14 ③ 15 (1) 도치법 (2) 과장법 (3) 역설법 (4) 직유법 (5) 의인법

1 내용 전개 방법을 파악하면서 글을 읽으면 글쓴이의 생각의 흐름을 파악할 수 있으며, 글의 내용을 좀 더 쉽게 이해할 수 있게 된다.

2 묘사는 어떤 대상이나 사물, 현상 등을 구체적으로 그림을 그리듯이 표현하는 내용 전개 방법이므로 묘사의 글감으로는 '지리산 봄 풍경'이 적절하다.

3 ㉠에는 원인과 결과가 드러난다. ㉡은 '과정', ㉢과 ㉣은 '서사'의 방법을 사용하여 내용을 전개하고 있다.

4 이 글은 사건이 일어난 차례에 맞추어 글을 전개하고 있으며, 학교에서 교과서 없이 공부한 까닭을 밝히고 있다.

5 물이 담긴 비커를 가열하면서 일어나는 변화를 '과정'의 방법으로 설명하고 있다.

6 곤충과 거미를 견주어 차이점을 밝혀내고 있으므로 '대조'에 해당한다. ①, ②, ④, ⑤에는 '비교'가 사용되었다.

7 이 글은 '무엇은 무엇이다.'의 형식으로 클레이 애니메이션에 대해 정의하고 있다.

8 ㉡은 악기들을 만든 재료를 기준으로 묶어 설명하였다.

9 자전거를 구성 요소로 나누어 분석하고 있다. ① 정의 ③ 비교 ④ 예시 ⑤ 구분의 방법이 사용되었다.

10 〈보기〉에서는 의사소통에서의 후각의 역할과 관련하여 인간과 동물의 차이점을 말하고 있다. 또한 이에 대한 구체적인 예를 들고 있다.

11 〈보기〉는 표현 방법 중 강조법에 대한 설명이다. ②에 쓰인 의인법, 직유법은 비유법에 해당하며, ⑤에 쓰인 설의법은 변화법에 해당한다.

12 ④는 역설법으로 변화법에 해당한다.

13 ⑤ 강조법(영탄법)이 사용되었다.

14 ① 역설법 ② 풍유법 ④ 점층법 ⑤ 반복법

(I) 문학

① 시

기초 튼튼 핵심 이론

p. 18 ~ 23

확인 문제 1 ①, ④ 2 (1) 정형시, 자유시, 산문시 / 서정시, 서사시, 극시 (2) 자유시 (3) 서정시 (4) 극시 3 자유시, 서정시 4 운율, 심상, 주제 5 ②, ④ 6 (1) 시각적 심상 (2) 공감각적 심상 (3) 촉각적 심상 (4) 청각적 심상 7 촉각적 심상 8 ③ 9 ③ 10 ㉡ 11 해학적 어조 12 ③ 13 수미 상관 14 선경 후정 15 ③ 16 (1) 상징 (2) 강조 17 ⑤ 18 반복법 19 (1) ○ (2) × 20 머언 21 ① 22 날마다 23 (1) 평 (2) 사 (3) 사 24 ②

1 시는 운율(①)과 압축된 형식(④)을 통해 표현된다. ② 소설, 희곡, 시나리오 등의 특징이다. ③ 설명문의 특징이다. ⑤ 수필의 특징이다.

5 이 시에서 일정한 글자 수가 반복된 부분이나 일정한 끊어 읽기가 반복된 부분은 없다.

6 (2) 후각으로 느낄 수 있는 '비린내'를 '은빛'이라고 표현하여 마치 눈에 보이는 것처럼 나타내는 후각의 시각화가 일어났다.

7 차가움은 피부로 느끼는 것이다.

8 ③에는 청각을 시각화한 공감각적 심상이 사용되었고, 나머지는 모두 시각적 심상이 사용되었다.

9 함축성을 가지고 있는 것은 시어이다.

10 시적 화자는 시 속에서 말하는 이로, 시의 어조와 분위기를 형성한다. ㉠ 시적 화자는 시의 표면에 드러나는 경우도 있고 그렇지 않은 경우도 있다.

12 화자는 감정을 강하게 드러내는 영탄적 어조로 슬픔을 드러내고 있다.

14 시의 앞부분에는 꾀꼬리가 정답게 노니는 풍경이, 뒷부분에는 화자의 외로운 정서가 나타나 있다.

15 '보석 같은 눈동자'와 ③에는 직유법이 사용되었다. ① 은유법 ② 의인법 ④ 은유법, 대구법 ⑤ 의인법

17 '소리 없는 아우성'에는 역설법이 사용되었다. ⑤ '우리는 푸른 숲'에는 은유법이 사용되었다.

18 각각 '꽃 피네'와 '가자'가 반복되고 있다.

19 (2) 시인에 의해 독창적인 의미로 사용되는 상징은 '개인적 상징'이라고 한다.

20 이 시에서는 멀다는 느낌을 강조하기 위해 '먼'을 '머언'으로 의도적으로 바꾸어 썼다.

21 시조는 우리나라의 대표적 운문 양식 중 하나이다.

22 시조는 종장의 첫 음보가 3음절로 고정되어 있다.

23 (1) 평시조는 3장 6구 45자 내외의 기본 형식을 갖는다. (2) 사설시조는 주로 서민 생활에 대한 애환이나 현실에 대한 비판과 풍자를 주제로 한다. (3) 사설시조는 평시조에 비해 두 구 이상이 길어진 형태를 취한다.

24 현대 시조는 대부분 제목이 있다.

실력 쑥쑥 확인 학습

01 내 마음은 p. 24~25

알맹이 콕콕 1 마음 2 비유 3 각운

핵심 이론 확인 문제 1 × 2 은유법 3 ④ 4 호수, 촛불, 나그네, 낙엽 5 ③ 6 ○ 7 ① 8 ①

1 반어적 표현은 말하고자 하는 바나 감정을 정반대로 표현하는 방법이다. 이 시에는 반어법이 사용되지 않았다.

2 이 시에는 'A는 B이다.' 형식으로 원관념을 보조 관념에 빗대는 은유법이 주로 사용되었다.

3 이 시에서 시적 화자는 호소하는 듯한 독백체의 어조로 '그대'에 대한 자신의 사랑을 표현하고 있다.

4 이 시에서는 '내 마음'을 '호수, 촛불, 나그네, 낙엽'에 빗대어 표현하고 있다.

5 이 글의 갈래는 시이다. 시를 감상할 때에는 시어의 지시적인 의미가 아니라 시어의 함축적이고 상징적인 의미를 파악하며 읽어야 한다.

6 이 시는 '요, 오, 이(히), 다'가 같은 위치에서 반복됨으로써 운율이 형성되고 있다.

7 이 시는 '그대'에 대한 '나'의 사랑을 고백하고 있는 시로, 교훈적이지는 않다.

8 이 시의 1 · 2연에서는 시적 화자의 정열적인 사랑이, 3 · 4연에서는 애상적인 사랑이 드러난다.

1 ⑤ 2 ③ 3 ① 4 ③

1 이 시는 '~요, ~오, ~리다' 등의 경어체를 사용하여 '그대'에 대한 시적 화자의 경건한 태도와 진실한 마음을 드러내고 있다.

2 ㉠과 ③에는 은유법이 사용되었다. ①에는 직유법, ②에는 의인법, ④에는 영탄법, ⑤에는 설의법이 각각 사용되었다.

3 이 시의 주된 심상은 시각적 심상으로, ①에도 시각적 심상이 드러난다. ②에는 후각적 심상, ③에는 미각적 심상, ④에는 청각적 심상, ⑤에는 공감각적 심상(시각의 촉각화)이 각각 드러나 있다.

4 2연에서는 '내 마음'을 '촛불'에 비유하고 있다. 여기서 '촛불'은 그대를 위해 모든 것을 바치는 열정적이고 희생적인 사랑을 의미한다. 따라서 남김없이 타 버리고 나서 식어 버린다는 해석은 적절하지 않다.

02 엄마야 누나야 | 돌담에 속삭이는 햇발 p. 26~27

알맹이 콕콕 1 소망 2 민요 3 하늘 4 우리말

핵심 이론 확인 문제 1 강변 2 소년(어린 남자아이) 3 수미 상관 4 봄 길 5 ④ 6 ① 7 4, 4, 봄 하늘 8 ⑤

2 화자가 '엄마야 누나야'라고 부르는 것을 통해 이 시의 화자가 어린 남자아이인 것을 확인할 수 있다.

3 이 시는 시의 시작과 끝을 같게 하는 수미 상관을 통해 시의 주제를 강조하고 운율을 형성하였다.

5 돌담은 밝고 아기자기한 봄의 정경을 표현하기 위해 사용한 소재이다.

6 화자는 '봄 하늘'을 우러르고 싶은 소망을 나타내고 있다.

8 1연 1, 2행에서 의인법, 각 연 1, 2행의 '~같이'에서 직유법, 2연 2행의 '시의 가슴'에서 은유법이 사용되

었고, 1연 1, 2행과 2연 1, 2행, 1, 2연에서 대구법이 사용되었다.

1 ③ 2 ② 3 ⑤ 4 ③

1 시인은 시적 화자와 자신을 분리할 수 있고, 자신이 경험하지 않은 일을 바탕으로 시를 쓰기도 한다.

2 시를 내용상으로 나눈 갈래에는 서정시, 서사시, 극시가 있는데, [가]와 [나]는 이 중 서정시에 해당한다. 서정시는 개인의 생각과 느낌을 쓴 시이고, 서사시는 역사적 사건이나 신화, 전설, 영웅의 이야기를 쓴 시이며, 극시는 연극의 형식으로 쓴 시이다.

3 〈보기〉에서도 '봄 하늘'은 글쓴이가 우러르고, 바라보고 싶은 동경의 대상이다.

4 ㉠과 ③에는 직유법이 사용되었다. ①은 과장법, ②는 역설법, ④는 은유법, ⑤는 설의법이 사용되었다.

1 [가]와 [나]에는 각각 '비'와 '담쟁이'를 사람처럼 표현하는 의인법이 사용되었다. ① 시어의 대조는 [나]에만 나타나 있다. ② 울림소리를 통해 밝고 부드러운 느낌을 주는 것은 [가]만 해당한다. ④ [가]와 [나]에는 모두 촉각적 심상이 나타나 있지 않다. ⑤ [가]와 [나]에는 모두 반어법이 사용되지 않았다.

2 [가]에서는 '찰박', '맨발들'이라는 시어를 반복하고(Ⓐ), 각 행의 마지막 부분에 '–들', '–는'을 반복 배치하여(Ⓓ) 운율을 형성하고 있다.

3 ㉣은 현실의 한계에 투쟁하고 이를 극복하려는 '담쟁이'의 태도를, 나머지는 현실의 한계와 절망적인 상황 앞에서 좌절하고 포기하는 '우리'의 태도를 의미한다.

4 '담쟁이'가 여럿이 손을 잡고 벽을 오르는 것은 단합과 연대 의식을 통해 한계를 극복하려는 태도로, 자신의 문제를 두고 다른 사람들에게 의존하는 태도라고 볼 수는 없다.

03 비 | 담쟁이 p. 28 ~ 29

알맹이 콕콕 1 생동감 2 반복 3 담쟁이 4 극복 5 대조

핵심 이론 확인 문제 1 맨종아리들, 맨발들, 작은 발들 2 ③ 3 ④ 4 티눈 5 벽 6 ② 7 ⑤

1 이 시에서는 '비'를 '맨종아리들, 맨발들, 작은 발들'이라는 시어를 통해 의인화하여 표현하고 있다.

2 이 시는 찰박거리며 경쾌하게 내리는 비의 모습을 그리고 있으므로, 우울한 분위기와는 거리가 멀다.

3 8행에는 아이 같은 순수한 마음으로 비를 즐기며, 자연에 동화되고 싶어 하는 화자의 바람이 드러나 있다.

6 '우리'는 '벽'을 오르는 것을 포기하고 좌절하는 부정적이고 소극적인 태도를 보이고 있다.

7 담쟁이 잎 수천 개를 이끌고 담을 넘는 담쟁이 잎 하나의 모습은 민중을 이끄는 선구자적 면모를 잘 드러낸다.

1 ③ 2 ③ 3 ④ 4 ④

04 묏버들 가려 꺾어 | 봉선화 p. 30 ~ 31

알맹이 콕콕 1 도치법 2 자연물 3 시각적 4 과거 5 그리움

핵심 이론 확인 문제 1 × 2 묏버들 3 ④ 4 연시조 5 봉선화 6 시각적 심상 7 ⑤ 8 ② 9 하얀 손/가락가락이/연붉은/그 손톱을

1 이 시는 형식상으로는 정형시, 내용상으로는 서정시에 해당한다.

3 화자는 '묏버들'을 통해 떨어져 있는 임에 대한 자신의 그리움을 전달하고 있다.

4 [나]는 한 제목 아래 3수의 단시조가 이어져 있으므로 연시조이다.

7 '힘줄'이라는 시어를 통해 [나]의 화자가 나이가 든 사람임을 알 수 있다.

8 화자는 봉선화를 보고 봉선화에 얽힌 추억을 적어 누님에게 보내는 상상을 한 것이지, 누님에게 봉선화를 보낸 것은 아니다.

1 ⑤ 2 밤비에, 세세한, 손톱에, 지금은 3 ③ 4 ⑤

1 [가]와 [나]는 모두 운율이 겉으로 드러나 있다(외형률). ① [가]와 [나]는 모두 4음보의 음보율을 가지고 있다. ② [가]와 [나]는 초, 중, 종장을 한 행씩 배열한 장별 배행이다. ③ [가]는 조선 선조 때 창작된 고시조이고, [나]는 1939년에 발표된 현대 시조이다. ④ [가]는 초, 중, 종장의 한 수로만 이루어진 단시조이고, [나]는 세 수로 이루어진 연시조이다.

2 시조의 종장 첫 음보는 3음절로 고정되어 있다. 연시조의 경우도 각 수의 종장 첫 음보가 모두 3음절로 고정되어 있다.

3 [가]는 평시조로, 평시조는 우리나라의 대표적인 운문 양식에 속한다. ① [가]는 3장 6구 45자 내외의 기본적인 시조 형태를 갖추고 있다. ② [가]의 화자는 '묏버들'을 매개체로 하여 헤어진 임에 대한 사랑과 그리움을 표현하고 있다. ④ 〈보기〉는 삶의 답답함으로부터 벗어나고 싶은 마음, 즉 삶에 대한 애환을 담고 있다. ⑤ 사설시조는 평시조에서 두 구 이상이 제한 없이 길어진 형태의 시조이다. 〈보기〉는 중장의 두 구가 길어진 형태를 취하고 있다.

4 [가]와 [나]에는 모두 대상에 대한 그리움이 드러나 있으므로, 보고 싶은 이에 대한 그리움을 노래한 ⑤가 가장 유사하다.

② 소설

기초 튼튼 핵심 이론

p. 32 ~ 37

확인 문제 **1** 소설 **2** (1) × (2) × (3) ○ **3** (1) 옛날 어느 마을 (2) 영미, 유미 (3) 개그맨 공채 시험에 한 팀으로 도전하였지만 떨어짐 **4** (1) ㉣ (2) ㉢ (3) ㉤ (4) ㉠ (5) ㉡ **5** (1) ○ (2) × **6** (1) 주동 인물 (2) 전형적 인물 **7** ㉠, ㉢, ㉤ **8** 갈등 **9** (1) × (2) ○ **10** (1) 외 (2) 내 (3) 외 **11** 복선 **12** 배경 **13** ⑤ **14** 피란민, 폭격, 인민군 **15** 서술자 **16** ① **17** (1) 1인칭 관찰자 시점 (2) 작가 관찰자(3인칭 관찰자) 시점 **18** (1) 1인칭 주인공 시점 (2) 전지적 작가 시점 **19** 1894년 갑오개혁 **20** (1) ○ (2) × (3) × (4) ○ **21** (1) 권선징악 (2) 행복 (3) 일대기적 **22** ①, ③

2 (1) 정확한 정보를 전달하는 것은 설명문의 특징이다. (2) 소설은 현실에 있음 직한 일을 작가의 상상력을 통해 꾸며 낸 글이다.

5 (2) 소설 속 인물은 작가가 꾸며 낸 인물이지만 현실의 인간상을 반영하고 있으므로 현실성을 가지고 있다.

7 '흥부'는 〈흥부전〉의 주인공(㉠, ㉢)으로, 이야기가 끝날 때까지 성격이 변하지 않는다(㉤).

9 (1) 갈등은 인물의 마음속에서 일어나기도 하고, 등장인물이 사회 또는 운명과 대립하며 생겨나기도 한다.

10 (1)에는 인물과 인물 간의 외적 갈등, (2)에는 한 인물의 마음속에서 일어나는 내적 갈등, (3)에는 사회(인종 차별 제도)와 인물 간의 외적 갈등이 드러나 있다.

12 분위기를 조성하고 사실감을 부여하는 데 영향을 주는 요소는 배경이다.

13 소설에서 배경은 인물의 심리나 사건이 전개될 방향을 알 수 있게 해 주지만, 인물의 성격을 직접 제시해 주지는 않는다. 인물의 성격은 서술자를 통해 직접 제시된다.

14 '피란민, 폭격, 인민군' 등의 소재를 통해 작품의 시대적 배경이 6 · 25 전쟁 당시임을 알 수 있다.

15 소설에서 이야기를 전달하는 사람을 서술자라고 한다.

16 '나'가 자신의 이야기를 하는 것은 1인칭 주인공 시점이다.

18 (1) 서술자인 '나'가 자신의 이야기를 하고 있다. (2) 작품

밖의 서술자가 등장인물의 심리까지 상세하게 묘사하고 있다.

20 ⑵ 고전 소설은 대부분 우연에 의해 사건이 전개된다. ⑶ 고전 소설의 시간적 배경은 막연한 경우가 많다.

22 ② 설화는 사람들의 입에서 입으로 전해 내려오는 이야기이다. ④ 설화에는 현실에서는 있을 수 없는 내용이 담겨 있다. ⑤ 시에 대한 설명이다.

2 ㉠은 다음부터 자신의 마음을 거절하지 말고 받아 달라는 의미이다.

3 점순이는 '나'를 좋아하지만, 순진하고 어수룩한 '나'는 점순이의 마음을 알지 못하고 있다. ①, ③ [다]에서 점순이네 닭을 죽이고 '인젠 땅이 ~ 될는지 모른다.'라고 걱정하는 것을 통해 알 수 있다.

4 이 글은 '나'가 서술자이자 주인공인 1인칭 주인공 시점이다. 이 시점은 '나'의 내면 심리를 드러내는 데 효과적이지만, 다른 인물들의 심리를 서술하지 못한다는 한계가 있다.

실력 쑥쑥 확인 학습

01 동백꽃 p. 38 ~ 39

알맹이 콕콕 1 해학 2 나 3 점순이

핵심 이론 확인 문제 1 동백꽃 2 굵은 감자 세 개 3 ○ 4 ⑤ 5 관심 6 ④ 7 ③

1 '동백꽃'은 청춘 남녀의 순수한 사랑을 상징하는 소재로, 서정적이고 향토적인 분위기를 조성하기도 한다.

3 이 글은 농촌 마을을 배경으로 하여 '나무 지게, 수탉' 등 시골에서만 볼 수 있는 소재와 사투리를 사용하면서 향토적이고 서정적인 분위기를 조성하고 있다.

4 '나'는 "느 집엔 이거 없지?"라는 점순이의 말에 자존심이 상했다.

5 점순이는 자신의 마음을 몰라주는 '나'의 관심을 끌기 위해 닭싸움을 시킨 것이다.

6 이 글에는 '나'를 좋아하는 점순이와 이를 모르는 '나'의 외적 갈등이 나타나 있다.

7 [마]는 결말 부분으로 갈등이 해소되는 단계이다. ①은 전개, ②는 위기, ④는 절정, ⑤는 발단에 해당한다.

1 ① 2 ⑤ 3 ④ 4 ⑤

1 이 글의 갈래는 소설이므로 인물의 심리와 갈등에 초점을 두고 읽는 것이 적절하다. ②는 논설문, ③은 시, ④는 수필을 읽는 방법이다. ⑤ 소설은 허구의 문학이므로 사실인지 허구인지 따질 필요가 없다.

02 자전거 도둑 p. 40 ~ 41

알맹이 콕콕 1 순진 2 시각 3 비양심 4 비판

핵심 이론 확인 문제 1 자전거 2 도둑놈 꼴 3 ○ 4 ⑤ 5 ① 6 ④ 7 도둑놈 두목 8 누런 똥빛

2 자전거를 들고 도망친 수남이는 "네놈 꼴이 영락없이 도둑놈 꼴이다."라는 주인 영감의 말에 죄책감을 느낀다.

4 [가]에는 차의 수리비를 받으려는 신사와 이를 난감해하는 수남이 사이의 외적 갈등이 나타나 있다.

5 ①은 구경꾼들의 심리를 나타내기 위해 사용된 표현이다.

6 수남이는 자신의 잘못된 행동을 꾸짖지 않고 오히려 칭찬해 주는 주인 영감에게 실망감을 느끼고 있다.

1 ③ 2 ③ 3 ④ 4 ③

1 이 글은 소설이다. 소설에 등장하는 인물들은 작가가 상상하여 꾸며 낸 허구적인 인물이다. ① 소설의 모방성에 대한 설명이다. ② 소설의 예술성에 대한 설명이다. ④ 소설의 진실성에 대한 설명이다. ⑤ 소설의 서사성에 대한 설명이다.

2 [나]에서 수남이는 자신의 딱한 처지를 알면서도 수리비를 요구하는 신사가 건물 안으로 들어가자 어쩔 줄 몰라 하다가 구경꾼들이 도망가라고 하는 말에 힘을 얻어 자전거를 들고 도망친다.

3 수남이는 자신의 부도덕한 행동을 칭찬하는 주인 영감을 보고 '도둑놈 두목'같이 보인다고 하였으므로, 안심한 것이 아니라 거부감을 느꼈다고 할 수 있다.

4 이 글은 작품 밖의 서술자가 인물들의 심리까지 표현하는 전지적 작가 시점으로 서술되었다. ① 1인칭 시점에 대한 설명이다. ② 사건을 객관적으로 바라보는 것은 관찰자 시점이다. ④ 작품 속의 서술자가 다른 인물에 대한 이야기를 하는 것은 1인칭 관찰자 시점이다. ⑤ 이 글에 서술자의 변화는 드러나 있지 않다.

03 수난이대

p. 42 ~ 43

알맹이 콕콕 1 전쟁 2 수난 3 사투리

핵심 이론 확인 문제 1 국수 2 ○ 3 ⑤ 4 ④ 5 ○ 6 ③

1 주모에게 국수를 맛있게 만들어 달라고 부탁하는 모습에서 아들 진수를 향한 만도의 사랑을 확인할 수 있다.

3 이 글은 현실에 있음 직한 일을 작가가 상상하여 꾸며 쓴 글인 소설이다. ⑤는 시의 특성에 해당한다.

4 남북한의 이념 대립은 언급되어 있지 않다.

5 [다]에서 진수는 한쪽 다리를 잃은 채 어떻게 살아가야 할지 막막해하며 깊은 좌절감을 드러내고 있다.

6 ㉠은 서로의 부족한 점을 보완하며 서로 돕고 살아갈 것을 이야기하고 있으므로 ③과 가장 관련이 깊다.

1 ④ 2 ① 3 ④ 4 ④

1 [다]의 '전쟁', '수류탄'과 같은 단어를 통해 6 · 25 전쟁 직후의 상황임을 알 수 있다.

2 징용되어 나가서 돈을 많이 벌 수 있었는지는 〈보기〉를 통해 알 수 없다.

3 작가는 일제의 강제 징용과 6 · 25 전쟁으로 수난을 겪은 만도와 진수를 통해 우리 민족이 겪어야 했던 민족사적 비극과 이를 이겨 내려는 의지를 보여 주고 있다.

4 이 글에서 만도는 전쟁에 나갔다 불구가 되어 앞으로 살아갈 일을 막막해하는 진수를 위로해 주고 있다. 그러므로 시련과 좌절을 겪은 학생에게 추천하는 것이 적절하다.

04 홍길동전 | 아기 장수 우투리

p. 44 ~ 45

알맹이 콕콕 1 영웅 2 신분 3 지리산 4 구어체 5 시간

핵심 이론 확인 문제 1 소인, 대감 2 ⑤ 3 전설 4 ○

2 길동은 아버지를 '아버지'라고 하지 못하고 형을 '형'이라고 하지 못해 평생 서러워했다고 하였으므로 '호부호형(呼父呼兄)'이 길동의 소원임을 알 수 있다.

3 지리산 자락의 외진 마을이라는 구체적인 장소가 제시되어 있으므로 설화 중에서도 전설로 분류할 수 있다.

1 ④ 2 ③ 3 ④ 4 ①

1 길동이 서성거리고 있는 '그때 마침' 공이 달빛을 구경하다가 길동을 봤다는 부분에서 우연적으로 사건이 전개되는 고전 소설의 특징을 파악할 수 있다.

2 [가]에서 길동은 아버지인 홍 판서에게 호부호형하지 못하는 상황에 대해 하소연하고 있다. 이러한 갈등 상황의 근본적인 원인은 적서 차별 제도에 있다.

3 설화는 개인에 의해 창작된 것이 아니라 집단의 생활 속에서 여러 사람에 의해 공동 창작되면서 자연스럽게 전해 내려온 것이다.

4 이 글에서 우투리의 탯줄을 억새풀로 자른 것은 기이한 탄생(㉠)에 해당하고, 아기가 방 안에서 날아다닌 것은 비범한 능력(㉡)에 해당한다.

③ 수필

기초 튼튼 핵심 이론

p. 46 ~ 47

확인 문제 1 수필 2 ② 3 중수필 4 ③ 5 첫머리(서두), 사연(본문), 끝맺음(결미) 6 ② 7 ④, ⑤ 8 여정 9 ②

2 수필은 자신의 생각이나 체험을 적은 글이므로 주관적이다.

4 편지글은 개인적이고 실용적인 글로, 이유와 목적에 따라 그 종류가 다양하다. 교훈을 주거나 설득하는 것을 편지글의 일반적인 특징이라고 볼수 없다.

6 일기문은 독자를 염두에 두지 않고 쓰는 비공개적인 글이다.

7 ① 기행문은 여정, 견문, 감상이 모두 드러난다. ② 논설문의 작성 방법이다. ③ 기행문에는 여행한 지방의 풍습, 풍물, 사투리 등이 잘 나타난다.

8 이 글에는 서울, 춘천, 소양강 댐으로 이어지는 여정이 드러나 있다.

9 정보를 전달하는 글은 설명문이다.

실력 쑥쑥 확인 학습

01 꼴찌에게 보내는 갈채

p. 48 ~ 49

알맹이 콕콕 1 꼴찌 2 최선 3 감동

핵심 이론 확인 문제 1 ○ 2 라디오방 3 ③ 4 ③ 5 ④ 6 ③ 7 연대감

3 수필은 전문적인 지식 전달을 목적으로 하지 않는다.

4 선두 주자가 이미 지나갔기 때문에 구경하는 사람들이 없는 것이다.

5 글쓴이는 마라톤이 조금도 속임수가 용납 안 되는 정직한 운동이기 때문에 좀 더 좋아하게 될 것 같다고 하였다.

6 '여남은'은 '열이 조금 넘는 수의'라는 뜻이다.

1③ 2② 3② 4③

1 이 글은 수필이다. 수필에는 글쓴이의 가치관이나 생각이 직접적으로 드러나므로 글쓴이의 생각이나 개성 등을 파악하며 읽어야 한다.

2 글쓴이의 심리 변화는 '선두 주자를 볼 수 있을 것이라는 기대감 → 선두 주자가 이미 지나가서 실망함 → 20~30등쯤 되어 보이는 마라토너를 보고 아무 느낌이 없음 → 마라토너의 고통스러운 얼굴을 보며 가슴이 뭉클함'이다.

3 글쓴이가 푸른 마라토너의 고통과 고독을 이긴 의지력에 감동하기는 했지만 마라톤이 1등보다 꼴찌가 더 주목받는 운동이라고 생각한 것은 아니다.

4 이 글과 〈보기〉의 글쓴이는 자신의 삶에서 최선을 다하는 것이 중요하다고 말하고 있다.

02 이옥설 | 사서를 백여 번 읽었더라면

p. 50 ~ 51

알맹이 콕콕 1 집수리 2 유추 3 출세 4 독서

핵심 이론 확인 문제 1 × 2 ② 3 ⑤ 4 ②

1 [가]는 고전 수필의 한 종류인 '설'로, 독자를 미리 정해 두고 쓰는 글이 아니다.

2 [가]에서 글쓴이는 행랑채를 바로 고치지 않아 수리비가 많이 들자 후회하고 있으므로, 일이 이미 잘못된 뒤에는 손을 써도 소용이 없다는 뜻의 ②가 가장 어울린다.

3 [나]는 글쓴이가 아들들에게 쓴 편지글이다. 편지글은 일반적으로 실용적, 형식적, 친교적인 성격을 지닌다.

4 글쓴이가 요즘 서울의 젊은이들이 빨리 과거에 급제하기 위해 시관의 눈에만 드는 방식으로 공부한다고 말한 것을 통해 학문이 출세의 수단이 되었음을 알 수 있다.

1⑤ 2② 3③ 4⑤

1 [가]는 설(說), [나]는 편지글로 모두 수필에 속한다. 수필은 자신의 체험에 대한 생각이나 느낌을 솔직하게 드러내

는 고백적인 성격을 띤다. ① 모든 수필이 객관성이나 논리성을 띠는 것은 아니다. ② 시와 같은 운문 문학의 특징이다. ③ 편지글의 특성으로, [나]에만 해당하는 설명이다. ④ 기행문의 특징이다.

2 [가]는 고전 수필의 일종인 '설(說)'이다. 설은 교훈적이고 설득적인 내용을 비유적으로 표현하며, 글 속에 글쓴이의 가치관과 인생관이 잘 드러난다. ②는 소설의 특징이다.

3 썩은 목재의 수리비가 엄청나게 든 상황은 잘못을 바로잡는 데 큰 대가를 치르는 상황과 연관 지을 수 있다. 정치인에게 많은 돈을 주는 것과는 관련이 없다.

4 '요즘 서울의 젊은이들'은 성현들의 글을 뜻을 이해하기 어려워 멀리한 것이 아니라, 빨리 과거에 급제하기 위해 시관의 눈에만 띄게 글을 짓느라 멀리한 것이다.

03 안네의 일기 | 별빛과 이야기를 나누는 곳 p.52~53

알맹이 콕콕 1 은신처 2 일기장 3 천문대 4 감상

핵심 이론 확인 문제 1 ○ 2 일기장 3 일상 4 ⑤ 5 × 6 ④

1 일기문, 편지글, 기행문, 감상문 등은 모두 수필에 속한다.

2 '키티'는 안네가 일기장에 붙인 이름이다. 안네는 '키티'에게 편지를 쓰는 형식으로 일기를 기록했다.

3 [가]에 나타난 소망들은 모두 일상생활 속에서 즐길 수 있는 사소한 것들이다. 이러한 소망들을 통해 사람들이 평범한 일상으로 돌아가고 싶어 하고 있음을 알 수 있다.

4 [나]는 기행문으로, 여행 중에 보고 듣고 느낀 것을 표현하는 글이다.

5 [나]의 셋째 문단에서 소백산 천문대의 진입로는 북쪽 비탈면으로 나 있다고 하였다.

6 [나]의 첫째 문단에서 죽령 휴게소부터 소백산 천문대까지 이어진 산길은 7km에 이른다고 하였다.

1 ① **2** ⑤ **3** ⑤ **4** ③ **5** ⑤

1 [가]는 하루 동안 겪은 일이나 생각 등을 기록하는 일기문이고, [나]는 여행 중의 체험을 기록하는 기행문이다. 따라서 [가], [나]와 같은 글은 글쓴이의 체험을 바탕으로 한다는 공통점을 가진다. ② 소설, 희곡, 시나리오에 대한 설명으로, [가], [나] 모두 해당하지 않는다. ③ [나]에만 해당하는 설명이다. ④ 논설문에 대한 설명으로, [가], [나] 모두 해당하지 않는다. ⑤ [가]에만 해당하는 설명이다.

2 ⑤는 기행문에 대한 설명이다. ① [가]의 글쓴이는 글 속에 '나'로 드러나 있다. ② [가]에는 자유롭게 지낼 집을 가지고 싶어 하고 학교에서 공부를 하고 싶어 하는 글쓴이의 정서가 드러나 있다. ③ [가]에는 은신 중이기 때문에 일상적인 생활이 불가능한 글쓴이의 상황이 드러나 있다. ④ 일기문은 독자를 염두에 두지 않고 쓰는 솔직하고 비공개적인 글이다.

3 [가]를 통해 안네를 비롯한 인물들이 은신처에 숨어 지내면서 여러 가지 제약을 받고 있음을 확인할 수 있다. 하지만 이로 인한 인물들의 갈등은 나타나 있지 않다.

4 기행문에서 '감상'은 여행을 하면서 떠오른 생각이나 느낌을 표현한 부분이다. ㉢에는 천문대가 자신이 상상한 모습 그대로 서 있는 것에 대한 글쓴이의 감탄이 잘 드러나 있다. ①, ⑤ 여행의 과정이나 일정을 알리는 '여정'에 해당한다. ②, ④ 여행 중에 보고 들은 것을 드러내는 '견문'에 해당한다.

5 [나]의 둘째 문단 첫 번째 문장에서 제2 연화봉 북쪽 비탈면에 이르니 건너편 산정에 멋진 천문대가 서 있었다고 하였다. 그리고 셋째 문단 첫 번째 문장을 통해 천문대는 제2 연화봉과 제1 연화봉의 중간쯤에 있는 작은 봉우리 근처에 세워진 것을 알 수 있다.

④ 희곡 · 시나리오

기초 튼튼 핵심 이론

p. 54 ~ 55

확인 문제 1 ④ 2 ㉠ 막 ㉡ 장 3 (1) 독백 (2) 방백 (3) 지시문(지문) 4 수정 5 (1) ○ (2) × (3) ○ (4) ○ 6 지시문(지문) 7 (1) E. (2) S# (3) 내레이션 8 ③

1 희곡은 서술자의 개입 없이 인물들의 대사와 행동을 통해 사건이 전개된다.

4 사건의 반전이 일어나는 부분은 하강이다.

5 (2) 시나리오는 시간, 공간, 인물 수의 제약을 거의 받지 않으며, 특히 희곡에 비해 제약이 적다.

8 ①, ②는 희곡만 해당한다. ④ 소설은 해당하지 않는다. ⑤ 소설만 해당한다.

8 이 글은 형제간의 갈등 극복과 화해를 통해 분단을 극복하여 통일을 이루자는 주제를 전달하고 있다. 하지만 외세 정벌 의지는 드러나 있지 않다.

1 ⑤ 2 ③ 3 ② 4 ④

1 이 글은 희곡으로, 공간의 제약이 있어서 장면 전환이 자유롭지 않다. 제약을 거의 받지 않아 장면 전환이 자유로운 것은 시나리오이다.

2 ㉠은 등장인물의 행동, 표정, 말투 등을 지시하는 지시문이다. ①은 대사, ②는 독백, ④는 해설, ⑤는 방백에 대한 설명이다.

3 [마]~[바]의 구성 단계는 '하강'이다. ①은 발단, ③은 대단원, ④는 전개, ⑤는 절정에 대한 설명이다.

4 [바]는 무대 상연을 전제로 하는 희곡이므로, 인물의 대사와 행동을 통해 인물들의 심리가 제시된다. 〈보기〉에서는 서술자가 인물들의 심리를 직접 제시해 주고 있다.

실력 쑥쑥 확인 학습

01 들판에서

p. 56 ~ 57

알맹이 콕콕 1 우의 2 갈등 3 화해 4 날씨

핵심 이론 확인 문제 1 × 2 막이 오른다. 3 ② 4 ③ 5 나누어진 들판 6 ⑤ 7 민들레꽃 8 ②

1 희곡은 '발단 – 전개 – 절정 – 하강 – 대단원'으로 구성된다.

2 이 글은 희곡이므로 막이 오르며 연극이 시작된다.

3 이 글에서는 상징적인 소재와 날씨의 변화를 통해 갈등의 과정을 보여 주고 있으나, 반어적인 표현이 드러나 있지는 않다.

4 형제들은 측량 기사의 계략에 넘어가 서로 대립하고 있을 뿐 서로에게 불쌍함이나 가련함을 느끼고 있지는 않다.

5 '들판'은 조국을, '나누어진 들판'은 분단된 조국을 상징한다.

6 ㉡ 이후로 형제간의 외적 갈등이 내적 갈등으로 전환되는 갈등의 양상 변화가 나타난다.

02 반올림 - 유리 구두를 찾아서

p. 58 ~ 59

알맹이 콕콕 1 새 침대 2 사랑 3 내레이션

핵심 이론 확인 문제 1 ○ 2 ① 3 ④ 4 눈물 5 ③ 6 ① 7 스스로 행복을 만들어 나가겠다.

1 이 글은 시나리오(드라마 대본)이며, 이는 본문에 장면 번호나 특수 용어가 사용된 것을 통해 알 수 있다.

2 [가]는 발단 부분으로, 구성 단계상 갈등이 시작되는 부분이다.

3 [가]에서 옥림은 엄마가 자신만을 미워한다는 생각에 서운하고 화가 났지만, 엄마의 사랑을 확인하는 [나]에서는 화가 풀리며 엄마를 이해하게 된다.

4 옥림은 엄마의 '눈물'을 통해 엄마의 사랑을 확인하고 엄마를 이해하게 된다.

5 희곡은 무대 상연을 목적으로 쓴 글이기 때문에 시나리오보다 시간적 · 공간적 제약을 많이 받는다.

6 무뚝뚝한 성격인 엄마는 옥림에 대한 걱정과 미안함을 직접적으로 드러내지 못하고 타박으로 표현하고 있다.

7 옥림은 자신이 차별 대우를 받는다고 생각하며 갈등했지만, 엄마의 사랑을 깨닫고 자신만의 유리 구두를 만들겠다는, 즉 자신의 행복을 스스로 만들어 나가겠다는 다짐을 한다.

1 ④, ⑤ 2 ③ 3 ② 4 ④

1 시나리오는 산문 문학의 한 종류이며, 인물 수는 물론 시간적 제약을 거의 받지 않는다. 또한 운율이 있는 말로 압축해서 표현하는 갈래는 시이다. ② 시나리오는 영화나 드라마를 제작하기 위해 쓴 대본이다. ③ 시나리오는 촬영을 위해 C.U., O.L. 등의 특수한 용어가 사용된다.

2 이 글은 시나리오이고, 〈보기〉는 희곡임을 각각 'S#'와 '막', '장'을 통해 알 수 있다. 시나리오와 희곡은 모두 직접적인 심리 묘사가 불가능하기 때문에 대사와 행동을 통해 인물들의 심리를 제시한다. ① 시나리오는 'S#'를, 희곡은 '막', '장'을 구성단위로 한다. ②, ⑤ 무대 상연을 전제로 하는 희곡에 대한 설명이다. ④ 시나리오와 희곡은 모두 작가의 상상력으로 꾸며 낸 허구의 문학이지만 인생의 진실을 추구하며, 이는 현실에 있음 직한 일을 꾸며 내는 산문 문학인 소설도 마찬가지이다.

3 ㉠은 장면 번호이다. 장면 번호는 시나리오의 구성단위로, 장면의 극 중 순서, 장면의 전환, 시간의 흐름이나 장소의 이동 등을 알리는 역할을 한다.

4 이 글에서 내레이션은 옥림의 목소리로, 옥림의 속마음이나 사건 내용과 관련된 정보를 알려 주는 구실을 한다. ① 지시문에 대한 설명이다. ② 시나리오에서 작가의 생각은 내용 전체를 통해 우회적으로 표현된다. ③ 암시나 복선에 대한 설명이다.

(Ⅱ) 비문학

① 설명하는 글

기초 튼튼 핵심 이론

p. 62 ~ 63

확인 문제 1 ② 2 ⑤ 3 ③ 4 ③ 5 (1) 정의 (2) 인과 (3) 대조 6 ①, ② 7 분류 8 ⑤

1 설명문은 어떤 대상에 대한 정보를 독자가 이해하기 쉽게 풀어 쓴 글이다.

2 설명문은 일정한 순서에 따라 내용을 체계적으로 설명하는 글이다.

3 설명문은 '중간(본문)' 부분에서 여러 가지 설명 방법을 사용하여 대상을 구체적으로 설명한다. ①, ②, ④는 '처음' 부분, ⑤는 '끝' 부분에 대한 설명이다.

4 설명문을 쓸 때는 가장 먼저 설명할 대상과 목적, 주제를 정하고 예상 독자를 분석해야 한다.

5 (1) 표준어가 무엇인지 명확히 풀이하고 있다. (2) 감기에 걸리는 원인을 밝히고 있다. (3) 도시와 농촌을 견주어 차이점을 밝히고 있다.

6 우리나라에 다양한 발효 식품이 발달되어 있다고 설명하며 구체적인 예로 된장을 들었다(예시). 또한 된장이 무엇인지 명확하게 풀이하여 설명하고 있다(정의).

8 ⑤는 논설문을 읽는 방법에 해당한다.

실력 쑥쑥 확인 학습

01 명절의 유래

p. 64 ~ 65

핵심 이론 확인 문제 1 명절의 유래 2 설날, 한식, 단오, 추석 3 × 4 ① 5 끝 6 ① 7 한식 8 ④

1 [가]의 마지막 문장에서 확인할 수 있다.

2 이 글에서는 우리나라의 네 가지 명절의 개념과 유래에 대하여 설명하고 있다.

3 설날과 추석이 중국에서 유래되었다는 내용은 찾을 수 없다.

4 이 글은 '명절의 유래'라는 대상을 이해하기 쉽게 풀어서 설명하기 위한 글이다. 이러한 내용은 글의 '처음' 부분인 [가]에 나타나 있다.

5 이 글에서는 설명한 내용을 요약하고 마무리하는 '끝(맺음말)' 단계가 생략되어 있다.

6 [나]를 통해 우리 조상들이 신라 시대에 이미 설날을 기리고 있었다는 사실을 알 수 있지만, 설날이 정확히 언제 생겼는지는 알 수 없다.

7 [다]에서 한식에는 더운 음식을 피하고 찬 음식을 먹어야 한다는 속신이 있다고 하였다.

8 개자추를 애도하기 위한 뜻에서 한식이 유래했다는 설이 있지만, 이 전통이 오늘날까지 지속되고 있다고 보기는 어렵다.

1 ② 2 ① 3 ② 4 ③ 5 ⑤

1 이 글은 어떤 대상에 대한 정보를 이해하기 쉽도록 풀어 쓴 설명문이다. ②의 '타당성'은 글쓴이의 의견을 뒷받침하는 이유나 근거가 이치에 맞는 성질로, 논설문이 지니는 특징에 해당한다.

2 설명문은 대개 '처음 – 중간 – 끝'이라는 3단 구성을 취한다. [가]는 설명할 대상을 소개하고 있는 '처음' 부분이며, [나]~[마]는 대상에 대해 구체적으로 풀어서 설명해 주고 있는 '중간' 부분에 해당한다.

3 [나]에서는 설날을 언제부터 기렸는지 정확하게 알 수 없다고 하였다. ① [가]에서는 '명절의 유래'라는 설명 대상을 소개하고 있다. ③ [다]에서는 '한식'이 불을 금하고 찬 밥을 먹는 습관에서 유래했다는 설과 개자추 전설에서 유래했다는 설을 소개하고 있다. ④ [라]에서는 '단오'와 관련한 '굴원'의 고사를 소개하고 있다. ⑤ [마]에서는 '추석'과 관련한 《삼국사기》의 역사적 기록을 소개하고 있다.

4 ㉠의 앞부분에서는 설날을 언제부터 기렸는지 정확하게 알 수 없다고 했고, ㉠의 뒷부분에서는 역사적 기록으로 볼 때 설날의 이전 모습을 확인할 수 있다고 했다. 이렇듯 서로 상반된 의미의 문장 사이에는 '그러나'와 같은 역접의 접속어가 적절하다. ① '그리고'는 비슷한 내용이 나열될 때, ② '따라서'는 앞 문장이 원인, 뒤의 문장이 결과일 때, ④ '그리하여'는 앞의 내용이 뒤의 내용의 원인이거나 앞의 내용이 발전하여 뒤의 내용이 전개될 때, ⑤ '왜냐하면'은 앞 문장이 결과이고 뒤의 문장이 이유나 근거일 때 사용되는 접속어이다.

5 풍부하고 깊이 있는 정보를 얻기 위해서는 다양한 매체를 충분히 활용하는 것이 좋다.

02 음식의 팔방미인, 소금

p. 66 ~ 67

핵심 이론 확인 문제 1 역할 2 ① 3 ⑤ 4 × 5 ⑤ 6 ① 7 일석이조(一石二鳥) 8 5g

2 [가]의 마지막 문장에서 '생선 요리를 통해 음식에 뿌린 소금의 역할에 대해 알아보자.'라고 하며 글을 쓴 목적을 밝히고 있다.

3 [나]에서 소금을 뿌리면 비린내를 내는 주성분인 '트리메틸아민'이 생선 살 밖으로 빠져나온다고 하였다.

4 [다]에서 액틴은 45℃, 미오신은 50~60℃에서 각각 응고된다고 설명하였다.

5 [마]에서 소금을 지나치게 많이 먹으면 해롭다고 하였지만, 소금이 해로운 이유를 밝히고 있지는 않다.

6 [다]에서 생선은 물에 살기 때문에 육류에 비해 살이 부드럽다고 하였다.

7 ㉡에는 도마의 이물질을 쉽게 떨어지게 하며, 미생물의 번식도 막아 주는 소금의 두 가지 역할을 표현한 말이 들어가야 한다. 이처럼 동시에 두 가지 이득을 봄을 이르는 한자 성어는 '일석이조(一石二鳥)'이다.

1 ④ 2 ⑤ 3 ③ 4 ④

1 설명문은 독자들에게 사실에 근거한 정확한 지식이나 정보를 전달하는 글이다.

2 설명문을 쓸 때는 우선 설명 대상과 목적, 주제를 정하고 예상 독자를 분석한다(계획하기). 그 후 다양한 매체를 이용해 정보를 수집하고(정보 수집하기), 수집된 정보 중 주제에 맞는 내용을 선정한다(내용 선정하기). 다음으로 선정한 내용을 '처음 – 중간 – 끝'의 3단 구성의 짜임새에 맞게 조직하고(내용 조직하기), 조직된 내용을 바탕으로 설명문을 작성한다(표현하기). 글이 다 작성된 후에는 단어, 문장, 문단, 글 전체의 내용을 확인하며 글을 다듬는다(고쳐쓰기).

3 [다]에서 소금이 가미되면 빠른 시간에 조리가 가능하므로 생선 살이 부서지는 것을 막을 수 있다고 하였다.

4 ㉠에서는 '정의'의 설명 방법을 사용하여 '자반'의 뜻을 풀이하였다. 이와 같은 설명 방법이 사용된 것은 ④이다. ① 구분 ② 분석 ③ 비교 ⑤ 대조

03 동물들의 의사소통

p. 68 ~ 69

핵심 이론 확인 문제 1 어치, 얼룩말, 시클리드 2 마음 상태, 사회적 지위 3 ○ 4 ④ 5 ② 6 ①, ③ 7 제인 구달 8 ②

3 [다]에서 시클리드는 몸 안에 색소 세포가 있으며, 이 색소 세포가 확장되면 점이 나타나고 축소되면 점이 없어지거나 연해진다고 하였다.

4 [나]에서 얼룩말이 반가운 친구를 만나거나 기분이 좋을 때 귀를 세우며 '히힝'거리는 소리와 공격하거나 남을 위협할 때 귀를 낮추며 '히힝'거리는 소리에는 약간의 차이가 있다고 하였다.

5 ㉠에서는 지위가 높은 새와 지위가 낮은 새를 견주어 둘 사이의 차이점을 밝혀내는 '대조'의 설명 방법이 사용되었다.

6 ㉡은 독자들의 주의를 불러일으키면서 이제부터 청각을 이용하여 의사소통하는 동물들을 소개할 것임을 미리 알려 준다.

8 [가]에서 동물들이 시각과 청각을 이용하여 서로 의사를 전달하는 것을 살펴보자고 한 뒤 먼저 시각을 통한 의사소통을 다루었고, [라]에서 소리를 이용해 의사소통하는 동물들에 대해 소개하였으므로 ㉮에 들어갈 말로는 '청각'이 적절하다.

1⑤ 2④ 3④ 4⑤

1 설명문은 정확한 정보나 지식을 사실대로 전달하는 글이므로, 의미가 분명하고 명확한 문장을 사용하여 독자들에게 뜻이 분명하게 전달되도록 써야 한다. 함축적인 표현으로 주제를 드러내는 것은 시와 같은 문학 작품에서 주로 볼 수 있다.

2 [가]~[라]에서는 시각과 청각을 이용하여 의사소통을 하는 동물들을 '예시'의 방법으로 설명하고 있다. ④에서도 대중교통 수단을 '예시'의 방법으로 설명하고 있다. ① 대조 ② 분석 ③ 정의 ⑤ 구분

3 이 글은 동물의 다양한 의사소통 방법을 독자들이 알기 쉽게 풀어 쓴 설명문이다.

4 [라]에서 연구자들을 통해 침팬지가 내는 소리가 무엇을 의미하는지 알 수 있을 정도가 되었다고 하였다. ① 동물들은 시각과 청각 등 다양한 방법으로 의사소통을 한다. ② 얼룩말이 귀를 세우는 것은 기분이 좋다는 의미이다. ③ 이 글에서 영장류는 청각을 통해 의사소통을 하는 동물의 예로 제시되었다. ④ 어치의 깃털 각도는 마음 상태나 사회적 지위에 따라 다르게 나타난다.

04 천 년을 가는 한지의 비밀

p. 70 ~ 71

핵심 이론 확인 문제 1 양지 2 닥풀 3 ② 4 ④ 5 ④ 6 × 7 ③ 8 살아 있는 종이

3 이 글의 목적은 한지와 양지를 견주어 한지의 우수성을 밝히는 것이다.

4 [사]는 이 글의 '끝' 부분으로, '중간' 부분에서 설명한 한지의 우수성을 강조하고, 한지에 대한 앞으로의 전망을 제시하고 있다. ①, ②, ③ '처음' 부분 ⑤ '중간' 부분

5 이 글은 [바]에서 한지의 표면 가공 기술인 '도침'에 대해 설명하고 있지만, 양지의 표면을 매끄럽게 만드는 기술은 설명하지 않았다.

6 [바]에서 도침은 종이 표면을 매끄럽게 하고 광택을 내기 위해 거치는 과정이라고 하였다. 도침이 종이의 수명을 길어지게 만드는지는 이 글에서 확인할 수 없다.

7 기계로 대량 생산을 하는 것은 양지의 특성이다.

8 [나]에서 한지가 바람이 잘 통하고 습기를 잘 흡수해서 습도 조절의 역할까지 하기 때문에 흔히 '살아 있는 종이'라고 한다고 설명하였다.

1⑤ 2④ 3② 4③

1 [나]~[라]는 주로 '대조'의 설명 방법을 통해 한지의 우수성에 대해 말하고 있다. '대조'의 설명 방법이 쓰인 것은 ⑤이다. ① 한자의 뜻이 무엇인지 자세히 풀이하는 '정의'

의 설명 방법이 사용되었다. ② 동물들을 특성에 따라 파충류로 묶는 '분류'의 설명 방법이 사용되었다. ③ 소설과 수필을 견주어 공통점을 밝히는 '비교'의 설명 방법이 사용되었다. ④ 도로변의 벼들에 이삭이 달리지 않는 원인을 서술하는 '인과'의 설명 방법이 사용되었다.

2 [다]에서 한지의 주원료인 닥나무는 양지의 원료인 침엽수나 활엽수보다 섬유의 길이가 훨씬 길다고 하였다.

3 [다]의 중심 내용은 '닥나무를 사용하여 질기고 강한 한지의 성질'이다. 한지로 만든 갑옷을 화살도 뚫지 못한다는 내용은 중심 내용을 뒷받침하기 위한 예시에 해당한다.

4 한지에 대한 정의는 [가]에서 언급하고 있으므로, 추가할 내용으로 적절하지 않다.

② 설득하는 글

기초 튼튼 핵심 이론

p. 72 ~ 73

확인 문제 1 ㉡ → ㉢ → ㉠ 2 (1) 신뢰성 (2) 명료성 (3) 체계성 3 ② 4 ② 5 ㉣ 6 ②

1 논설문은 '서론 – 본론 – 결론'으로 구성된다. ㉠은 결론, ㉡은 서론, ㉢은 본론에 대한 설명이다.

3 숨어 있는 내용을 추리하거나 상상하며 읽는 것은 문학 작품을 읽는 방법이다.

4 논설문과 설명문의 공통점은 체계적이고 실용적인 글이라는 점이다.

5 ㉠ 건의의 내용은 분명하고 명확하게 드러나야 한다. ㉡ 단체와 관련된 건의는 구성원 전체에게 이익이 돌아가는 것이어야 한다. ㉢ 건의 내용은 이치에 합당한 것이어야 한다.

6 건의문은 명료하고 공정하며, 합리적인 글이므로, 이를 쓸 때에는 감정에 호소하거나 독자를 불편하게 하는 표현은 사용하지 않는 것이 좋다.

실력 쑥쑥 확인 학습

01 도시에서 농사를 짓자

p. 74 ~ 75

핵심 이론 확인 문제 1 농사 2 ○ 3 작은 정원 4 ④ 5 ⑤ 6 ① 7 ④

2 [가]에서 우리나라의 식량 자급률은 경제 협력 개발 기구(OECD) 국가 중 최하위 그룹에 속한다고 하였다.

4 글쓴이는 문제가 되는 상황이 무엇인지 밝힌 뒤 이에 대한 해결책을 제시하고 있다. 하지만 예상되는 반론에 대한 반박은 나타나 있지 않다.

5 [가]를 통해 도시 농업은 지역 공동체인 도시 구성원에게 안전한 먹을거리를 유통하는 것을 목적으로 하고 있음을 알 수 있다.

6 [다]에서는 도시 농업이 합리적이고 효율적인 선택임을 입증하는 사례가 있다고 하며 다른 나라의 사례를 제시하였다. 즉, 글쓴이는 도시 농업이 효과가 있다는 주장의 근거로서 다른 나라의 사례를 제시한 것이다.

7 도시 내의 농지가 관광지로 활용된다는 내용은 이 글에 나타나 있지 않다. ⑤ [다]에서 아파트 거주민들이 클라인가르텐을 건강과 휴양을 위한 공간으로 활용하고 있다고 하였다.

1③ 2⑤ 3④ 4⑤

1 이 글은 논설문으로, 주관성, 명료성, 신뢰성, 타당성, 체계성 등의 성격을 지닌다. 허구성은 소설과 같은 문학 작품이 가지는 특징이다.

2 논설문을 읽을 때에는 먼저 글쓴이의 주장과 의도가 무엇인지 파악한 후, 주장과 이에 대한 근거가 타당한지 따져보며 읽어야 한다. 이때 글쓴이의 의견에 무조건 동의하면서 읽기보다는 비판적인 관점으로 글을 읽을 필요가 있다. ① 글이 주는 교훈보다는 글쓴이의 주장 및 의도를 파악해야 한다. ② 문학 작품을 읽는 방법이다. ④ 수필을 읽는 방법이다.

3 이 글은 [가]에서 환경 오염과 식량 위기라는 문제 상황을 제시한 뒤 그 해결 방안으로 도시 농업을 들었다. [나]에서는 도시 농업을 할 때의 예상 효과를 제시하였으며, [다]에서 쿠바와 독일의 사례를 통해 주장을 뒷받침하였다. 마지막으로 [라]에서 주장을 강조하며 글을 마무리하였다.

4 도시 농업은 자투리땅을 이용해 농사를 짓는 것도 포함되므로, 개인의 시도도 도시 농업의 활성화에 도움이 된다고 볼 수 있다.

02 누가 별들을 훔쳐 갔나

p. 76 ~ 77

핵심 이론 **확인** 문제 1 공해 2 × 3 ② 4 ③ 5 ③ 6 ② 7 × 8 인간

2 [마]에서 빛 공해 때문에 인간의 본능이 왜곡된 결과 사람들이 밝은 조명이 전혀 없는 어두운 곳에서 오히려 잠을 제대로 이루지 못했다고 하였다.

3 글쓴이는 무질서한 조명으로 빛 공해가 날이 갈수록 심해지고 있는데도 이에 대한 심각성을 깨닫지 못하는 우리나라의 현실을 비판적으로 보고 있다.

4 이 글에는 글쓴이의 경험이 제시되어 있지 않다. ① 조명이 없는 곳에서 사람들이 잠들지 못했다는 실험 결과를 내세워 자신의 주장을 강화하고 있다. ⑤ 서론 부분에 '누가 은하수를 훔쳐 갔나?'라는 구호를 제시하여 독자들의 흥미를 유발하고 있다.

5 글쓴이는 스페인에서 일어난 환경 시위를 통해 빛 공해의 현실과 그로 인한 문제점을 드러내면서 빛의 사용을 줄여야 한다는 자신의 주장을 강화하고 있다.

6 마드리드시는 가로등 5만 개를 교체하기로 약속한 것이지, 밤에 도시의 모든 가로등을 끄겠다고 약속한 것은 아니다.

7 [나]에서 스페인은 도시뿐만 아니라 시골의 작은 마을까지도 밤이 지나치게 밝다고 하였고, [라]에서 우리나라 역시 시골의 어디를 가나 빛의 과잉 상태에 놓여 있다고 하였다.

1② 2④ 3④ 4⑤

1 [나]에서는 밤이 되어도 도시가 마치 야간 경기를 하는 운동장처럼 밝다는 상황을 제시하며 빛 공해가 그만큼 심각하다는 사실을 알리고 있다. 과도한 조명이 야간 경기를 방해하고 있는 것은 아니다.

2 이 글은 빛의 과잉으로 인한 문제점을 알리고 불필요한 빛의 사용을 줄이자고 설득하기 위해 쓴 논설문이다.

3 [라]에서 우리나라는 빛의 과잉 상태에 대한 심각성을 인지하지 못하고 있는 상황이라고 하였다. 따라서 구체적인 대책이 마련되어 있다고 보기 어렵다. ① 빛의 과도한 사용을 반대하기 위해 시위가 일어났다. ② 별과 은하수를 볼 수 있을 뿐만 아니라 생태계도 안정을 찾을 수 있다. ③ 가로등을 교체하고 과도한 조명을 자제하기로 약속하였다. ⑤ 농작물이 제대로 자라지 못하고, 어둠 속에서 평온하게 자던 인간의 본능이 변형되었다.

4 글쓴이는 과도하게 사용되어 자연환경에 해가 되는 빛을 '쓰레기'라고 표현한 것이지, 빛 자체를 쓰레기와 같이 불필요한 요소로 파악하고 있는 것은 아니다.

03 신문과 진실 p. 78 ~ 79

핵심 이론 확인 문제 1 주관적 2 ○ 3 ② 4 ④ 5 ①
6 ⑤ 7 ③

1 글쓴이는 정확하고 올바른 보도일수록 객관적이라기보다 오히려 훌륭한 의미에서 주관적이라고 하며 기사의 주관성을 강조하고 있다.
2 [가]에서 기자들은 보도 기사의 가장 중요한 부분을 리드로 하여 기사를 작성한다고 하였다.
3 논설문은 독자들에게 정보를 제공하기 위해 작성되는 것이 아니라 독자들을 설득하기 위해 작성된다. ②는 설명문이 갖추어야 할 요건이다.
4 ⓐ의 앞부분에는 기사를 객관적으로 써야 한다는 다른 사람의 의견이 제시되어 있고, ⓐ의 뒷부분에는 이에 대한 글쓴이의 반론이 전개되고 있다.
5 [가]에서는 각국의 신문이 베트남의 최후를 보도하며 각기 다른 리드를 쓴 상황을, [다]에서는 윤봉길 의사의 의거에 대해 보도하는 상황을 예로 들어 글쓴이의 주장을 뒷받침하고 있다.
6 [다]에 따르면 윤봉길 의사를 일본군 폭사 사건의 테러리스트로 보는 것은 객관적 보도의 내용에 해당한다.
7 글쓴이의 입장에서 봤을 때 객관적으로만 사건을 보도하는 것은 일제 강점기라는 역사적인 배경과 윤봉길 의사의 애국정신을 고려하지 않은 것이다.

1 ④ 2 ② 3 ⑤ 4 ④

1 글쓴이는 올바른 보도는 객관적이기보다는 오히려 훌륭한 의미에서 주관적인 것이라고 주장하고 있다. ④에서 사건의 원인을 외면하고 상황만을 보도하는 것은 사회적 · 역사적 맥락을 고려한 주관적인 보도라고 할 수 없으므로, 이 글의 글쓴이와 유사한 관점을 가졌다면 이에 대해 비판적으로 바라볼 것이다.

2 ㉠은 주관적 보도의 의의를 밝히고 있다. 이에 대한 반론으로는 주관적으로 보도를 하게 되면 기자 개인이나 신문사의 가치관, 이익이 반영되어 객관적인 사실이 왜곡될 수 있다는 ②가 가장 적절하다.

3 [가]를 통해 같은 사건인데도 '리드'가 다른 것은 국적이나 이해관계에 따라 사건을 보는 눈, 즉 관점에 차이가 있기 때문이라는 것을 알 수 있다.

4 [다]에서 정확하고 올바른 보도를 하기 위해서는 사건을 전체적, 역사적으로 이해해야 한다고 주장한 데 이어서 윤 의사의 장거를 예로 들어 정확하고 올바른 보도를 하기 위한 요건을 이야기하고 있으므로 〈보기〉의 내용은 [다]의 뒤에 들어가는 것이 가장 적절하다.

04 능력에 따라 인재를 뽑아 주시옵소서 p. 80 ~ 81

핵심 이론 확인 문제 1 ○ 2 능력 3 ⑤ 4 ⑤ 5 ④
6 ③ 7 ③

1 이 글은 정약용이 임금에게 올린 상소문이다. 상소문은 건의문의 일종이다.
2 글쓴이는 신분이나 문벌과 관계없이 능력에 따라 인재를 등용하기를 바라고 있다.
3 하늘이 몇몇 집안에만 정기를 뿌려 준 것이 아니라는 것이 글쓴이의 생각이다.
4 ㉤은 능력과 상관없이 인재로 선택되는 대상이다. ㉠~㉣은 모두 버림받은 자들을 의미한다.
5 신하들의 천거에 대해 언급하고 있으나, 천거받은 사람들을 모두 등용하자는 의견은 제시되어 있지 않다.
6 [다]의 '어찌 천지가 ~ 뿌려 준 것이겠습니까.'라는 문장을 통해 하늘이 사람의 능력을 특정 신분이나 지역에만 부여한 것이 아니라는 글쓴이의 만민 평등 사상을 파악할 수 있다.
7 능력에 따른 인재 등용을 통해 나라의 경제력과 군사력이 부강해질 것이라는 내용은 나타나 있지 않다.

1 ⑤ 2 ② 3 ③ 4 ③

1 이 글은 능력에 따라 인재를 뽑아 달라는 신하 개인의 의견을 임금에게 전달하는 상소문으로, 건의문에 해당한다.

2 건의하는 내용(요구 사항) 및 문제 상황을 인식하는 관점은 하나로 통일되어야 한다. 그러나 요구 사항 자체는 다양할 수 있다.

3 ⓑ는 [가], [나], [다], ⓒ는 [라], ⓓ는 [마]에 나타나 있다. 그러나 자신에 대한 소개나 끝인사, 기록한 날짜와 서명은 나타나 있지 않다.

4 이 글에 글쓴이의 개인적인 체험은 제시되어 있지 않다.

Ⅲ 문법

① 언어의 본질

기초 튼튼 핵심 이론

p. 84

확인 문제 1 자의성, 사회성, 역사성, 창조성 2 × 3 ⑤ 4 역사성 5 창조성

2 언어가 나타내는 내용과 그것을 표현하는 형식은 우연히 결합한 것이다. 이를 '언어의 자의성'이라고 한다.

3 '언어의 사회성'은 한번 언어 사회에서 굳어진 형식과 내용 사이의 관계를 개인이 마음대로 바꿀 수 없다는 언어의 특성이다.

4 언어는 시간이 흐름에 따라 새 말이 생기기도 하고, 소리나 뜻이 달라지기도 하며, 이제까지 쓰이던 말이 사라지기도 한다. 이렇게 언어가 생성, 변화, 소멸하는 특성을 '언어의 역사성'이라고 한다.

실력 쑥쑥 확인 학습

p. 85

1 역사성 2 ② 3 자의성 4 ②

1 같은 대상을 표현하던 말이 서로 경쟁하다가 한쪽(한자어)의 사용 빈도가 높아지면서 다른 한쪽(고유어)이 소멸된 사례이다. 이러한 언어의 소멸은 '언어의 역사성'을 보여 준다.

2 자신이 알고 있는 말을 활용해 새로운 언어를 창조해 내는 것은 인간만이 가진 고유한 특성으로, 이를 '언어의 창조성'이라고 한다.

3 언어의 의미와 기호는 필연적인 연관성 없이 자의적(임의적)으로 연결되어 있다는 '언어의 자의성'에 대해 설명하고 있는 글이다.

4 [믈], [블]이 [물], [불]로 변한 것은 소멸의 예가 아닌 변화(소리의 변화)의 예이다.

② 국어의 음운

기초 튼튼 핵심 이론

p. 86 ~ 87

확인 문제 1 뜻 2 (1) ㅏ – ㅣ (2) ㄱ – ㅂ 3 ⑤ 4 ① 5 ② 6 ③ 7 혀의 최고점의 위치가 앞쪽에 놓인다. 8 ②

1 음운은 한 언어에서 의미를 구별해 주는 기능을 한다.

2 같은 자리에 있는 음운의 차이 때문에 두 단어의 의미가 서로 달라질 수 있는데, (1)에서는 'ㅏ – ㅣ', (2)에서는 'ㄱ – ㅂ'이 의미를 구별하게 한다.

3 자음은 소리를 낼 때 목 안 또는 입안에서 장애를 받으며 나는 소리이다.

4 ㉠ 예사소리, ㉡ 된소리, ㉢ 거센소리로, 소리의 세기에 따라 나눈 것이다.

5 모음에는 단모음 10개, 이중 모음 11개가 있다.

6 ㉠은 혀의 위치가 높은 고모음이고, ㉡은 혀의 위치가 중간인 중모음으로, 혀의 높낮이에 따라 나눈 것이다.

7 제시된 모음들은 모두 발음할 때 혀의 최고점의 위치가 앞쪽에 놓이는 전설 모음이다.

8 찬물에 담근 '발'은 신체의 일부로, 짧게 발음한다. 나머지는 모두 길게 발음한다.

실력 쑥쑥 확인 학습

p. 88 ~ 89

1 ④ 2 ③ 3 ㅋ 4 ① 5 14회 6 ⓐ : ㅔ, ⓑ : ㅏ 7 ① 8 ⑤ 9 ② 10 소리의 길이

1 모음은 자음 없이도 홀로 소리 날 수 있으며, 발음할 수 있는 소리의 최소 단위인 음절이 구성되기 위해서는 반드시 모음이 필요하다.

2 'ㅉ'은 'ㅈ, ㅊ'과 함께 센입천장소리이다. 잇몸소리는 'ㄴ, ㄷ, ㄸ, ㄹ, ㅅ, ㅆ, ㅌ'이다.

3 여린입천장소리(ⓐ)이면서 안울림소리(ⓑ)이고, 거센소리(ⓒ)인 자음은 'ㅋ'이다.

4 세 단어를 구별하게 해 주는 음운은 'ㅈ, ㅉ, ㅊ'으로, 각각 예사소리, 된소리, 거센소리이다. 즉, 소리의 세기에 따라 세 단어가 구별된다.

5 첫소리 'ㅇ'은 소리가 나지 않기 때문에 자음이 아니므로, 제시된 구절에 쓰인 자음은 'ㄹ, ㄹ, ㄹ, ㄹ, ㄹ, ㄹ, ㅇ, ㅅ, ㅇ, ㄹ, ㄹ, ㄹ, ㄹ, ㄹ, ㄹ'로 모두 15개이다. 이 중 'ㅅ'은 안울림소리이기 때문에 제시된 구절에서 울림소리가 쓰인 횟수는 총 14회이다.

6 모음 체계상 ⓐ에는 'ㅔ', ⓑ에는 'ㅏ'가 들어가야 한다.

7 제시된 모음들은 입술 모양에 따라 평순 모음과 원순 모음으로 구분된다.

8 'ㅑ'는 이중 모음에 해당한다. ①~④는 단모음 분류 기준이므로 이중 모음에 적용되지 않는다.

9 'ㅣ, ㅟ, ㅜ, ㅡ'는 단모음에 해당하며, 모두 혀의 위치가 높은 고모음이다. 'ㅣ, ㅟ'는 전설 모음, 'ㅜ, ㅡ'는 후설 모음, 'ㅣ, ㅡ'는 평순 모음, 'ㅟ, ㅜ'는 원순 모음이다.

10 ㉠은 겨울에 내리는 '눈[눈ː]'으로 길게 발음하는 한편, ㉡은 사람의 신체 기관 중 하나를 의미하는 '눈[눈]'으로 짧게 발음한다.

③ 품사

기초 튼튼 핵심 이론

p. 90 ~ 93

확인 문제 1 품사 2 ㉠, ㉣, ㉥ 3 ② 4 ② 5 이름, 대신, 수량 6 ③ 7 × 8 ⑤ 9 ③ 10 활용 11 ① 12 ⑤ 13 맛있다, 슬프다, 진지하다 14 ③ 15 ② 16 ④ 17 아마, 무척 18 ○

2 품사의 분류 기준은 형태, 기능, 의미이다.

3 품사의 분류 기준 중 형태적 기준은 단어가 문장에서 사용될 때 형태가 변하는가 변하지 않는가이다. '과연'은 문장에서 형태가 변하지 않는 불변어이고, 나머지는 형태가 변하는 가변어이다.

4 체언은 문장 안에서 홀로 쓰이기도 하고 조사와 결합되어 쓰이기도 한다.

6 '우리'는 대명사이고 나머지는 모두 명사이다.

7 조사는 문장 안에서 형태가 변하지 않지만, 예외적으로 조사 '이다'는 형태가 변한다.

8 두 문장은 '가'와 '를'이 어떤 단어 뒤에 붙었느냐에 따라 문장의 의미가 다르게 나타나고 있다. 이를 통해 조사가 다른 말과의 문법적 관계를 표시해 준다는 사실을 확인할 수 있다.

9 '(학교)에', '(지훈이)와', '(수진이)를' 총 3개의 조사가 사용되었다. '가다'의 '–다', '만나서'의 '–아서'는 조사가 아니다.

11 '멀리'는 문장에서 대상의 동작과 상태를 서술하는 것이 아니라 '던지다'를 꾸며 주고 있다. 이와 같이 다른 단어를 꾸며 주는 단어는 수식언이라고 한다.

12 '차갑다'는 형용사이고 나머지는 모두 동사이다.

14 '어지럽다'는 정신이 흐리고 얼떨떨한 상태를 나타내는 형용사이다. ①은 '끝나다', ②는 '감다'와 '듣다', ④는 '내리다', ⑤는 '먹다'가 동사이다.

15 관형사와 부사는 둘 다 문장에서 다른 단어를 꾸며 주는 수식언에 속한다.

16 '부쩍'은 체언이 아닌 용언 '늘었다'를 꾸미고 있으므로 관형사가 아니다. 용언이나 관형사, 문장 전체 등을 꾸미는 것은 부사이다.

17 '아마'와 '무척'은 부사로, 각각 문장 전체와 용언을 꾸며 주고 있다.

18 감탄사는 문장 안에서 다른 단어와 직접적인 관계를 맺지 않고 홀로 쓰이는 독립언이다.

실력 쑥쑥 확인 학습

p. 94 ~ 95

1 ③ 2 ④ 3 (1) 비, 노래 (2) 그녀 (3) 내린다, 부른다 4 ③ 5 ⑤ 6 는, 도, 에 7 ② 8 ① 9 형태

1 수량이나 순서를 나타내는 수사는 체언에 속하며, 관계언에는 조사가 속한다.

2 '아주'는 부사로, 수식언이다. 수식언은 문장에서 다른 단어를 꾸며 주는 역할을 한다.

3 (1)은 명사, (2)는 대명사, (3)은 동사에 대한 설명이다.

4 '기어서'는 기본형이 '기다'로, '가슴과 배를 바닥으로 향하고 손이나 팔다리 따위를 놀려 앞으로 나아가다.'라는 뜻의 동사이다.

5 열심히(부사) / 공부했는데(동사) / 이런(관형사) / 성적(명사)을(조사) / 받아(동사) / 아쉽다(형용사). ① 그(관형사) / 사람(명사)은(조사) / 선생님(명사)이(조사) / 되었다(동사). ② 며칠(명사) / 동안(명사) / 비(명사)가(조사) / 많이(부사) / 내렸다(동사). ③ 우리(대명사) / 마을(명사)에는(조사) / 넓은(형용사) / 호수(명사)가(조사) / 있다(형용사). ④ 앞(명사)으로(조사) / 나아가지(동사) / 못하고(동사) / 제자리걸음(명사)만(조사) / 한다(동사).

6 〈보기〉는 조사에 대한 설명으로, 제시된 문장에서 명사 '동수', '오늘', '학교' 뒤에 쓰인 '는', '도', '에'가 조사에 해당한다.

7 '하나'는 '수효를 세는 맨 처음 수'라는 의미로, 빵의 수효를 세는 수사이다. ① '권'을 꾸미는 관형사이다. ③ '통'을 꾸미는 관형사이다. ④ '분'을 꾸미는 관형사이다. ⑤ '그루'를 꾸미는 관형사이다.

8 감탄사는 놀람, 부름, 느낌, 대답을 나타내는 단어로, 형태가 고정되어 있어 활용하지 않으며, 조사가 붙지 않는 독립언이다. ①의 '동수야'는 '명사(동수) + 조사(야)'로 이루어져 있으므로 감탄사가 아니다.

9 (가)는 문장 안에서 쓰일 때 형태가 변하지 않는 불변어이고, (나)는 문장 안에서 다양한 형태로 활용되는 가변어(동사, 형용사, 서술격 조사 '이다')이다.

④ 단어의 짜임

기초 튼튼 핵심 이론

p. 96 ~ 99

확인 문제 1 형태소 2 (1) 동수, 새, 구두 (2) 가, 를, 신-, -었-, -다 (3) 동수, 새, 구두, 신- (4) 가, 를, -었-, -다 3 ① 4 ⑤ 5 ④ 6 어근 7 ⑤ 8 ① 9 ⑤ 10 ④ 11 ⑤ 12 ⑤ 13 ③ 14 ③ 15 ② 16 새말 17 ④ 18 ②

1 형태소는 뜻을 가진 가장 작은 말의 단위로 더 작은 단위로 쪼개면 본래의 뜻을 잃어버린다.

2 제시된 문장을 형태소로 나누면 '동수 / 가 / 새 / 구두 / 를 / 신- / -었- / -다'이다. '-었-'은 과거 시제를 나타내는 선어말 어미로, 의존 형태소이자 형식 형태소이다.

3 '하늘'은 더 이상 쪼갤 수 없는 1개의 자립 형태소로 이루어져 있다.

4 '누렇다'는 '누렇-(의존, 실질 형태소)', '-다(의존, 형식 형태소)'로 분석된다. ① 사과(자립, 실질 형태소) ② 꽃(자립, 실질 형태소), 밭(자립, 실질 형태소) ③ 비(자립, 실질 형태소), 구름(자립, 실질 형태소) ④ 눈(자립, 실질 형태소), 사람(자립, 실질 형태소)

5 띄어쓰기의 기준은 문장을 구성하고 있는 각각의 마디인 어절이다.

6 단어를 분석할 때 실질적인 의미를 나타내는 부분을 어근이라고 한다. 예 먹다 : 먹-(어근) + -다(어미)

7 '밤나무'는 '밤'과 '나무'의 결합으로 이루어진 단어로, '밤'과 '나무'가 모두 어근이다.

8 '안개꽃'은 어근 '안개'와 어근 '꽃'이 결합한 단어이다. ②는 '치-', ③은 '날-', ④는 '-님', ⑤는 '-쟁이'가 접사이다.

9 '먹보'는 많이 먹는 것을 특성으로 지닌 사람을 뜻하는 말로, 접미사 '-보'가 사용되었다.

10 제시된 단어들은 하나의 어근(실질 형태소)으로만 이루어진 단일어이다.

11 ①~④는 어근과 접사가 결합하여 만들어진 파생어이고, ⑤는 어근(날-)과 어근(짐승)이 결합하여 만들어진 합성어이다.

12 '바늘방석'은 '바늘(어근)'과 '방석(어근)'이 결합하여 '불편하고 불안한 자리'라는 뜻의 새로운 의미를 만들어 내는 융합의 합성어이다.

13 '소나무'는 '솔 + 나무'의 결합 과정에서 '솔'의 'ㄹ'이 탈락하여 어근의 형태에 변화가 생긴 합성어이다.

14 '걸레질'의 '-질'은 어근 뒤에 붙는 접미사이고, '개-', '맨-', '풋-', '알-'은 모두 어근 앞에 붙는 접두사이다.

15 '불장난'은 '불(어근) + 장난(어근)'으로 이루어진 합성어이다. ① 넓-(어근) + -이(접사) ③ 지우-(어근) + -개(접사) ④ 덧-(접사) + 버선(어근) ⑤ 고집(어근) + -쟁이(접사)

16 사회가 변하면서 새롭게 만들어진 말, 새로 들어온 외래어 등을 '새말'이라고 한다.

17 '강추'는 '강력 추천', '생파'는 '생일 파티', '깜놀'은 '깜짝 놀라다'의 준말로, 각 단어의 머리글자를 따서 만든 것이다.

18 언어가 새로 만들어지고, 변화하고, 사라지는 것은 자연스러운 현상으로, 사라져 가는 말을 살려 쓰기 위해서 새말을 만들어 쓰는 것은 아니다.

실력 쑥쑥 확인 학습

p. 100 ~ 101

1 ④ 2 ⑤ 3 ② 4 ④ 5 물병, 밤낮, 벌판, 오가다 6 ③ 7 ① 8 (1) 노래방, 스마트폰, 꽃미남 (2) 배낭족, 새내기, 누리꾼 (3) 열공, 셀카, 생파

1 형태소는 더 쪼개면 전혀 의미가 없어지는 문법 단위이다. ① 뜻을 가진 가장 작은 말의 단위는 형태소이다. ② 하나의 형태소로 이루어진 단어도 있다. ③ 하나의 단어는 하나 이상의 형태소로 이루어져 있다. ⑤ 형태소는 홀로 쓰일 수 있느냐에 따라 자립 형태소와 의존 형태소로, 실질적인 의미를 가지고 있느냐에 따라 실질 형태소와 형식 형태소로 분류할 수 있다.

2 ① 자립 형태소 : 나, 사과, 김, 밥 ② 의존 형태소 : 는, 풋-, 와, 을, 먹-, -었-, -다 ③ 실질 형대소 : 나, 시괴 김, 밥, 먹- ④ 형식 형태소 : 는, 풋-, 와, 을, -었-, -다

3 제시된 문장을 형태소로 나누면 '나, 는, 어제, 저녁, 을, 일찍, 먹-, -었-, -다'로 9개가 된다.

4 형태소가 결합하여 단어를 형성할 때, 실질적인 의미를 나타내는 부분을 '어근'이라고 한다. '접사'는 '어근'에 붙어 특정한 의미나 기능을 더해 주는 역할을 한다.

5 어근끼리 결합한 단어는 합성어를 말하는 것으로, '물병(물 + 병), 밤낮(밤 + 낮), 벌판(벌 + 판), 오가다(오- + 가-)'가 합성어에 해당한다. 나머지는 어근과 접사로 이루어진 파생어이다.

6 합성어는 의미 결합 방식에 따라 대등의 합성어, 수식의 합성어, 융합의 합성어로 나눌 수 있다. ③의 '바늘방석'은 어근끼리 결합하여 새로운 의미를 나타내는 융합의 합성어이고, 나머지는 한 어근이 다른 어근을 꾸며 주는 수식의 합성어이다.

7 ①에서는 '뒷동산, 진달래꽃'이 복합어인데, 모두 '어근 + 어근'으로 결합된 합성어이다. ②의 '덧니', ③의 '햇과일', ④의 '헛수고', ⑤의 '날음식'이 파생어이다.

8 '노래 + 방', '스마트 + 폰', '꽃 + 미남'은 합성의 방식으로, '배낭 + -족', '새 + -내기', '누리 + -꾼'은 파생의 방식으로, '열공(열심히 + 공부)', '셀카(셀프 + 카메라)', '생파(생일 + 파티)'는 머리글자나 단어의 일부를 합치는 방식으로 만들어진 새말이다.

⑤ 어휘의 체계와 양상

기초 튼튼 핵심 이론

p. 102 ~ 103

확인 문제 1 어휘 2 고유어, 한자어, 외래어 3 ② 4 ③ 5 × 6 ③ 7 하의어, 상의어 8 ⑤ 9 ①

3 '사흘'은 고유어로, 본디부터 우리말에 있었던 어휘이다. ①, ④는 외래어, ③, ⑤는 한자어이다.

4 텔레비전(television), 택시(taxi), 피아노(piano), 피자(pizza)는 모두 다른 나라 말이지만 우리말처럼 사용되는 외래어이다.

5 지역 방언은 산이나 큰 강 등의 지리적 요인에 따라 나뉘어 다르게 쓰는 말이다.

6 유의 관계에 놓인 단어들은 의미나 용법이 유사하여 대부분 서로 바꾸어 쓸 수 있지만, 바꾸어 쓸 수 없는 경우도 있다.

8 반의 관계가 성립되려면 하나의 의미 요소만 대립해야 한다. 그런데 '올라가다'와 '뛰어가다'는 '방향'과 '방법'이라는 두 가지 의미 요소가 대립하기 때문에 반의 관계라고 볼 수 없다.

9 ②~⑤의 '손'은 서로 관련된 의미를 갖지만, ①의 '손'은 ②~⑤의 '손'과 의미상 관련이 없다. 즉 ②~⑤의 '손'은 서로 다의 관계를 이루고, ①의 '손'은 나머지와 동음이의 관계를 이룬다.

실력 쑥쑥 확인 학습

p. 104 ~ 105

1 ② 2 ⑤ 3 ⑤ 4 ⑤ 5 ④ 6 ④ 7 ④ 8 ③ 9 ③

1 고유어는 본디부터 우리말에 있던 어휘, 한자어는 한자에 기초하여 만들어진 어휘, 외래어는 다른 나라에서 들어와서 우리말처럼 쓰는 어휘를 가리킨다. '하늘', '나이', '나라'는 고유어, '과학'은 한자어, '초콜릿'은 외래어이다.

2 '가을', '바다', '바위', '소리'는 모두 본디부터 우리말에 있던 고유어이고, '자유(自由)'는 한자어이다.

3 〈보기〉에서 기사는 손님의 방언을 통해 자신과 같은 고향 사람임을 알아보고 지역 방언으로 반가움을 표시하였다. 이와 같이 지역 방언은 같은 지역 방언을 사용하는 사람들 사이의 친밀감을 높여 주는 기능이 있다. ② 은어의 특징이다. ③ 〈보기〉를 통해 알 수 있는 지역 방언의 특징이 아니다.

4 전문어와 은어는 특정 분야나 집단에서만 사용되므로 그 언어를 사용하는 집단이 아니면 어휘의 의미를 이해하기 힘들다.

5 단어들 사이의 포함 관계를 파악하기 위해서는 상하 관계를 활용해야 한다.

6 '호미'와 '가래'는 모두 농기구의 한 종류로, 서로 반의 관계를 이루지 않는다.

7 '하강하다'는 '높은 곳에서 아래로 향하여 내려오다.'라는 의미로, 움직임의 성질이 들어가는 말이다. 따라서 '값이나 수치, 온도, 성적 따위가 이전보다 많아지거나 높아지다.'의 뜻으로 사용된 '오르다'의 반의어로는 적절하지 않다. 이 경우 반의어는 '떨어지다'나 '하락하다' 정도가 적절하다.

8 '얼굴, 낯, 안면, 이목구비'는 모두 유의 관계의 단어들이다. 나머지 선택지의 단어들은 모두 상의어 : 하의어 관계를 이루고 있다.

9 ①~⑤는 모두 다의 관계이다. '높다'의 의미 중 '아래에서 위까지의 길이가 길다.'라는 중심 의미로 사용된 것은 ③이다. ①은 '꿈이나 이상 따위가 크고 원대하다.', ②는 '지위나 신분 따위가 보통보다 위에 있다.', ④는 '어떤 의견이 다른 의견보다 많고 우세하다.', ⑤는 '일어날 확률이 다른 것보다 크다.'라는 의미로, 모두 '높다'의 주변 의미로 사용되었다.

Ⅳ 어휘

① 관용어

p. 108 ~ 111

확인 문제 1 (1) ㉡ (2) ㉢ (3) ㉣ (4) ㉥ (5) ㉠ (6) ㉦ (7) ㉤ 2 (1) 뒤가 켕기다 (2) 발이 넓다 (3) 머리를 맞대다 (4) 귀를 의심하다 3 (1) ㉠ (2) ㉣ 4 바람을 일으켰습니다 5 (1) ㉥ (2) ㉡ (3) ㉠ (4) ㉣ (5) ㉢ (6) ㉦ (7) ㉤ 6 (1) 피도 눈물도 없다 (2) 속을 태우다 (3) 하늘이 캄캄하다 (4) 입만 아프다 7 ⑤ 8 입을 모아서, 팔을 걷어붙이고

② 속담

p. 112 ~ 115

확인 문제 1 (1) 돌다리도 두들겨 보고 건너라 (2) 마른하늘에 날벼락 (3) 목마른 놈이 우물 판다 (4) 긁어 부스럼 2 (1) 가는 날이 장날 (2) 닭 잡아먹고 오리 발 내놓을 (3) 길고 짧은 것은 대어 보아야 안다 3 (1) ㉡ (2) ㉢ (3) ㉣ (4) ㉠ (5) ㉤ 4 (1) 호박이 넝쿨째로 굴러떨어졌다 (2) 쥐구멍에도 볕 들 날 있다 (3) 십 년이면 강산도 변한다 (4) 입은 비뚤어져도 말은 바로 해라 (5) 아 해 다르고 어 해 다르다 5 (1) 비 온 뒤에 땅이 굳어진다 (2) 빛 좋은 개살구 6 (1) ㉤ (2) ㉡ (3) ㉢ (4) ㉣ (5) ㉠

③ 한자 성어

p. 116 ~ 119

확인 문제 1 (1) 동고동락 (2) 면종복배 (3) 가렴주구 (4) 남가일몽 2 (1) 두문불출 (2) 마이동풍 (3) 가담항설 3 ③, ⑤ 4 (1) 소탐대실 (2) 인과응보 (3) 분골쇄신 (4) 유구무언 (5) 하석상대 5 (1) 일거양득 (2) 조변석개 6 (1) 작심삼일 (2) 함구무언 (3) 점입가경

선생님, 질문 있어요!

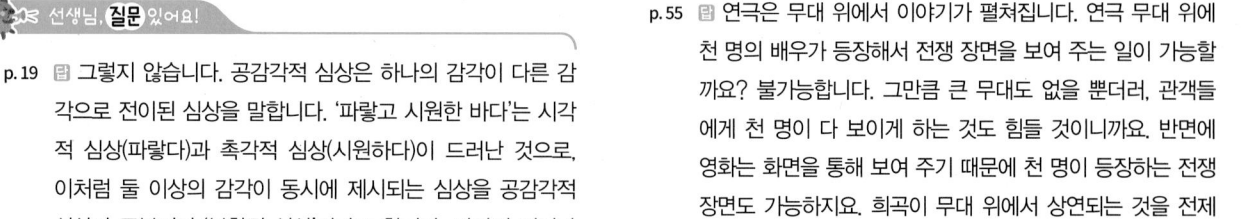

p. 19 답 그렇지 않습니다. 공감각적 심상은 하나의 감각이 다른 감각으로 전이된 심상을 말합니다. '파랗고 시원한 바다'는 시각적 심상(파랗다)과 촉각적 심상(시원하다)이 드러난 것으로, 이처럼 둘 이상의 감각이 동시에 제시되는 심상을 공감각적 심상과 구분지어 '복합적 심상'이라고 합니다. 감각의 전이가 일어났다면 공감각적 심상, 전이 없이 둘 이상의 감각이 동시에 제시되었다면 복합적 심상입니다.

p. 21 답 〈진달래꽃〉에서 말하는 이는 김소월 시인 자신이 아니라 시인의 대리인, 즉 시의 화자이기 때문입니다. 남자 시인이 여성 화자를 내세우는 경우뿐만 아니라 시인은 이미 어른인데, 시의 화자는 어린아이인 경우도 있답니다. 시인은 시의 화자와 다르다는 사실을 꼭 기억하세요.

p. 23 답 평시조와는 다른 사설시조의 모습과 내용이 궁금하죠? 조선 후기에 창작된 사설시조를 소개할게요.

개를 열 마리 넘게 기르지만 이 개처럼 얄미우랴.
미운 임이 오면 꼬리를 홰홰 치면서 뛰어올랐다 내리뛰었다 하면서 반겨 맞이하고, 사랑하는 임이 오면 뒷발을 버둥거리면서 물러섰다가 나아갔다가 캉캉 짖는 요 암캐야.
쉰밥이 그릇그릇 남은들 너 먹일 줄 있으랴?

p. 33 답 위인전은 소설이 아니라 전기문입니다. 위인전을 포함한 전기문은 사실을 바탕으로 쓴 글입니다. 반면에 소설은 인물, 사건, 배경 등을 모두 작가가 허구적으로 창조한 것이기에 전기문과는 다릅니다.

p. 35 답 네. 가능합니다. 소설 속의 시대적 배경은 주제를 효과적으로 드러내기 위해 작가가 의도적으로 설정한 것입니다. 따라서 작가는 현대에 살고 있지만 조선 시대와 같은 과거나 100년 후의 미래를 배경으로 한 소설을 쓰기도 한답니다.

p. 37 답 우선, '나'가 작품 안에 등장하는지를 파악해야 합니다. 작품 안에 등장할 경우 '나 = 주인공'이면 1인칭 주인공 시점이고, '나 ≠ 주인공'이면 1인칭 관찰자 시점입니다. '나'가 작품 안에 등장하지 않는다면 인물의 속마음이 글로 직접 서술되는지 판단해 보세요. 글로 직접 서술된다면 전지적 작가 시점이고, 행동과 외양 묘사로만 서술된다면 작가 관찰자 시점입니다.

p. 47 답 네. 당연합니다. 여러분은 수필을 쓸 수 있을 뿐만 아니라, 이미 수필을 쓰고 있습니다. 방학 숙제로 썼던 일기, 친구에게 썼던 편지, 여행을 다녀와서 개인 홈페이지에 올렸던 글 등이 모두 수필이랍니다.

p. 55 답 연극은 무대 위에서 이야기가 펼쳐집니다. 연극 무대 위에 천 명의 배우가 등장해서 전쟁 장면을 보여 주는 일이 가능할까요? 불가능합니다. 그만큼 큰 무대도 없을 뿐더러, 관객들에게 천 명이 다 보이게 하는 것도 힘들 것이니까요. 반면에 영화는 화면을 통해 보여 주기 때문에 천 명이 등장하는 전쟁 장면도 가능하지요. 희곡이 무대 위에서 상연되는 것을 전제로 한다는 점만 알고 있다면 쉽게 이해할 수 있을 겁니다.

p. 63 답 휴대 전화, 노트북, 냉장고, 세탁기 등을 샀을 때 제품에 딸려 오는 사용 설명서도 설명문의 한 종류입니다. 또, 인터넷에 검색해서 얻을 수 있는 '떡볶이 만드는 법', '얼룩 지우는 법' 같은 글도 설명문으로 볼 수 있겠지요.

p. 73 답 논문이나 연설문, 신문사에 보내는 독자 투고, 과거에 임금에게 올렸던 상소문, 관공서 등에 제출하는 청원서나 탄원서 등 우리 주변에는 다양한 종류의 설득하는 글이 있습니다.

p. 91 답 아닙니다. '한'은 '명'을, '세'는 '권'을 꾸미고 있으므로 관형사로 보아야 합니다. 이렇게 사물의 수나 양을 나타내는 관형사를 '수 관형사'라고 합니다. 수사와 수 관형사는 혼동하기 쉬운데요, 조사와 결합할 수 있으면 수사이고 뒤에 오는 체언을 꾸미고 있으면 수 관형사입니다.

p. 93 답 감탄사는 단어의 형태가 고정된 불변어로, 문장에서 활용하지 않으며, 다른 단어와 결합하지도 않습니다. '철수야'는 명사 '철수'와 조사 '야'가 결합한 것이므로 감탄사로 볼 수 없습니다.

p. 103 답 문제가 되는 의미들 사이에 연관성이 있는지 확인하면 됩니다. 다의 관계를 이루는 단어들은 의미 사이에 연관성이 있지만, 동음이의 관계를 이루는 단어들은 우연히 소리가 같아졌을 뿐 의미 간에는 아무런 연관성이 없습니다.

I 문학

❶ 시

(1) p. 122

01 ④ 02 ④ 03 주제 04 청각적 심상 05 촉각적 심상 06 후각적 심상 07 미각적 심상 08 시각적 심상 09 공감각적 심상(청각의 시각화) 10 화자 11 시적 허용 12 (1) ㉣ (2) ㉥ (3) ㉢ (4) ㉦ (5) ㉤ (6) ㉡ (7) ㉠ 13 ①

01 새로운 지식과 사실을 배우는 즐거움은 주로 설명문과 논설문을 읽을 때 얻을 수 있다.

02 산문시는 행의 구분 없이 줄글 형태로 쓰는 시이지만 그 속에서 운율을 느낄 수 있는 운문 문학이다.

04 종소리는 귀로 듣는 것이다.

05 '서느런' 느낌은 피부로 느끼는 것이다.

06 진달래의 향기는 코로 맡는 것이다.

07 쓴 맛은 혀로 느끼는 것이다.

08 진눈깨비가 허공에 날리는 것은 눈으로 볼 수 있는 것이다.

09 청각적 심상인 '울음'을 시각적 심상인 '금빛'으로 표현한 것이다.

10 시 속에서 시인의 정서와 사상을 대신하여 말하는 이를 '(시적) 화자'라고 한다.

11 시인이 의도적으로 어법에 맞지 않는 말을 사용하는 것을 '시적 허용'이라고 하며, 그 예로는 '모든 것이 다아 꽃봉오리인 것을'에서의 '다아'를 들 수 있다. 변화법은 문장이 단조롭지 않도록 변화를 주는 표현 방법이다.

13 시조의 각 장은 4음보를 원칙으로 한다.

(2) p. 123

01 ⑤ 02 ④ 03 정서 표현 04 일상 언어 05 함축적 06 (1) ㉣ (2) ㉤ (3) ㉥ (4) ㉢ (5) ㉡ (6) ㉠ 07 직유법 08 의인법 09 과장법 10 영탄법 11 은유법 12 대구법 13 현대 시조 14 진실로

01 시는 생각이나 감정을 함축적이고 운율이 있는 언어로 표현한 문학이다. ① 논설문, ② 설명문, ③ 기행문, ④ 수필의 특징이다.

02 심상은 말의 가락이나 리듬을 형성하는 요소가 아니라 어떤 장면이나 느낌을 떠오르게 하는 요소이다.

03 시어는 정서 표현에, 일상어는 정보 전달에 중점을 둔다.

04 시어는 일상 언어를 세련되게 갈고 다듬은 것으로, 일상 언어와 완전히 별개의 언어인 것은 아니다.

05 시어는 함축적이고 상징적인 의미를 지닌다.

07 '~처럼'이라는 연결어를 사용하여 원관념인 '햇살'을 보조 관념인 '불'에 빗대어 표현하였다.

08 사람이 아닌 대상인 '갈잎'을 마치 사람인 것처럼 노래한다고 표현하였다.

09 대상인 작은 글씨를 깨알만 하다고 하여 실제보다 훨씬 작게 표현하였다.

10 감탄사 '오오'를 사용하여 감정을 강하게 표현하였다.

11 연결어를 사용하지 않고 원관념인 '밤'을 보조 관념인 '호수'에 은근히 빗대어 표현하였다.

12 비슷한 문장 구조를 나란히 배열하였다.

14 시조에서 종장의 첫 음보는 3글자로 고정된다.

❷ 소설

(1) p. 124

01 ③ 02 사건 03 배경 04 주제 05 심청, 뱃사람들 06 아침 07 위기 08 결말 09 발단 10 절정 11 전개 12 1인칭 관찰자 시점 13 작가 관찰자 시점(3인칭 관찰자 시점) 14 전지적 작가 시점 15 1인칭 주인공 시점 16 ②

01 소설은 현실 세계에서 있음 직한 일을 작가가 상상하여 꾸며 낸 이야기이다. ① 직접 체험한 일에 대해 쓰는 글은 수필이다. ② 정보를 전달하는 글은 설명문이다. ④ 독자를 설득하기 위해 쓰는 글은 논설문이다. ⑤ 운율을 느낄 수 있는 글은 시이다.

16 ① 고전 소설은 사건이 우연적으로 전개된다. ③ 고전 소설은 전지적 작가 시점을 주로 사용한다. ④ 고전 소설은 주로 행복한 결말로 끝이 난다. ⑤ 고전 소설에는 대부분 평면적이고 전형적인 인물이 등장한다.

p. 125

(2)
01 ④ 02 ③ 03 (1) ⓜ (2) ⓒ (3) ⓛ (4) ⓗ (5) ㉠ (6) ⓡ (7) ⓢ (8) ⓞ 04 상상 05 복선 06 문체 07 ④ 08 ④

01 소설은 현실에 있음 직한 일을 꾸며서 쓴 글이다. 따라서 허위나 과장된 표현이 있는지 찾아보며 읽을 필요는 없다.

02 〈보기〉에는 '나'와 '장인님'의 외적 갈등이 드러난다.

04 소설은 작가의 상상력을 바탕으로 한 허구적인 문학이다.

05 복선은 새로운 사건이 전개될 것임을 미리 알려 주어 사건이나 행동에 필연성을 부여한다.

06 문체는 작가가 작품의 내용과 주제를 드러내는 개성적인 표현 방식이다.

07 고전 소설은 주인공이 태어나서 죽을 때까지의 이야기를 다루는 일대기적 구성이 대부분이나 현대 소설은 다양한 구성 방식을 취한다.

08 전설은 대개 비극적인 결말로 끝나는 반면 민담은 대개 행복한 결말로 끝이 난다.

③ 수필

p. 126

01 비전문적 02 주관적 03 글쓴이 자신 04 경수필 05 중수필 06 편지글 07 ② 08 고전 수필 09 우의적 10 교훈적 11 [가] 사실(예화) [나] 의견(주제) 12 ④ 13 (1) 여정 (2) 견문 (3) 감상

01 수필은 누구나 쉽게 쓸 수 있는 비전문적인 글이다.

02 수필은 체험적이고 고백적이며 주관적인 글이다.

03 수필은 1인칭의 문학으로, 글 속의 '나'는 글쓴이 자신이다.

04 경수필은 주관적, 개인적, 고백적, 신변잡기적인 특징을 가진다.

05 중수필은 시사적, 사회적, 객관적, 지적, 철학적, 논리적인 특징을 지니며 논설문에 가까운 성격을 지닌다.

06 편지글은 정해진 독자(대상)에게 안부나 소식, 용무를 적어 보내는 글이다.

07 밑줄 친 부분은 상대방이 잘 지내는지를 묻는 안부 인사에 해당한다.

08 설은 한문 문학으로, 고전 수필의 일종이다.

09 설의 글쓴이는 말하고자 하는 바를 다른 이야기에 빗대어 돌려 말한다.

10 설은 독자에게 깨달음을 주는 글이다.

11 설은 사실(예화)과 의견(주제)의 2단 구성으로 되어 있다.

12 일기문은 날마다 겪은 일이나 생각, 느낌 등을 적은 개인의 기록이다. 따라서 객관적이 아니라 주관적인 성격을 띤다.

13 기행문의 3요소는 여정, 견문, 감상이다.

④ 희곡·시나리오

p. 127

01 ○ 02 × 03 허구적 04 인물의 행동과 대사 05 받는다 06 현재형 07 해설 08 방백 09 지시문 10 (1) ⓛ (2) ⓜ (3) ⓡ (4) ㉠ (5) ⓒ 11 ③ 12 ② 13 ②

01 희곡은 무대 상연을 전제로 작가가 꾸며 쓴 글이다.

02 시나리오는 영화 상영이나 드라마 제작을 전제로 하는 대본이다.

03 희곡은 작가의 상상을 바탕으로 꾸며 낸 이야기이다.

04 희곡은 소설과는 달리 서술자 없이 등장인물의 행동 및 대사를 통해 사건이 전개된다.

05 희곡은 무대 상연을 전제로 하기 때문에 시나리오에 비해 공간적, 시간적 제약이 크다.

06 희곡은 사건이 눈앞에서 직접 일어나고 있는 것처럼 현재형으로 표현하여 생동감을 준다.

07 해설은 글의 첫머리에서 등장인물과 무대 장치, 배경 등을 제시한다.

08 대사에는 등장인물끼리 주고받는 말인 대화, 상대역 없이 혼자 하는 말인 독백, 관객에게만 들리는 것으로 약속하고 하는 말인 방백이 있다.

09 지시문은 무대 장치, 조명, 등장인물의 행동, 말투 등을 지시한다.

10 희곡의 구성 단계는 '발단 – 전개 – 절정 – 하강 – 대단원'이며, 갈등이 최고조에 이르는 부분은 절정이다.

11 'F.O.'은 화면이 처음에 밝았다가 점차 어두워지는 기법으로, 화면이 처음에 어두웠다가 점차 밝아지는 기법은 'F.I.'이다.

12 '장'은 희곡의 구성단위이다.

13 시나리오는 희곡에 비해 시간적, 공간적 제약을 거의 받지 않는다.

Ⅱ 비문학

❶ 설명하는 글

p. 128

01 정보 전달, 이해 02 처음(머리말), 중간(본문), 끝(맺음말) 03 ○ 04 × 05 ○ 06 × 07 사실성 08 체계성 09 명료성 10 객관성 11 ④ 12 ③ 13 (1) ㉠, ㉡, ㉤ (2) ㉢, ㉣ (3) ㉥

01 설명문은 어떠한 정보를 독자들에게 이해하기 쉽게 전달하는 글이다.

02 설명문은 독자의 관심을 유도하고 글을 쓰게 된 동기나 목적, 설명할 대상을 소개하는 '처음(머리말)'과 대상에 대한 구체적인 설명이 드러나는 '중간(본문)', 중간에서 설명한 내용을 요약 및 정리하는 '끝(맺음말)'으로 구성된다.

03 설명문은 정보를 전달하는 사실적이고 실용적인 글로, 문학적인 글이 아니다.

04 설명문은 글에서 전달하고자 하는 정보를 중심으로 읽어야 한다.

05 설명문은 지식, 정보, 사실을 객관적인 시각으로 다룬다.

06 글쓴이의 주관적인 의견이 아닌 사실을 중심으로 서술된다.

11 내용 조직하기 단계에서는 선정한 내용을 바탕으로 글의 개요를 작성하고 '처음 – 중간 – 끝'의 구성에 맞게 글을 조직한다. ①, ②는 계획하기, ③은 표현하기, ⑤는 내용 생성하기(글감 찾기) 단계에 대한 설명이다.

12 분석은 하나의 사물이나 사실을 그 구성 요소나 역할에 따라 나누어 자세히 풀이하는 설명 방법이다. 세포를 구성 요소에 따라 세포막, 세포질, 핵 등으로 나눈 것은 분석의 방식이 사용된 것이다. ① 인과 ② 정의 ④ 대조 ⑤ 구분의 방법이 사용되었다.

❷ 설득하는 글

p. 129

(1)

01 의견, 근거 02 서론, 본론, 결론 03 설득 04 신뢰성 05 주관성 06 타당성 07 체계성 08 ④ 09 (1) ㉠, ㉣, ㉤ (2) ㉢, ㉥ (3) ㉡, ㉦ 10 결론

01 논설문은 자신의 주장이나 의견을 타당한 근거를 들어 논리적으로 전개함으로써 독자를 설득하는 글이다.

02 논설문은 독자의 흥미를 유발하고 글을 쓴 동기와 문제를 제기하는 '서론'과, 타당한 근거를 들어 주장을 전개하는 '본론', 주장을 요약하고 전망을 드러내는 '결론'으로 구성된다.

03 논설문은 글쓴이의 주장과 근거를 통해 독자를 설득하는 글이다.

04 논설문은 타당하고 믿을 만한 근거를 통해 자신의 주장을 논리적으로 전개해야 한다.

05 논설문은 주관적인 성격의 글로, 글쓴이의 주장이나 의견이 명확하게 드러나야 한다.

06 논설문은 타당한 근거를 바탕으로 글이 논리적으로 전개되어야 한다.

07 글쓴이의 주장이 잘 전달되도록 '서론 – 본론 – 결론'의 3단으로 짜임새 있게 구성되어야 한다.

08 논설문은 주관적인 글이기 때문에 비판적인 관점으로 읽을 필요가 있다. 하지만 글쓴이의 주장을 무조건 반박하는 태도는 옳지 못하다.

10 '지금까지 살펴본 바와 같이'라고 말하며 앞부분(본론)의 내용을 요약 · 정리하고 있으므로 결론에 해당한다. 또한 마지막 문장에서 '책임감 있게 언어를 사용하는 자세가 필요하다.'라고 하면서 당부의 말을 남기고 있는 것을 통해서도 결론 부분임을 짐작할 수 있다.

p. 130

(2)

01 설득 02 명료성 03 공익성 04 공정성 05 합리성 06 실현 가능성 07 × 08 ○ 09 ○ 10 ㉠, ㉡, ㉣, ㉤, ㉢ 11 ㉡ 12 ㉢ 13 ㉣ 14 ㉤ 15 ㉠ 16 ④

05 건의문은 독자를 설득하고 문제를 해결하고자 하는 글이므로 내용이 이론과 이치에 합당해야 한다.

07 자신의 주장으로 타인을 설득한다는 면에서 논설문과 유사하다.

11 내용 생성하기 단계에서는 주제와 관련된 자료를 수집하고 건의 내용과 관련 있는 사람들과 문제 상황에 대해 협의한다.

12 고쳐쓰기 단계에서는 표현과 해결 방안 등을 살펴보고 적절하지 않은 내용을 수정한다.

13 내용 조직하기 단계에서는 건의의 내용이 효과적으로 드러나도록 글을 조직한다.

14 표현하기 단계에서는 건의 내용이 잘 드러나도록 간결하고 명확하게 표현한다.

15 계획하기 단계에서는 문제 상황을 파악하고 글의 목적과 주제를 정하며 예상 독자를 분석한다.

16 건의문은 공익성을 띠어야 하므로, 건의 내용이 건의를 한 사람이나 단체 전체에 도움이 되는지 살펴보아야 한다.

Ⅲ 문법

❶ 언어의 본질

p. 131

01 (1) 자의성 (2) 사회성 (3) 역사성 (4) 창조성 02 역사성 03 ⑤ 04 ③ 05 창조성 06 ○ 07 × 08 × 09 ○

02 같은 대상을 표현하던 말들이 서로 경쟁하다가 경쟁에서 이긴 말이 살아남아 쓰이게 되는 것은 언어 변화의 요인 중 하나인데, 언어의 변화는 '언어의 역사성'과 관련된다.

03 언어가 나타내려는 내용과 그것을 표현하려는 형식 사이에 필연적인 연관성이 없는 특성을 '언어의 자의성'이라고 한다. ①, ②는 역사성, ③은 창조성, ④는 사회성에 대한 설명이다.

04 제시된 내용은 언어가 그 언어를 사용하는 사람들 사이의 약속이라는 '언어의 사회성'을 보여 주는 예이다.

05 본능이나 단순한 모방에 의해서 자신의 의사를 전달하는 동물과 달리 인간은 자신이 알고 있는 말로 새로운 표현을 창조해 낼 수 있다. 이러한 특성을 '언어의 창조성'이라고 한다.

06 인간의 언어는 창조성을 가지고 있다.

07 언어가 나타내는 내용과 그것을 표현하는 형식 사이에는 필연적이 연관성이 없다. 이를 '언어의 자의성'이라고 한다.

08 언어는 시간이 흐름에 따라 생성 · 변화 · 소멸한다. 이를 '언어의 역사성'이라고 한다.

09 언어는 그 사회의 구성원으로부터 인정을 받아야만 언어로서의 구실을 할 수 있다. 이를 '언어의 사회성'이라고 한다.

❷ 국어의 음운

p. 132

01 ⑤ 02 ② 03 ④ 04 ② 05 ④ 06 ④
07 (1) ㄴ, ㄷ, ㄸ, ㄹ, ㅅ, ㅆ, ㅌ (2) ㄱ, ㄲ, ㅋ, ㅇ (3) ㅈ, ㅉ, ㅊ (4) ㅁ, ㅂ, ㅃ, ㅍ (5) ㅎ 08 ② 09 ③

01 ① 모음은 단모음 10개, 이중 모음 11개로 구성되어 있다. ② 자음 중 'ㄴ, ㄹ, ㅁ, ㅇ'이 울림소리이다. ③ 모음에 대한 설명이다. ④ 안울림소리는 소리의 세기에 따라 예사소리, 된소리, 거센소리로 분류된다.

02 '약'은 'ㅑ'와 'ㄱ' 2개의 음운으로 이루어진 반면, 나머지는 모두 3개의 음운으로 이루어져 있다.

03 국어의 자음은 소리 나는 위치에 따라 입술소리, 잇몸소리, 센입천장소리, 여린입천장소리, 목청소리로 나뉜다.

04 'ㅏ, ㅓ, ㅡ'는 각각 저모음, 중모음, 고모음으로, 순차적으로 발음하면 혀의 높이가 점점 높아진다.

05 단모음은 'ㅏ, ㅐ, ㅓ, ㅔ, ㅗ, ㅚ, ㅜ, ㅟ, ㅡ, ㅣ' 10개이다. ①은 'ㅑ', ②는 'ㅖ', ③은 'ㅢ', ⑤는 'ㅝ'가 이중 모음이다.

06 〈보기〉는 입술 모양에 따른 모음 분류를 설명하고 있다. ① 중모음 : 저모음 ② 고모음 : 중모음 ③ 단모음 : 이중모음 ⑤ 전설 모음 : 후설 모음

08 울림소리는 'ㄴ, ㄹ, ㅁ, ㅇ'이며, '국밥'의 받침에는 이에 해당하는 음운이 없다.

09 조건에 맞는 자음과 모음을 모두 조합해 보면, '초성 : ㅈ, 중성 : ㅓ, 종성 : ㅇ'으로 '정'이 됨을 알 수 있다.

③ 품사

(1) p. 133

01 ○ 02 × 03 ○ 04 형용사 05 감탄사
06 동사 07 대명사 08 부사 09 명사 10 관형사
11 조사 12 수사 13 (1) 한 (2) 꼭 14 ⑤ 15 ④

01 품사는 형태 변화 여부에 따라 형태가 변하지 않는 불변어와 형태가 변하는 가변어로 나뉜다.

02 체언은 명사, 대명사, 수사이다.

03 문장에서 다른 말을 수식(꾸며 줌)하므로 '수식언'이라고 한다.

13 '한'은 수사로 오해하기 쉬우나 뒤의 체언인 '그루'를 꾸며 주는 관형사이며, '꼭'은 뒤의 용언인 '심겠다'를 꾸며 주는 부사이다.

14 감탄사는 형태가 변하지 않는 '불변어'에 속한다.

15 ㉣은 모두 동사로, 사람이나 사물의 움직임을 나타낸다. ㉠은 대명사, ㉡은 명사, ㉢은 형용사, ㉤은 감탄사이다.

(2) p. 134

01 ④ 02 우리, 거북이, 셋 03 ② 04 ① 05 ③
06 ⑤ 07 ⑤ 08 ③

01 '놀랍다'는 문장에서 형태가 변하는 가변어이고, 나머지는 형태가 변하지 않는 불변어이다. ①은 대명사, ②는 수사, ③은 관형사, ⑤는 명사이다.

02 명사, 대명사, 수사를 묶어서 체언이라고 한다. '우리'는 대명사, '거북이'는 명사, '셋'은 수사이다.

03 ②는 형용사이고, 나머지는 동사이다.

04 '지금이'에서 '이'와 '때이다'에서 '이다'가 조사이다.

05 ③ '모든'은 명사인 '사람'을 꾸미는 관형사이다. ① '매우' ② '특히' ④ '일찍' ⑤ '보슬보슬'은 부사이다.

06 '빠른'은 기본형이 '빠르다'로, 사물의 성질이나 상태를 나타내는 형용사이다.

07 ①~④ 모두 부름, 응답, 놀람 등을 나타내는 감탄사이다. ⑤ '지현아'는 '지현(명사) + 아(조사)'이다.

08 '먹다, 뛰다, 읽다'는 동사, '덥다, 즐겁다, 슬프다'는 형용사이다. 동사와 형용사는 주로 부사의 꾸밈을 받는다.

④ 단어의 짜임

p. 135

01 (1) 형태소 (2) 단어 (3) 어근, 접사 (4) 단일어 (5) 합성어, 파생어 02 누나, 엄마, 참 03 끝나−, 만나− 04 ①
05 미술관 / 옆 / 에 / 동물원 / 이 / 있다 06 ② 07 ①
08 ③ 09 ① 10 ⑤

02 제시된 문장을 형태소로 분석하면 '누나, 는, 엄마, 를, 닮−, −아서, 참, 좋−, −다'이다. 이 중 홀로 쓰일 수 있는 자립 형태소는 '누나', '엄마', '참'이다.

03 제시된 문장을 형태소로 분석하면 '오늘, 수업, 이, 끝나−, −면, 교문, 앞, 에서, 만나−, −자'이다. 이 중 실질적인 뜻을 지니고 있는 실질 형태소이면서 홀로 쓰일 수 없는 의존 형태소인 것은 '끝나−, 만나−'이다.

04 ② 공기 / 가 / 맑아서 / 좋다 ③ 우리 / 는 / 같은 / 학년 / 이다 ④ 낙엽 / 이 / 우수수 / 떨어집니다 ⑤ 코스모스 / 가 / 활짝 / 피었습니다

05 제시된 문장에서 단어는 뜻을 지니면서 홀로 쓰일 수 있는 말 '미술관, 옆, 동물원, 있다'와 홀로 쓰이는 말 뒤에 붙어서 쉽게 분리할 수 있는 말 '에, 이'이다.

06 단어에서 실질적인 의미를 가진 부분을 어근이라고 하며, '넓이'의 '넓−'이 이에 해당한다. 나머지는 어근에 붙어 특정한 의미나 문법 기능을 더해 주는 접사이다.

07 ①의 '군밤'은 어근 '굽−'과 어근 '밤'이 결합한 합성어이고, 나머지는 어근에 접사가 결합한 파생어이다. ② 풋−(접사) + 고추(어근) ③ 날−(접사) + 고기(어근) ④ 지우−(어근) + −개(접사) ⑤ 헛−(접사) + 수고(어근)

08 '뛰놀다'는 어근 '뛰-'와 '놀-'이 대등하게 결합하여 본래의 뜻을 유지하는 '대등 합성어'인 반면, 나머지는 한 어근이 다른 어근을 꾸며 주는 '수식 합성어'이다.

09 '먹보'는 접미사 '-보'에 의한 파생어인 반면, 나머지는 각각 접두사 '알-, 풋-, 헛-, 맨-'에 의한 파생어이다.

10 '꽃미남'은 합성의 방식(꽃 + 미남)으로 만들어진 새말로, '노래방' 또한 합성의 방식(노래 + 방)으로 만들어진 새말이다. ① 기존 단어의 일부 글자 결합(아침과 점심) ② 기존 단어의 일부 글자 결합(컴퓨터 + 문맹) ③ 기존 단어의 일부 글자 결합(열심히 공부) ④ 파생의 방식(누리 + -꾼)

⑤ 어휘의 체계와 양상

p. 136

01 외래어 02 한자어 03 고유어 04 ⑤ 05 ② 06 반의 관계 07 유의 관계 08 상하 관계 09 동음이의 관계 10 다의 관계 11 ⑤ 12 ①

01 '라디오(radio), 토마토(tomato), 레몬(lemon), 온라인(on-line), 요구르트(yogurt), 넥타이(necktie)'는 모두 다른 나라에서 들어와서 우리말처럼 쓰이는 외래어이다.

02 '강(江), 산(山), 양말(洋襪), 태풍(颱風), 포도(葡萄), 시계(時計)'는 모두 한자를 바탕으로 만들어진 한자어이다.

03 '동아리, 소나기, 무지개, 항아리, 다짐, 노래'는 모두 본디부터 우리말에 있었거나 우리말에 기초하여 새로 만들어진 고유어이다.

04 지역 방언은 해당 지역의 특색을 반영하며, 그 지역 사람들이 공유하는 정서와 감정을 효과적으로 전달하게 해 준다.

05 〈보기〉에 제시된 어휘는 청과물 시장에서 상인들이 사용하는 은어로, 집단 바깥의 사람들이 알아듣지 못하도록 만들어진 말이다.

11 〈보기〉의 '열다'는 '닫히거나 잠긴 것을 트거나 벗기다.'라는 의미로 사용되었다. 이 의미에 대한 반의어로는 '채우다'가 적절하다.

12 〈보기〉에서 '타다'는 '탈것이나 짐승의 등 따위에 몸을 얹다.'라는 의미로 사용되었다. '타다'가 이와 같은 의미로 사용된 것은 ①이다.